U0738341

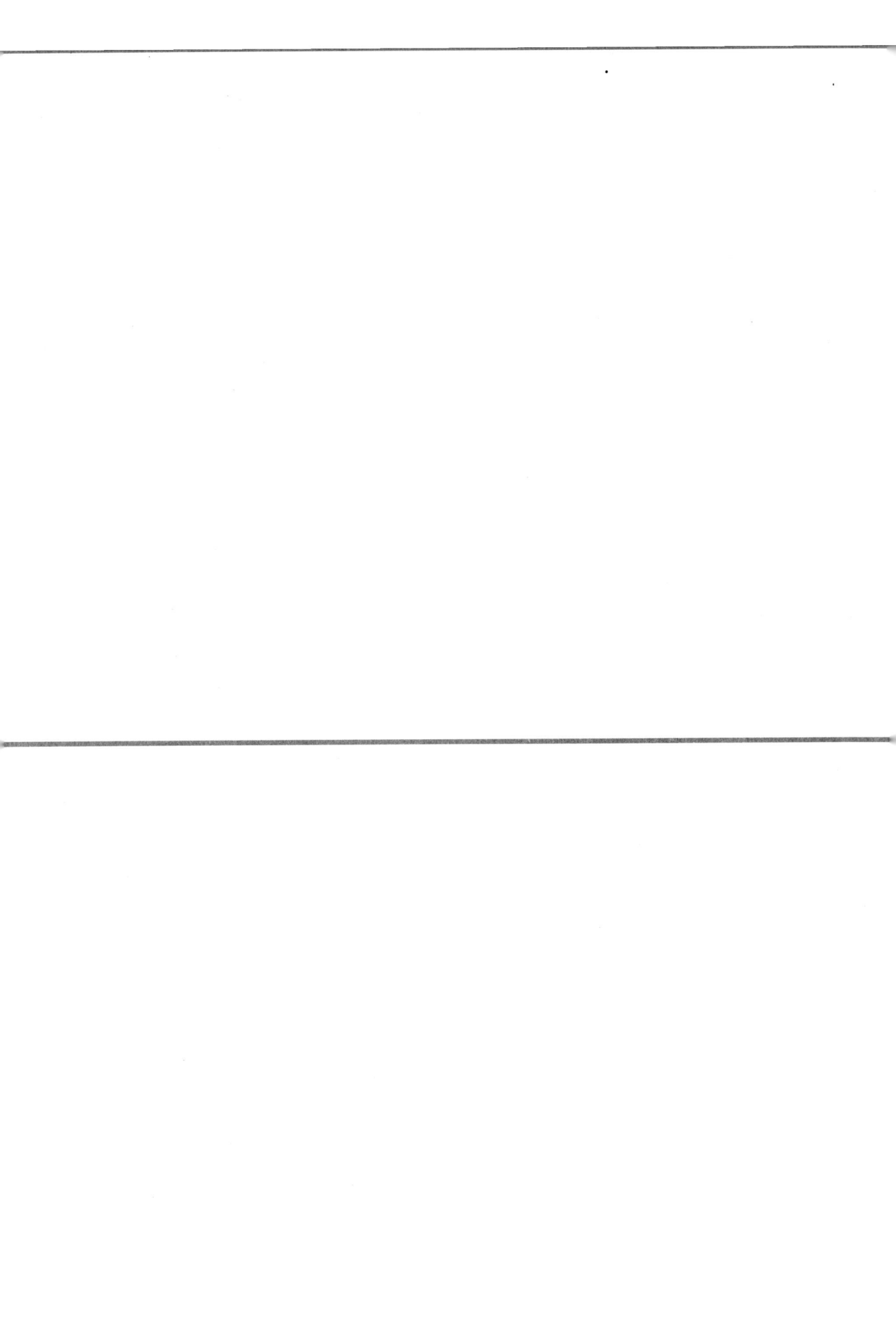

2014 2

Public Policy Review

公共政策评论

主　　编　姚先国　金雪军
执行主编　蔡　宁

ZHEJIANG UNIVERSITY PRESS
浙江大学出版社

主　编
姚先国　金雪军

执行主编
蔡　宁

主编助理
周佳松

学术顾问委员会
（按姓氏拼音字母排序）

蔡　昉	中国社会科学院人口与劳动经济研究所
常修泽	国家发改委宏观经济研究院经济所
陈学彬	复旦大学金融研究院
丁学良	香港科技大学人文社会科学学院
黄祖辉	浙江大学中国农村发展研究院
蓝蔚青	浙江省公共政策研究院
蓝志勇	中国人民大学公共管理学院
严　强	南京大学政府管理学院
姚　远	中国人民大学社会与人口学院
郁建兴	浙江大学公共管理学院
张俊森	香港中文大学社会科学学院
郑永年	新加坡国立大学东亚研究所
竺乾威	复旦大学国际关系与公共事务学院
朱正威	西安交通大学公共政策与管理学院

主办单位
浙江省公共政策研究院
浙江大学公共政策研究院

《公共政策评论》
简　介

　　《公共政策评论》是浙江省公共政策研究院、浙江大学公共政策研究院不定期汇编出版的一种探讨公共政策理论与实践的学术文集,致力于为所有有志于国内外公共政策研究的人士构建平等的高层次学术交流平台。本文集以当今国内外公共政策重大理论与实践问题为研究和讨论核心,追求科学性和学术性,研讨理论,注重实践。以"经世致用,天下为公"为宗旨,聚焦经济、社会等公共政策领域的前沿问题研究,主要研究范围包括:公共政策分析、政府管理、社会治理、经济发展、国外动态等。本文集竭诚欢迎诸位学人惠赐佳作,尤其欢迎"无学科的"公共政策综合性研究成果。

　　联系方式:0571－88206853;网址:http://www.ggzc.zju.edu.cn
　　地址:浙江省杭州市浙江大学紫金港校区蒙民伟楼 322 室;邮编:310058
　　联系人:周佳松

目　录

主题研讨

作者
郑永年

中国改革发展如何推进？
——在第三届中国转型发展论坛上的发言

尊敬的李强省长、金德水书记，各位同仁、各位同学，大家好！今天非常高兴能有这个机会在这里分享一下我对于中国及浙江发展的一些看法。

今天会议讨论的主题反映了我们国家下一步改革发展过程当中最重要的几个议题。十八届三中全会通过了 336 项改革方案，2014 年的四中全会又有 180 项改革方案。虽然有些是重复的，但加起来也有几百项改革。

习总书记这一代领导集体对于未来中国的蓝图的规划，是关乎未来中国三十年的事情。我们现在讲中华人民共和国一百周年，基本上可以分为三个阶段，即毛泽东 30 年；邓小平 35 年，其提出的中国社会主义市场经济概念管了中国改革和发展 35 周年；现在还有 35 年，怎么办？我觉得习近平领导集体所考虑的正是这样一个蓝图，而不仅仅是自己两届任期内的事情。

如果那么一个宏大的蓝图能够实现，我想，到那个时候的中国，即 2049 年的中国，是一个与现在完全不同的新中国。邓小平在 20 世纪 80 年代曾经说过，到 21 世纪中叶，也就是到本世纪中叶，把中国建成一个民主富强的中国。这也是习总书记，也就是我们这一代人的理想。

如何把这个宏大的计划落实下去？谁来做？怎么做？这些方面，现在还是面临很多问题。十八大以来，中国出现两种矛盾的局面，一个是中央政府大讲改革，我们省委、省政府也在大讲改革，但是有些政府官员还是存在不作为的现象。

如果三中、四中全会的计划不能落实下去，就会变成纸上谈兵，就会继续出现没有改革的局面。习总书记一直在谈中国不要犯颠覆性的错误。有了宏图，但如果执行不下去，这也会是一个颠覆性的错误。

为什么会出现有些政府官员不作为的现象？主要有四个原因。

一是我们今天已经从以前分权式的改革转向了现在的集权式的改革。因为现在改革需要顶层设计，不像20世纪80年代、90年代都是分权式改革。正如习总书记所说的，中国改革从容易到困难，肉吃完了，现在要硬骨头了，这需要一定的集权。80年代的改革比较容易，人人都很穷，穷则思变。但是到改革开放三十多年之后的今天，有的人吃得胖了，走不动了，需要人去推；有些既得利益觉得现在够好了，不需要改革了。要克服既得利益者的阻力，就要有相当的权力集中。

二是大规模的反腐败运动。因为大规模的腐败，政府跟人民之间存在关系紧张。在有大面积腐败的情况下，王岐山所说的"先治标后治本"的反腐败策略是正确的。但是大规模的反腐败运动也给一些官员带来一些负面效果，那就是不作为。改革是要干活的，但一干活就面临因为反腐败而带来的制约，导致一些官员不知怎么做。

三是中国的体制因素。中国的官员善于进行单一目标的改革。单一的改革目标比较容易推行，从前就是GDP主义，追求GDP指标。但是现在改革目标多元化，既要社会和谐，老百姓满意，还要考量环境等问题，各种指标都要做。在目标多元化的时候，地方官员不知道怎么做，不适应。

四是在社交媒体时代，来自民意的压力很大。现在的地方政府也是想做一些好事的。但是，现在的社交媒体很厉害，做什么样的事情都会有人反对。当然，这个不仅仅是中国的现象，也是全世界的普遍现象。老百姓一反对，有些官员就害怕，即使一个改革方案是为了社会的长远利益、为了整体利益的，也要收回来。今天我们的社会利益多元化、利益碎片化，每一种利益都会动员得到支持的力量，也动员得到反对的力量，从而对改革进行阻碍。

那么，如果要执行改革路线，怎么办？

第一，就是要分权，改革还是要分权的，集权本身不是目标。习总书记的集权本身也不是目标，不是说要把权力集中，自己拿在手中；集权意味着，要有足够的权力来克服既得利益者的阻碍。要从既得利益者中收回权力，但这个权力还是要返回地方政府，返回给企业、社会的。分权需要找到一个突破口。今天我们讨论权力清单或者责任清单问题，就是要找到一个分权的突破口。

我们现在面临的问题就是，在理论上说，我们很多的权力还是在政府官员手中，但是有些政府已经不作为了。这就是一个矛盾。所以，我们要用权力清单的方式进行分权。这里首先就有一个中央和地方之间的关系问题。我们很多现行权力也是有法律依据，但法律权力在中央政府或者在部委手中。这样，地方政府很难做，因为很多领域地方并没有法律权力。

今天我们提倡以法律为依据的改革,这很重要。不过,也要意识到,以前的法律是保护现存的既得利益者的,保护旧的体制的,而改革不可避免地要冲破旧的体制、冲破现存的既得利益者。现在我们要通过立法去推进改革,不过,立法是一个很长的过程。怎么办?我个人觉得,我们中国现在所要做的一件非常重要的事情,就是要清除旧的法律,要废法,把阻碍改革的法律废除一些。

例如,我们可以像上海自贸区一样,通过全国人大,终止使用一些不适应的法律,甚至废除。有些法律,可以通过全国人大授权地方政府,不再使用或者冻结。必须要为地方政府提供一个法律的空间。在大规模反腐败的情况下,如果没有法律依据,地方官员的作为是会成为问题的。

第二,要处理好政府和市场之间的关系问题。这一点三中全会已经说得很明白,就是权力要下放给企业,让市场去主导,让市场起到决定性的作用,但同时政府要向规制型政府转型,就是要为企业提供规制服务。80年代到90年代,我们在经济改革方面,犯了一个错误,就是把权力给了企业,但是没有好好规制企业,结果导致了食品安全等等一系列问题。这些就是政府转型没有做好,一直在讲规制,但是规制仍然不到位。

第三,要处理好政府和社会之间的关系问题。要处理好这对关系,有两个方面。一是政府要提供社会服务。这一块政府必须做起来。中国的早期改革者犯了一个错误,就是没有把社会领域跟经济领域分开来,简单地把经济政策应用到社会领域,包括社会保障、医疗、教育、公共住房等,这几块是社会领域,不是单纯的经济领域。我对一些经济体进行了比较,发现中国的社会领域是最市场化的,比很多西方资本主义国家更市场化。而这几块是需要保护的。现在中国的GDP很高,但是社会不满意。我们要向"亚洲四小龙"学习,"亚洲四小龙"在经济起飞的二三十年之后,不仅创造了一个经济奇迹,正如李光耀先生所说的,经济从第三世界提升到第一世界,从很穷的国家变成一个高收入的经济体;这些经济体更重要的是创造了一个社会奇迹,即培养了一个庞大的中产阶级,中产阶级达到75%~80%。我们改革开放以后35年了,中产阶级有多少,充其量也就是25%~30%。中产阶级到哪里去了?谁偷走了中国的中产阶级?主要就是政府没有做好,社会政策没有及时到位。实际上,这一块政府的规模会加大。在提供社会服务这一块,中国政府规模仍然太小,而管制经济这一块中国政府则太大。

另一块就是社会组织。在社会组织问题上,我们也不要陷入意识形态之争,我们过于简单地把社会看成具有对抗性,对抗共产党。实际上不是这样的。现在我们讲社会治理,政府需要培养社会组织。政府管得少、管得好,才是好政府。浙江建立小政府、大社会的条件比较好。

同时,我觉得我们要的社会是一个大社会、好社会。我们肯定不要黑社会,不要邪教。那么,好社会怎么建立?一方面,政府要把权力下放给社会,关注社会建设,另一方面也要规制社会。广东现在在做两件事情,一个是社会组织登记,另一方面是清理非法社会组织。其实,就是一个怎么样规制社会的问题。我们不要再犯经济改革的错误了。一方面要分权给社会,另一方面要规范社会。

第四,要正确对待民意,民意对中国的影响越来越大。在这方面,我们要界定社会的长远利益,不要仅仅看到短期利益,更要关注社会的长远利益。以新加坡政府为例,对整体社会利益有利的,即使社会反对,政府也要去做。这个不是说政府要问老百姓要不要做某件事情,而是政府做了这件为社会整体利益、为多数老百姓服务的事情之后,让老百姓认同你。

毛泽东以前也说过,政府既不要当人民的大老爷,也不要当人民的尾巴。我看现在的中国有很多干部就是两个极端,要不就是人民的大老爷,要不就是人民的尾巴。这种情形很不好。

另外,在反腐败之后,我们还要提供一个新的激励机制。现在有些政府官员都不想再当官了,因为政府部门没有什么好处了。如何解决这个问题?就是要为官员提供新的激励机制。以新加坡为例。一方面要高薪养廉。我们的公务员的薪水还是太低。当然高薪养廉还是要看社会的接受程度。另一方面,我们要保留住好的人才。新加坡政府为了跟企业竞争人才,而提供给政府官员高的薪水。"亚洲四小龙"在经济发展过程当中,存在一个有效政府是非常重要的因素。美国是一流人才都去经商,二流、三流人才从政。东亚社会不同。在东亚,没有一个有效的政府,经济就发展不了。我想中国也是一样的。我们在经济领域讲经济竞争能力,也要在政治领域强调政府的竞争能力。

政府的竞争能力,一个是体制,一个是人才。如果没有吸收到好的人才,有效政府就会变成问题。"亚洲四小龙"加上早些时候的日本,为什么能避免中等收入陷阱?根据世界银行的统计,二战以后,只有十几个国家跳出了中等收入陷阱。在这些经济体中,除了石油国家,就只有日本和东亚四小龙。日本和"亚洲四小龙"的经验,就是需要有一个有效政府。

最后一点,就是我们今天所讨论的法治政府。这里,我们既要用法律来追究乱作为的官员,同时也要用法律来追究不作为的官员。这也就是怎样在法治的前提下建立一个有作为政府的问题。

如何建立有效政府?浙江有很多有利的条件。浙江是中国改革比较早的省份,经济发展水平很高,民营企业发达。但是,我们的政府官员也要有改革的心态,要把本省经济社会的发展提升到一个新的台阶。现在衡量一个政府有很多指标。不过,我觉得,要发展出一个庞大的中产阶级才是根本。世界很多地方,只要是中产阶级大的地方,这个社会就好。中产阶级代表消费水平、理性、和平。台湾地区、香港地区有人天天在游行示威,但还是和平理性。但前些年深圳发生的反日示威大游行,就发生了打砸抢。暴力在香港、台湾鲜有发生。这说明中产阶级是非常重要的。道理很简单,你自己有车有房,就不会烧人家的车和房。浙江可以在中国范围内,提前建成一个全面小康社会。

就浙江的改革,我觉得重要的就是,我们要把浙江自身的改革,置于整个中国的改革过程中,既要注意浙江的特殊性,又要关注浙江改革的可复制性。我希望浙江在省委省政府领导下,能当新一轮中国改革的领头羊。

(作者简介:郑永年教授,现任新加坡东亚研究所所长,《国际中国研究杂志》(China: An International Journal)和《东亚政策》(East Asian Policy)主编;郑永年教授于1985年、1998年、1992年和1995年先后获中国北京大学法学学士、法学硕士、美国普林斯顿大学政治学硕士和博士学位。他还在1995年到1997年之间在美国哈佛大学进行博士后研究。历任中国北京大学政治与行政管理系助教、讲师,新加坡国立大学东亚研究所研究员、资深研究员,英国诺丁汉大学中国政策研究所教授、研究主任,新加坡国大大学教授,东亚研究所所长。先后获得美国社会科学研究会/麦克阿瑟基金会(Social Science Research Council-MacArthur Foundation)(1995—1997)和美国麦克阿瑟基金会(John D. and Catherine T. MacArthur Foundation)(2003—2005)研究基金的资助。)

(整理者:姜聪聪,浙江省公共政策研究院助理研究员)

作者
汪玉凯

中国经济转型与治理变革
——在第三届中国转型发展论坛上的发言

党的十八大以后,对未来经济转型发展和国家治理作出了一系列重大的政策选择。两年已过去,这些政策到底产生了什么样的影响,我们该如何评价? 作为世界上最大的新兴经济体,世界第一大贸易国,中国的一举一动必将备受世界关注。昨天德国官员在讲演中说,智库要扮演思想引领者的角色,不要扮演跟随者的角色,我很认同。今天,我也试图从扮演一个政策、思想引领者的角度,对这两年的经济转型和治理变革作一个评价和分析,供大家参考。

一、十八大以后中国逐步确立了用治理变革促进转型发展的整体思路

这个思路最好的说法就是提出新"十二字方针",即"稳增长、调结构、促改革、惠民生"。这十二个字我认为有三个特征,一是多目标定位、但内涵清楚,即不惜降低经济增长的速度,突出转方式调结构。二是在宏观层面,尽量不刺激或微刺激。三是通过推进简政放权、变革政府治理,释放改革红利。新十二字方针的成效毋庸置疑,但越到后面,越显疲态,标志有三。

第一,经济下行的压力越来越大,突出调结构让位于稳增长。对中国经济的判断目前有很大的争议。西方普遍唱衰中国:认为 2008 年美国爆发金融危机后,西方普遍陷入衰退,而当时中国及其他新兴经济体却很风光。而目前的情况是,以美国为代表的发达经济体经济正在稳定复苏,而新兴经济体似乎都遇到了麻烦。中国的领导人不断放话,声称

中国经济没有出大问题,中国经济增长的动能依然强劲,问题主要在眼前。没有大问题不等于没问题。实际上中国经济发展目前主要有四个隐忧:一是严重的房地产泡沫;二是地方债务;三是影子银行;四是产能过剩。

第二,调结构的进展相对缓慢。中国传统的发展之所以必须调整优化,集中体现在四个"难以为继":一是低成本出口战略以金融危机爆发为标志难以为继;二是低端产业主导的经济结构难以为继;三是资源和环境的传统使用方式难以为继;四是收入分配不公引发的社会问题,使社会稳定的大局难以为继。比如低端产业主导的经济结构,回顾35年中国的发展道路就会发现,我们实际上走了一条"三高换一高、带一低"的道路——资金高投入、资源高消耗、环境高污染,换来35年平均9.8%的高增长,还有低效率。我们是以大量地透支资源、破坏环境、过度消耗能源,作为高增长的支撑点的。世界上流行三句话:三流企业卖产品,二流企业卖专利,一流企业卖标准。中国大量的是不入流的企业,没有自己的品牌、专利和核心技术。我们在2013年创造的产值是56.8万亿人民币,折合约9.3万亿美元,占世界经济总量12%,但是我们消耗的钢材超过全世界50%,消耗的水泥和煤炭超过全世界40%。可见,主要在世界产业链的中低端发展,而在高端没有多少话语权,我们可以成为经济大国,但几乎很难成为经济强国。因此我们要下决心淘汰落后产能,发展绿色低碳经济,培养新兴战略人才,发展高端产业,争取在世界经济中的话语权。

尽管优化经济结构的紧迫性不容置疑,但实施起来并不容易,特别在经济下行压力大的情况下更是如此。一个简单的事实是:改变过度依赖低成本出口战略,必须以真正的启动内需为前提;改变低端产业主导的经济结构,必须有持续优化结构为条件;改变传统的资源和环境的使用方式,必须以大力发展低碳绿色经济、保护环境等为实质性举措;同样,改变收入分配不公的社会问题,必须强力推进分配制度改革等。而这些问题的任何一项都几乎是一个系统工程,很难一蹴而就。

第三,以简政放权为核心的治理变革,遇到了中梗阻,落地不易。应该说党的十八大后,以简政放权为核心的行政体制改革取得了很大进展。仅国务院通过六次减少行政审批事项改革,就取消、下放了600多项。在一定意义上确实体现了壮士断腕、伤筋动骨的决心和毅力。但是中国的五级政府,不是说中央政府有了简政放权的决心,有了实际举动,就能马上落地的,还有省、市、县、乡镇等多个层级,如果地方政府配合不及时,企业、老百姓还很难马上感受得到。更何况本轮中央各部委的简政放权改革,也还没有改变部门主导的局面,这在一定意义上也可能使改革的成效打了折扣。

二、用治理变革促进转型发展,关键取决于三大因素

用治理变革促进转型发展,是十八大后中国经济改革的一个重要特点。但要使这

一改革真正取得成效,关键取决于政府向市场、社会以及中央政府向地方政府放权三大因素。

从政府向市场放权来看,关键取决于能否处理好政府与市场的关系,真正体现市场决定论。这中间可能要过好三个关口:一是真正的开放市场,建立一个没有地区行政壁垒的统一完善的市场,如开放金融业、开放服务业,鼓励民营资本进入传统由政府垄断的一些行业等;二是政府要简政放权,比如要减少投资的审批、减少对企业生产经营活动的审批、减少不必要的检验检测认证等。还要减少行政事业型收费,改革企业注册制度,降低市场门槛、鼓励人们创业等;三是加大国企改革力度,打破垄断,为民营经济创造公平竞争的市场环境等。

从向社会放权来看,关键要处理好政府与社会的关系,最大限度地释放社会活力。包括要真正形成多元化社会治理结构,给社会组织更大的发展空间,增加其数量,提升其质量,要采取强有力举措,将政府大量服务性职能转移出政府,让社会组织、事业单位承担,推进政府购买服务的实质性进展等。

从中央政府向地方政府放权来看,重点在于优化央地关系,激活地方在转型发展中的约束性和主动性。一是要大量取消、下放中央的行政审批事项,给地方政府更多的自主决定权;二是改革财政转移支付制度,使地方的财力与事权相匹配,要明确中央与地方的事权划分以及财力的合理分配,大幅压缩专项转移支付资金。三是要培植地方政府的税源,通过土地流转制度改革以及城乡统一建设用地市场的建立等,严格控制地方政府的征地范围,减少对土地财政的依赖等,与此同时,要尽快配置地方政府的税源。

三、化解改革阻力和避免出现颠覆性错误,是未来中国转型发展的两个重要条件

中国转型发展必将是一个长期痛苦的过程。在这一过程中,我们有许多重要的事情要做。但最关键的是两个:一个是化解改革的阻力;另一个是要防止出现颠覆性错误。

就化解改革的阻力来看,笔者认为"二次改革"的主要阻力可能来自两个方面:一是既得利益,二是政府自身。这意味着我们要同时在两条线作战。与既得利益作战,主要表现为不管打破垄断、为民营资本提供更大发展空间,还是推进分配制度改革、惠民生等都需要铲除既得利益,防止既得利益通过多种手段和途径制造事端,形成对改革发展转型的干扰。十八大以后,中央没有急于改革,而是先"打虎"后改革,一个重要原因,就是要通过打老虎、特别是打大老虎,遏制既得利益对改革的阻挠,让民众看到希望,有了信心,这样我们的改革才有可能再一次获得民众的支持,改革才能成功。从

这个意义上说,"二次改革"说到底就是与既得利益作战,这与1978年后启动的"一次改革"主要和贫困作战完全不一样了。二是同政府自身作战。政府对转型发展的阻力,主要是政府管理运行的惯性、广大公务人员的传统思维定势,以及行政审批制度改革阻力和部门利益的阻力。这方面的阻力同样不可低估。如果中国未来的转型发展,没有广大公职人员的观念的变革、没有审批制度改革的深入推进、没有遏制部门利益取得实质性进展,许多改革举措都无法落实,这一点务必引起我们的高度关注,决不可掉以轻心。

未来中国转型发展的第二个重要条件,就是要防止出现颠覆性错误。我们注意到,党的十八大后习近平总书记多次讲到颠覆性错误的问题。那么究竟什么是颠覆性错误呢?笔者以为,所谓颠覆性错误,就是违背客观规律,在事关全局性、战略性问题上出现严重的战略误判、战略失误,并对一定时期国家的经济社会发展造成巨大损失。从过往的经验教训看,"文革"是新中国成立以来犯的最大颠覆性错误,新中国成立后的50年代的反右、"大跃进"是颠覆性错误,提出阶级斗争为纲、无产阶级专政下继续革命理论,也同样是颠覆性错误。

所以在新的历史条件下,在新的转型发展征程中,我们如何防止出现颠覆性错误,是一个值得各方高度关注的大问题。比如如何防止意识形态领域的沉渣再起,避免"左"祸的危害,就值得我们高度警觉。还比如在中国共产党拥有执政地位和领导地位的同时,如何更好地利用这些执政资源和领导资源,也需要特别审慎,最大限度地防止出现战略性的重大决策失误。所有这些都会对未来中国的发展产生深远影响。

(作者简介:汪玉凯,中国行政体制改革研究会副会长,国家行政学院教授)
(整理者:姜俊辉,浙江省公共政策研究院助理研究员)

作者
景跃进

从行政审批到权力清单治理
——在第三届中国转型发展论坛上的发言

尊敬的李强省长、金德水书记,各位同仁、各位同学,大家好!非常高兴有机会跟大家交流一下。

我今天谈的主题是"从行政审批到权力清单治理",话题主要聚焦在权力审批制度,核心是如何限制和规范政府的公权力,我想从权力制约和权力规范的角度谈这个问题。限于时间,谈三个方面的问题。先交代一下相关分析的宏观背景或问题脉络。

对公权力的制约是各国面临的共同问题,其必要性和重要性已成为人们的普遍共识。虽然由于国情的差异,人们可以探索不同的道路和方式,但是我们所要处置的问题是相同的。对权力必须进行限制,这是一条公理,借用俞可平的话来说,这是政治学的第一公理。古今中外,概莫能外。

现在的问题发生在什么地方?是我们如何看待西方的经验。因为现代化首先在西方进行,现代社会的一些基本制度和基本框架也首先在西方开始建立。在这样的语境之下,西方社会的经验自然而然地具有了某种示范效应,就像当年的苏联老大哥一样,对我们搞计划经济有示范作用。西方国家所做的一切,经济也好、法治也好,对现代化的后来者是有影响的。

在权力制约的问题上,西方政治制度基本上采取了对抗(VS)的方式,如以权力对抗权力,以野心对抗野心。三权分立,相互制衡是这一设计的经典表达。通过公权力的相互牵制,达致保障公民自由的目的,因为西方社会的根基是个人主义,以个人权利为本位是社会制度或者说社会生活的基调。

中国政府现在承认制约公权力的必要性和重要性,在这点上与西方国家有着共同性;与此同时,断然拒绝三权分立、相互制衡的制度安排。这里就出现一个如何把握普遍性和特殊性关系的问题。西方在制约公权力方面的好多方法,在什么程度上可以说它是具有普遍性的,在什么样的意义上是具有西方特色的,这是一个需要在实践中不断摸索的问题。

中国政府不简单地接受西方分权制衡的制度安排,这样做有没有道理? 是有道理的,因为我们当下的语境,发展的阶段,所处的国情跟西方不一样。这里有两点特别重要:第一,中国是一个现代化的后发国家,政府在现代化过程中扮演了一个积极的角色,不像西方,西方现代化是一个自然发生、演化而成的过程,没有什么五年计划或政府的统筹安排,企业家或者中产阶级起了一个很重要的作用,政府是小政府,慢慢发展成了一个福利国家;中国不一样,政府在初期就扮演了一个很重要的角色,是火车头。

第二,在近现代历史进程中,中国演化出了一个特定的政体,无论是国民党也好,共产党也罢,无论是孙中山的改组国民党,还是中国共产党从一开始就是一个按照列宁主义原则建立起来的政党,中国生成了一个 Party-State。这一制度的基本特点是集权,它既体现在中共的民主集中制原则上,也体现在人大与国务院和两院的关系之中。我们现在的政治制度是双重设计的;作为一个政党—国家体制,它的政治逻辑是双轨的。仔细考察一下中国政治便不难发现这一点。举一个简单的例子,在法理上,人民代表大会制度是我们国家的根本制度,另一方面,执政党强调"三个代表"。表面上看都是"代表",人民代表大会制度是"代表","三个代表"也是"代表",汉语书写上是一模一样的,但是背后的政治理念是完全不一样的。在中国这样的政治体制里面,为什么要强调将党的领导、人民群众当家作主和依法治国三者结合起来? 这表明它们原本是分离的,然后才有结合起来的问题。所以说我们的体制是两套逻辑。对于执政党来讲,民主集中制的要害在集中。事实上,我们现在整个的国家体系,或把国家凝聚成这样一个体系,不是靠法律,而是靠党。党是这个体制的中轴,围绕这一中轴,慢慢建构了一个外部的国家体系框架。在这个框架中,人大不但是一个立法机构,而且是一个最高权力机构,至少在法理上是如此,因此不可能像法院和政府跟人大并列,尤其不能设想最高法院去审查人大通过的法律。

这是今天讨论权力制约问题时面临的两个历史遗产。改革意味着我们必须在这一条件的背景下来选择出路和方法。在这一意义上,当今中国的语境为我们提出了两个非常中国化的问题:第一,如何在大政府/积极权力观的条件下,对权力进行有效的制约? 第二,如何在政党—国家体制的结构中来解决"权力驯化"的问题?

驯化权力在人类社会历史中经历了一个漫长的过程,至今尚未终结。在这个过程当中,中国面临着历史性的挑战,而这个历史性的挑战在西方不曾存在。这些挑战可以表述为两个命题:第一,既要排除西方的分权制衡的选项,不搞三权分立,同时又要做到把权力关进制度的笼子里面。这意味着我们要在西方实践之外寻找新的途径;第二,既要制约公权力,避免腐败,同时又要提高政府的效率,建设一个有为、有效的政府。如何同时实现这两个目标?实在是一项非常艰难的任务。这是我们当下面临的问题,也是今天讨论浙江推行权力清单制度的宏观—历史背景,也是现实语境。

接下来我想简要梳理一下,改革开放以来我们在权力制约方面所作出的努力,主要集中于新的实践。大致而言,1978年以来我们的探索基本上沿着两条路径展开,当然这是事后概括,不一定是事前的理性设计。

第一个路径,我们称之为"分权路径"。所谓"分权路径"就是在计划经济向市场经济的转型过程中,重新对政府的公权力进行定位,亦即政府究竟应该干什么?以及如何干?这也是1982年政府行政体制改革以来一直面临的问题。就逻辑而言,分权实践有两个重要的维度,一个是外部维度,包括如何处理政府和市场、国家和社会的关系。这两对分析范畴如今已经成为学界和媒体的流行词了。简言之,通过政府向市场的分权,国家向社会的分权,缩小了政府公权力行使的范围。与之相应的第二个是内部维度,亦即政府系统内部的央地关系、地方和地方关系,包括地方和基层的关系。通过不断的分权激励地方和基层的积极性。

第二个路径我称之为"制约路径"。如果说,"分权路径"解决的问题是政府公权力的边界问题,那么"制约路径"所要解决的问题,便是在公权力定位以后,如何在结构上和运行过程中制约公权力。因此可区分为结构维度的探索和过程维度的探索。

结构维度的探索集中体现在两个方面。第一,第一次提出了决策、执行和监督"三权分离",相互制约和相互协调。我们党从十五大开始,对权力监督问题开始系统性地重视起来。党的十七大正式提出了决策权、执行权和监督权的相对分离。我们用了一个说法,既"相互制约又相互协调",这一表述可以看作是具有中国特色的三权观,也可以把它看成是低层次分权制约的中国版本。以前"权力制约"这个概念不被高层接受,我们只讲权力监督。这个变化的背景是什么?跟我国进WTO有关系,也跟西方的新公共管理运动有关系。中编办曾经在深圳搞过试点,叫做"行政三分制",后来由于种种原因无疾而终。这个问题我有自己的一点看法,它推不下去,是有它的结构性制约的。

尽管在实践操作方面还存在着诸多的问题,但是这一理念得到了广泛的普及。最初这一思路运用于政府行政的领域,随后逐渐扩展到其他的语境。我在阅读中央文件时,发现这一理念也被党内事务所接受。例如,《中央党内法规制定工作五年规划纲要(2013—2017)》提出,要"完善地方党委工作制度","抓紧修订《中国共产党地方委员会工作条例(试行)》,制定体现集体领导和个人分工负责相结合的具体制度和办法,建立健全决策权、执行权、监督权既相互制约又相互协调的权力结构和运行机制。"十八届四中全会的《决定》又把这个相互制约相互协调的理论,进一步引入到了司法各种权力之间的内部关系:"优化司法职权配置。健全公安机关、检察机关、审判机关、司法行政机关各司其职,侦查权、检察权、审判权、执行权相互配合、相互制约的体制机制。"

第二,与理念发展并进的第二条线索,是越来越强调制度建设,将权力纳入制度的轨道,使制度成为堤坝,不让权力的洪水四处泛滥。十八届四中全会以"依法治国"作为主题,强调宪法的至高地位,强调法律实施的重要性(依法行政),法律没有授权不可为;与此同时系统梳理和完善党内法规,将党的领导也纳入法治的轨道。

与结构维度相对应的是过程维度的探索。这方面的实践形式多种多样,内容丰富,其中最为重要的是权力的阳光化。2007年党的十七大提出"让权力在阳光下运作"。大约从2009年起,中纪委在全国挑了若干个县,搞县委书记的权力公开,在这个基础上搞权力清单。2013年十八届三中全会通过的《决定》,明确要求推行权力清单制度。其他相应的举措如公民考评、媒体监督、行政问责、离职审计、预算民主、加大对腐败惩治的力度,等等。

到现在为止,在探索具有中国特色的制约公权力的道路上,我们才刚刚迈开步伐,许多方面还有待深入。尽管如此,一些特征已经开始显露出来。我将其概括为三个方面:第一,在既有体制的框架内,探索制约公权力的制度安排,而不搞体制突破;第二,这些制度性的改革限于局部领域或地方和基层,不涉及这个体制的上层,换言之,我们现在的情况是权力制约的举措与体制的集权原则相互共居。这一点非常有意思,以前没有想到。中国是一个幅员辽阔的国家,大国的好处是有回旋余地,所谓"东方不亮西方亮,黑了南方有北方"。当年抗日战争,我们可以用空间换时间,打持久战。需要注意的是,大国的回旋余地除了平面维度之外,还有垂直的维度。平面空间越大,垂直维度就越高。我们国家从中央到地方有五个层级的政府。这一特征对于政治制度的设计具有什么影响?这是一个值得考虑的问题。云南有"一山四季"的现象,我们可以考虑在不同层次上,采取不同的制度安排。事实上,十八届四中全会作出的司法制度改革,便是采用了这一原理。在大框架和基本结构不动的前提下,在体制内部进行局部性的制度变革,让司法去行政化、去地方化。我本人觉得通过这种改革,实现司法公正的可能性是很大的。

第三个特点是,我们现在试图走一条权力的自我驯化之路。上面讲过,西方一定要找一个对立面,在相互抗衡中来制约权力、驯化权力。但是中国不想这样,我们实行的是一个集权结构,所以权力只能靠自我驯化。怎么评价这一选择?怎么看待它的一些实践?我觉得采取一种开放的态度比较好,不要从逻辑上去推导,生活比逻辑复杂,把它看成是一个开放的过程。

在这一简要梳理的背景下,下面谈谈我对浙江推行权力清单制度实践的一些感想。浙江在实践操作和理论研究两个方面都做得相当好,相当精彩。这也是我长期以来的一个感觉,浙江的干部理论水平很高,浙江学者又具有很强的实务能力。

在中国政治中,省的地位比较特殊。对中央来说,省是地方;对于下面的市县来讲,省又是一个中枢机构。中央讲改革的顶层设计,在省一级也有这个问题。顶层设计的提法凸显了改革的整体性、全局性、宏观性、战略性,因此指导改革的理念是非常重要的。来杭州之前,我查阅了媒体对于浙江做法的有关报道,已公布的省政府相关文件,浙江省召开的专题新闻发布会,也认真阅读了省公共政策研究院课题组的报告,收获非常之大。其中,李强省长的一段话给我留下了深刻的印象,他的意思是权力清单是一个源头性的问题,也是政府治理的核心问题,必须从改革的全局来认识推行权力清单制度。这个认识非常到位。

只有认识到位,有力的改革举措才会跟上。在这方面浙江再次走在了全国的前面。在权力起底的基础上,直切三刀:第一刀是取消一些行政审批的权力;第二刀是转移一部分管理职能;第三刀是下放一部分行政审批权。然后公布权力运行程序图。改革的力度和效率给人留下了深刻印象。

需要指出的是,表面上看权力清单制度是一个操作性很强、技术性很强的改革举措,但实际上它是一个牛鼻子,起到了牵一发而动全身的功效。它的影响所及是散发性的、多维度的:例如有利于深化行政体制改革,优化政府内部的权力配置关系;有利于建构政府与市场、社会三者的良性关系,让市场发挥决定性作用,激发社会活力;有利于推动依法行政,让权力在阳光下运作,防止腐败;有利于公民和社会评价政府官员的绩效、问责追究……,等等。

中国改革的要害是从计划经济转向市场经济,从一个全能主义国家逐步分化出一个良好的社会结构和市场结构。这个过程当中,"政府放权"和"依法行政"是改革的关键所在。在这个意义上来说,推进权力清单制度可以说是"一石二鸟"。我们搞改革,常常说要找准突破点,要找准抓手,你抓对了,事半功倍,抓得不好,白用功或者说效果不是很好。实行权力清单制度可以说是找到了一个切实可行的方法,推动政府治理体系和治理能力的现代化。

最后,基于浙江的经验和材料,我谈几点看法,希望浙江省能够在今后的实践中做得更好。

第一,党的十八大之后,中国的改革具有相当的顶层设计色彩,这意味着许多改革措施都是自上而下的"规定动作"。这个跟以前不一样,以前允许大家去闯、去摸,所以大家各种各样的动作都有。而顶层设计意味着上面有指示精神,有框架、有原则,有大的思路和方向,各个省在这样一个大的背景之下去进行改革。由此产生的一个问题是,在做规定动作的同时,如何发挥地方在制度探索过程中的积极性和创造性,这是不是一个问题?怎么解决?

第二,现在强调依法治国、依法行政,这意味着我们也必须要"依法改革"。此前,中国改革取得那么大的成就,除了其他因素之外,有两个东西非常重要:一是放权改革,地方有积极性,二是法律政策的束缚力很小。事实上,早期的许多改革程度不同地突破了法律甚至宪法。什么都可以干,衡量对错的标准是结果。为此,邓小平提出"三个有利于"的标准。这种做法的好处是地方既有积极性,活动空间又大,由此合成的一个结果是,我们的体制适应性很强,灵活性很大。现在改革进入了一个新的阶段,这是一种历史的必然,时势所趋。但要处理好过渡时期的平衡问题。依法改革,意味着对官员行为的约束加大,而顶层设计意味着地方的积极性和主动性在一定程度上被替代了或削弱了,而且反腐败是刚性的,很多行为不敢做。在这种情况下,如何在法治建设的同时,避免改革的效率损失,避免适应性能力的减弱,是一个需要考虑的问题。

第三,目前权力清单制度所规范的主要是政府行政系统的权力,没有涉及核心的党务部门。我们国家是一个政党—国家体制,国家公权力的要害其实不在国家,而在执政党。共产党的执政权和国家的立法权、行政权和司法权,它们之间的关系要以法律的方式规定下来。如果真的要依法治国的话,我觉得这个问题要进一步澄清,尽管十八届四中全会讲了,说这次会议作出的《决定》的最大收获是讲清了党和法治的关系,我觉得还有空间,还有很大的空间。

第四,权力清单涉及中央和地方,地方人大与政府的关系,不同层级地方政府之间的关系以及地方政府与其职能部门之间的关系。在这一过程中,如何发挥人大的作用?在目前的改革中,人大似乎是缺位的。人大应当扮演一个什么样的角色?

第五,随着政府系统的放权,"上面千条线,下面一根针"的现象,是否会以一种新的形式出现?地方和基层政府是否能够承担那么多的权力转移,你的钱,你的人员配置,你的重心是不是要下移?这是一个很有意思的问题,权力清单制度改革会牵动一系列的改革。我们国家的整个管理重心应该越来越往下沉。县在中国的政府治理框架里面会扮演重要的角色,对于一个良治社会来讲,县应该发挥什么样的作用,这是一个很有意思的问题。

第六,我们的改革具有很强的实用主义的品格,这也反映了中国文化的特点,但从长远来看也有它的缺陷。在西方,权力制约的要害不是为了发展经济,也不是为了反腐败,而是为了保障公民自由。我们在推行权力清单制度的过程中,也应当考虑如何发展公民权利(包括公民自由)的问题。千万不能将两者分割开来,似乎它们之间没有联系。评价中国是否现代化,除了各种各样的指标以外,我觉得很重要的一个指标,就是我们每一个生活在这个体制下面的人,每一个生活在这个国土上的人,是不是为这个国家感到自豪,是不是为这个政体感到自豪。这是一个非常简单但很有力度的指标。如果许多人都用脚来投票的话,那你自己再怎么吹也不行。所谓"以人为本"这个概念在我们这个话题里面,就是如何将权力清单制度的推行与公民权利的发展紧密联系起来,让我们感到生活在这里,不但为浙江人自豪,为中国人自豪,也为我们政府的管理自豪,为我们整个的制度自豪。这是我想讲的简单体会,可能不一定正确,谢谢。

(**作者简介**:景跃进,清华大学社会科学学院政治学系教授,博士生导师,兼学院学位委员会主席、政治学系副主任)

(**整理者**:周佳松,浙江省公共政策研究院助理研究员)

权力清单专题

作者

蓝蔚青

政府权力清单制度研究

内容提要:2013 年年底以来,我院应浙江省编委办的要求,组织院内外专家咨询团队,分 7 个专家组,以十八届三中全会精神为指导,从第三方角度审视了100 多个省级部门和杭州市市级部门的权力清单,逐个提出了书面评审意见,仅对省级部门就前后两轮提出了意见建议 5000 多条。同时,组织省内外专家、领导干部、行政相对人、实际工作者举办有关重点难点问题的公共政策研究沙龙 8 次,分别就权力的合理与合法性、下放政府权力的标准、部门权力交叉、资金管理分散、政府职责缺位补位、资质认定、评奖评优等突出问题进行专题研讨,为推进改革提供了理论和智力支持。本报告概括了我们在直接参与的基础上所作的理论思考。

关键词:浙江;政府改革;权力清单

一、权力清单制度的内涵和实质

权力清单是指以清单方式列举的政府部门的职责、权限,其内容主要是各项行政权力的名称、类别、实施主体、行使层级、实施依据和权力运行流程等。权力清单制度以政府职权法定为原则,以依法行使权力的职能部门为权力主体,以部门"三定"方案为基础,把各部门由相关的法律、行政法规、行政规章设定的,作用于行政相对人的行政权力进行全面汇总与梳理,把所涉及的权限职能具体化、条目化、合理化,逐项列举并予公布和锁定,接受社会监督。

权力清单制度以转变政府职能、完善治理体系、提升治理能力为核心,开展政府职权清理和履职分析,在此基础上科学配置行政权力,依法规范和公开权力清单和权力运行流程,构建"权界清晰、分工合理、权责一致、运转高效、法治保障"的政府职能体系。

权力清单制度是政府及其部门以"清权、减权、制权"为核心内容的一次权力革命，其实质是给行政权力打造一个透明的制度笼子，为政府机关依法行政设定基本依据，为公民、法人和其他组织提供与政府互动的便利条件。其主要目的是在市场对资源配置起决定性作用的基础上，正确定位政府与市场、政府与社会的边界，完善行政系统内部的横向和纵向权力关系，优化政府的权力结构和运行流程，使上层建筑适应经济基础，以便更好地发挥政府的作用，实现政府治理体系和治理能力的现代化，推进国家治理体系和治理能力的现代化。

权力清单制度是对行政审批制度改革的深化，它超出了行政审批制度改革的范围，是对内部行政关系和外部行政关系的全面清理。目前，一是中央政府下放的大量权力到底放到哪一级需要进一步研究落实承接；二是各级地方政府的职权事项仍然太多；三是由于过去并无统一规范，这些权力事项中有不少属于系统内部和行政机关内部的管理事项，还有不少是分类过细的权力事项，如果只注重减少数量，只要通过权力"打包"和剔除内部管理事项就足以"吸引眼球"，但很可能变成形减实不减的"空放"；四是不少地方的行政审批制度改革出现虚放实不放、明放暗不放、责放权不放、难办的事下放而"含金量"高的审批不减等现象，有的地方下放了权力又悄悄收回，有的不向下级提供必要的条件，事中事后监管制度不健全，造成"一放就乱"；五是行政审批不限于行政许可和非行政许可，其他行政权力中也可能"埋伏"着行政审批；六是不少职权的设定和行使缺乏法律法规依据，依据上级部门的政策规定和规范性文件设定并行使行政权力的情况仍较多，有些甚至是依据省级部门自行发布的红头文件。这些问题都需要通过建立权力清单制度来解决。

针对这些问题，权力清单制度在涉及范围上，不能局限于行政许可或行政审批，应该全面清理和规范法定行政机关或组织依法实施的对公民、法人和其他组织权利义务产生直接影响的具体行政行为，包括行政许可、非行政许可审批、行政处罚、行政强制、行政征收、行政给付、行政裁决、行政确认、行政奖励及其他行政权力；在涉及主体上，应以省、市、县(区)三级政府工作部门以及具有行政主体资格并依法承担行政职能的事业单位为重点，同时还需要党群部门序列中依法承担行政职能的部门或单位参照实施，乡(镇)人民政府和街道办事处是直接面对行政相对人的行政主体，也应纳入权力清单制度。

根据"清权、减权、制权"的要求，由上级政府部门委托(含部分委托)下级政府部门行使的权力，由于上级部门仍然承担法定责任，应同时列入上、下级部门的权力清单，并分别予以注明；对于下级政府部门审核并转报上级政府部门作出最终决定的行政事项，应列入上级政府部门的权力清单，但为方便企业、社会组织和公民联系办事，应纳入下级政府部门的管理服务事项，对外公布内容和操作流程；本级政府有关部门均拥有的共性行政权力,可以统一公布;对于抽象行政行为和政府宏观管理职权,以及部门内部管理和系统管理的职能,应该纳入梳理范围,但不列入向社会公布的权力清单。

权力运行流程是权力清单的重要组成部分。它包括办理指南、外部运行流程图、内部运行流程图,前两者除保密事项外,都必须通过政府网站公开,以方便行政相对人并接受社会监督。

有权必有责,权力清单必然是权责清单。但行政机关责任的范围大于权力的范围,许多公共服务的责任并不依靠权力来履行。因此,在解决政府权力"越位"的问题后,还需要清理并公布比权力清单范围更广的责任清单和公共服务事项清单,制定公共服务标准,以更好地解决政府职责"缺位"的问题。

二、建立权力清单制度的作用和意义

(一)限制政府权力是马克思主义的根本原则

在马克思主义国家学说的经典之作《法兰西内战》中,马克思总结了巴黎公社的经验,阐述了代替旧的国家机器的人民当家作主的国家在政体上的根本特征:政府组成人员通过普选选出,实行责任制,并且随时可以罢免;各行政部门的官员也都是实行责任制、随时可以罢免的工作人员;取消一切公职人员的高薪特权,实现廉价政府;实现地方和基层的民主管理,由各级代表会议来处理社会共同事务,这些代表会议的代表通过直接或间接选举产生,受到选民的限权委托,并可以随时罢免;中央政府只保留为数不多但很重要的职能,在体制上、组织上保证民族的统一;公社体制会把靠社会供养而又阻碍社会自由发展的国家这个寄生赘瘤迄今所夺去的一切力量归还给社会,使国家政权不再凌驾于社会之上。

恩格斯在为《法兰西内战》写的 1891 年单行本导言中,突出了这一经典著作中关于无产阶级新型国家政权建设的核心思想,深刻指出:巴黎公社在新型国家建设方面采取的所有措施,都是"为了防止国家和国家机关由社会公仆变为社会主人"。要理解和实施这些革命性措施,必须克服"对国家以及一切有关国家的事物的盲目崇拜",即"认为全社会的公共事业和公共利益只能用旧的方法来处理和保护,即通过国家及其收入极多的官吏来处理和保护"的观念。列宁在另一部马克思主义国家学说的经典著作《国家与革命》中评价说:恩格斯在总结巴黎公社和此后 20 年的全部经验教训基础上对于这种"对国家的迷信"的批判,"完全可以称为马克思主义在国家问题上的最高成就"。

社会主义各国的经验教训毫无例外地证明,社会主义国家在充分发挥自身应有作用的同时,必须防止国家权力的过分扩张和凌驾于社会之上,特别要防止公职人员以权谋私乃至形成特殊利益集团,导致国家政权变质。建立权力清单制度,就是为了贯彻落实马克思主义创始人关于建设新型国家制度的根本原则。

(二)建立权力清单制度是推进政治体制改革的战略性举措

社会主义各国建国之初,都按照人民当家作主的根本原则设计了根本政治制度。但正如列宁所说:"由于文化水平这样低,苏维埃虽然按党纲规定是通过劳动者来实行管理的机关,而实际上却是通过无产阶级先进阶层来为劳动者实行管理而不是通过劳动群众来实行管理的机关。"执政党代替人民成了国家的管理者。由于文化落后特别是封建主义残余的广泛严重影响,加上长期误以为社会主义国家必须排斥市场机制实行计划经济体制,使权力过分集中而又缺乏制约成为社会主义各国传统政治体制的总病根。官僚主义、胡乱决策、家长制、终身制、人治、特权、腐败等种种弊端盖出于此。政治体制改革的实质和关键,就是要在坚持中国特色社会主义政治发展道路的前提下,解决权力过分集中而又缺乏制约的问题。权力清单制度着眼于权力的优化配置、规范行使和监督制约,正是对症下药的治本之策。

首先,权力清单制度着眼于解决权力过分集中于政府、政府权力过分集中于上级的积弊,按照使市场在资源配置中起决定性作用和更好发挥政府作用的要求,来界定政府与市场、社会的关系,限定政府的权力边界,审视、调整和规范各级政府各部门的权力事项和权力运行流程,深入推进政企分开、政资分开、政事分开、政社分开,简政放权,使这些要求具体化并得到落实。

其次,权力清单制度是规范政府权力配置和运行程序,保障依法行政,推进法治中国建设的一项重要制度。它把政府对行政相对人的权力限制在权力清单规定的范围内,并要求进入清单的每一项权力都要有法律法规规章依据,凸显了公权力"法无规定不可行"的原则和法治在国家治理和社会管理中的权威地位,确保国家机关按照法定权限和程序行使权力,切实做到用制度管权管事管人,严格规范公正文明执法,它是把权力关进制度笼子,保障权力服从法律的有效举措。

第三,权力清单制度使政务公开成为全面、系统、可操作的规范,真正做到各级政府和政府各部门的职责权限和权力运行程序一律通过互联网向全社会公开,让权力在阳光下运行,随时接受人民群众、社会舆论和人大、政协、纪检监察部门的监督,是健全权力运行制约和监督体系,保障人民知情权、参与权、表达权、监督权,促进干部清正、政府清廉、政治清明的一个重要的制度体系。

(三)建立权力清单制度是全面深化改革的重要突破口

党的十八届三中全会把"完善和发展中国特色社会主义制度,推进国家治理体系和治理能力现代化"作为全面深化改革的总目标。"治理"是 20 世纪末兴起的新政治概念,它反映了在社会基本制度和社会秩序保持基本稳定,不发生颠覆性变化的情况下国家的基本任务,"善治"是现代化的核心指标之一,也是现代国家追求的基本目标,其重要特征是治理主体的多元性和权力运行的多向度。国家治理体系就是规范社会权力运行和维护公共秩序的一系列制度和程序。它包括规范行政行为、市场行为和社会行为的一系列制度和程序,政府治理、市场治理和社会治理是现代国家治理体系中三个最重要的次级体系。从计划经济体制向市场经济体制转轨,必然要求改变与前者相匹配的权力主导一切、政府包揽一切的高度行政化的管理体制,形成政府治理、市场治理和社会治理三足鼎立、良性互动的治理结构。这就需要以政府自身的改革为突破口,从调整权力配置入手,撬动其他领域的改革。

权力清单制度首先是政府自身的改革。实施权力清单制度将进一步明确和优化各级政府和各政府部门的职责权力配置和工作流程,理顺政府内部纵向和横向的职责与权力关系,克服权力越位、缺位、错位和重叠,落实责任,确保权责一致。在权力清单的基础上,根据职责权力配置和实际工作量调整政府机构设置和编制配置,深化政府机构改革,推进大部门制,合理调整和严格控制机构编制,推进机构编制管理科学化、规范化、法制化。深化行政执法体制改革也需要通过权力清单制度来落实。严格执行权力清单制度,规范地、合理地、高效地行使政府权力,是深化行政体制改革,创新行政管理方式,增强政府公信力和执行力,提高政府绩效,降低行政成本,建设法治政府和服务型政府的基础性、关键性工程。

权力清单制度也是政府管理经济社会方式的改革。它通过优化和规范政府职责权力配置,大幅度减少政府对资源的直接配置,推动资源配置依据市场规则、市场价格、市场竞争实现效益最大化和效率最优化,切实解决市场体系不完善、政府干预过多的问题;同时加强地方政府的公共服务、市场监管、社会管理、环境保护等职责,加大政府对管控资源消耗、环境损害、产能过剩、政府债务,促进科技创新、安全生产、劳动就业和提高居民收入、社会保障、人民健康、生态效益的责任;从而推动政府职能向创造良好发展环境、提供优质公共服务、维护社会公平正义转变。它通过调整和规范政府在文化领域、社会领域和生态文明领域的职责权力配置,推动文化管理体制改革、事业单位和社会组织管理体制改革,促进现代文化市场体系的建立健全和现代公共文化服务体系的构建,激发社会组织活力,推进社会组织明确权责、依法自治、发挥作用,实现政府治理和社会自我调节、居民自治良性互动,推进社会领域制度创新,推进基本公共服务均等化,加快形成科学有效的社会治理体制,加快生态文明制度建设。

权力清单制度还将推进社会主义法治国家建设。这一制度的全面推行,必然要求规范并公布各级党政主要领导干部的职责权限,加强和改进对主要领导干部行使权力的制约和监督;科学配置党群部门的权力和职能,对确实需要行使权力的依法授权。

这些都将进一步完善党的领导体制和执政方式,提高党的科学执政、民主执政、依法执政水平。权力清单制度还规定对"合法不合理"的权力必须通过法定程序进行调整,在中国特色社会主义法律体系已经形成、法治成为治国理政的基本方式的新的历史条件下,解决了"守法"与"变法"的矛盾,对运用法治思维和法治方式深化改革具有广泛深刻的影响。

(四)建立权力清单制度是保障经济社会持续健康科学发展的必然选择

我国发展面临的国际环境和国内条件都在发生深刻而复杂的变化,转变发展方式没有退路,必须从依赖于增加投入真正转向创新驱动。为此,必须进一步提高政府效率和效能,更好发挥政府作用,通过有效的政府治理发挥社会主义市场经济体制优势,进一步形成公平竞争的发展环境,进一步激发发展的内生动力和活力。浙江率先释放民间活力和市场力量的体制机制先发优势,和日趋严峻的发展瓶颈制约,促使浙江加快推进政府自身改革,率先在全省范围内推行权力清单制度,突破与完善市场经济体制不相适应的政府部门权力利益格局,把该放的权力放开、放到位,用政府权力的"减法"换取市场与民间活力的"加法",同时厘清行政权力边界,规范权力运行程序,形成科学有效的行政权力管控制度,推动行政权力规范运行,打造有限、有为、有效的法治政府和服务型政府,营造更加公平的市场环境和社会环境以及良好的政务环境。通过释放政府自身改革的红利,撬动经济社会各领域的改革,推动和保障经济社会持续、健康、科学发展。发展趋势表明,这一路径正在成为愈来愈多的地区的选择。

三、权力清单制度的主要原则和需要理顺的关系

(一)权力清单制度的主要原则

1. 有限政府

要正确定位政府与市场、政府与社会的作用边界,只把必须由政府行使的权力纳入权力清单。政府的最大特点是拥有以法律为依据的国家强制力。凡是必须运用国家强制力来维护经济社会有序运行的领域,政府责无旁贷,决不能"缺位",应该更好地发挥作用,实施有效治理。同时,为了发挥市场在资源配置中对决定性作用,凡是市场机制能够解决的问题,都不应授予政府干预的权力。对于社会组织和社会力量能够通过自我服务、自我教育、自我管理、自我协商、自我制约、自我发展解决的问题,政府也不应包办代替,而应致力于规划引导,制定规则,保障公平公正,对公益事业提供必要的支持。发展社会公益事业是政府的职责,但政府无力、也不应包揽。随着经济社会的发展、社会财富的积累和社会公益意识的增强,愈来愈多的社会资金投向社会公益

事业,政府在这一领域的管理和服务方式也必须转变,实现管办分离。

2. 权力法定

政府的行政权力来源于法律、法规、规章的规定。公权力法无授权不可为。推行权力清单制度,就是要坚持依法行政,实行依法制权。没有法律、法规、规章依据,现实中却在行使的行政权力,必须在清理后逐步取消。今后出台授予政府权力的政策性文件必须符合法定职权和法定程序,依法授权。权力的调整和终止也一定要经过法定程序。

3. 制度管权

权力清单制度绝不仅仅是把各级政府和各部门的权力梳理一遍,做到各归其位,各司其职,而是要在此基础上,规范行政权力的设置和运行,规定审批和调整的权限和程序,形成科学有效的行政权力管控制度,对政府的职责和权力进行具体化、精细化管理,把政府权力全部关进制度的笼子。

4. 合理分工

我国的地方政府系统是一个纵向上包括省(直辖市、自治区)—省辖市—县(县级市、市辖区)—镇(乡)四级政府,横向上包括几十个部门的庞大体系,政府应该保留的权力需要在政府系统内部合理配置,解决纵向上各级政府职责同构、重叠管理,横向上相关政府部门对同一事项职责不清、重复管理的问题,使每一个管理事项都有一个明确而适当的管理主体。

5. 权责一致

在明确和落实权力事项的同时,明确和落实相应的责任,完善岗位责任制和行政问责制,做到有权必有责,有责必有权,事权财权相匹配,违法或者不当行使权力依法承担法律责任。调整行政权力须相应调整责任,要避免发生下放责任但不下放权力的现象。对于委托下级政府及政府部门行使的权力,上级必须承担监督的责任。

6. 公开透明

除了法定的保密事项外,所有的纳入权力清单的权力事项及其运行流程,包括相关的办事条件、办事标准、办事环节、办结时限、联系方式和办事结果,都必须向社会公开并可以查询,不仅方便行政相对人,而且随时接受社会公众和监督机构的监督。

7. 运转高效

按照便民原则和"环节最少、时间最短"的要求,整合相关的权力事项,简化办事环节,优化办事流程,提高办事效能,提供优质服务,方便服务对象。同时促进统一的电子政务平台和网上办事大厅建设,推动政务信息传递网络化和电子政务普及化,实现信息共享和业务协同,促进政府高效运转。

8. 循序渐进

权力清单制度不可能一步到位,它的建立和完善既要与行政体制改革和相关领域的改革相适应,又要与相关法律法规的立、改、废相同步,还要努力提高下级政府承接下放的权力的能力。因此,必然要采取一些过渡性的措施,从各方面积极创造放权的条件。

(二)权力清单制度需要理顺的主要关系

1. 政府与市场和社会的关系

建立权力清单制度,首先要进一步划清政府权力的边界,理顺政府与市场、社会的关系,使政府的有形之手、市场的无形之手和社会组织的自治之手各自发挥应有的作用,相得益彰。这就要全面清理法定行政机关或组织依法实施的对公民、法人和其他组织权利义务产生直接影响的具体行政行为,对市场主体能够自主决定的,市场竞争机制能够自行调节的、行政组织或中介机构能够自律管理的事项,交由市场或社会组织承担。

过去,政府的很大一部分权力和精力用于事前审批。这样的管理模式弊端很多。一是不少审批标准主观随意性太强,并非必备条件;二是所审批的行为尚未发生,审批标准难以准确把握;三是由此容易引发寻租现象,滋生腐败,增加创业成本;四是大量不申报的主体不进入管理程序和管理视野,处于失管状态;五是管理力量配置前紧后松、严进宽管,导致违法违规行为屡禁不止。这种重审批轻监管的管理模式造成活力、效率和秩序三败俱伤,应该转变为宽进严管的模式,把政府部门的主要精力放在事中事后的监管上。同时实行负面清单制度,对市场主体实行"法无禁止即自由",充分发挥市场机制"适者生存,不适者淘汰"的作用,政府集中精力管好经过竞争生存下来的主体,这样就有条件对政府管理部门实行严格的问责制,通过有效的管理保证管理对象合规守法,有序运行。

在权力清单清理过程中,涉及大量目前还主要由政府从事的行规行约制定、行业技术标准规范制定、行业统计分析和信息预警、行业学术和科技成果评审推广、行业纠纷调解等行业管理和协调职能、社会事务管理与服务性职能、市场监督与技术服务性职能等,这些都应该转移给行业组织承担。对公民、法人和其他组织水平能力的评价、认定,以及相关从业、执业资格、资质类管理,也应该交由社会组织自律管理。

目前,有些政府部门还主办着一些"示范性事业单位",它们往往靠"吃小灶"来"搞盆景",不具备可复制性,而且耗费大量资源为少数人服务,容易造成凭特权和关系享受高质量的服务,不符合公平公正的原则,并造成公共资源的低效利用,引起群众不满,也使民办公益机构在巨大的反差面前难以生存发展。对此应该实行管办分离,政府在搞好行业管理的同时,通过政策优惠、购买服务和必要的财政补贴支持社会公益事业,变"锦上添花"为"雪中送炭"和"普降甘霖",同时吸引更多的社会资源,促进社会公益事业蓬勃发展,造福广大人民群众。

2. 地方政府间纵向层级关系

我国的省级行政区大多有几千万人口,几十万平方公里土地,相当于一个中等国家。这样的管理幅度决定了省级政府主要是负责规划协调、政策引导和规范监督,从事对下级政府的管理和对企业和社会的间接管理。面向企业和社会的行政管理和公共服务以市县为单位组织实施,市县政府具有完整的政府职能,是公共服务和社会管理的责任主体,负责构建覆盖本行政区域的城乡一体化的经济社会管理和公共服务体系。城区和乡镇政府不具备完整的政府职能,它们作为操作主体,承担具体的社会管理和公共服务职能。

由于各个领域的经济社会活动影响面不同,需要统筹协调的范围不同,对管理主体的要求不同,行政权力的纵向配置应有所区别。对经济活动和社会组织的管理,应根据管理对象的影响范围,确定由哪一级政府管理。涉及政治问题、社会稳定、公共安全的事项管理难度较大,一般宜由省市政府部门管理。事务性事项应一律下放县(县级市)区政府部门管理。对于行政许可、行政处罚、行政征收、行政给付、行政确认等行政权力,除法律、法规、规章规定应由省级部门行使外,一般下放市县政府主管部门管理。对市场主体的监管应由市县主管部门承担,市场主体活动范围小的可进一步下放到市辖区和乡镇街道,以增强监管的有效性和及时性,技术力量不足的地区可以向区域外购买服务。直接面向基层、量大面广、由基层管理更方便有效的经济社会管理事项,原则上下放基层政府管理,让"看得见"的"管得着"。特别是处理的原则和标准已有法规政策明确规定,只需履行必要程序的事项,应一律下放、由基层政府办理。

行政处罚在政府权力事项中占有较大比重。为了及时发现和处理违法违规行为,行政处罚权应尽可能下放,除了法律明确规定必须由省级部门处罚,以及市县缺乏处罚所需技术手段的,原则上实行县(县级市)区政府主管部门属地管理。省市政府相关职能部门和省市直属执法队伍除负责组织查处跨区域案件或大案要案外,主要任务是加强监督,接受申诉,依法复议,以体现执行和监督分开的行政管理原则。

3. 政府内部的横向部门关系

经过几轮政府机构改革,目前的各级政府部门基本上都是按职能分工,鲜有按管理对象分工的。因此,一个行政相对人接受多个政府部门的管理是常规。即使实行大部门制,也不可能完全消除部门交叉管理的现象。要解决政府部门管理职权交叉重叠的问题,需要通过梳理各部门的权力清单,找出交叉重叠之处,进一步明确分工,衔接运作流程。对工作内容相同或相似,具有前后环节反复核准、审查、确认等情况的,按照简化办事环节、优化办事流程、提高管理效率的要求进行整合,并明确职责交叉事项的牵头部门。综合管理部门和专业管理部门的职权交叉,凡是会对全局发生影响的事项应由综合管理部门负责,只对本行业发生影响的由专业管理部门负责。行业主管部门和业务主管部门的职权交叉,由行业主管部门负责,业务主管部门配合。主管部门没有处罚手段的处罚事项,明确由行政执法部门或公安部门处罚。

四、推行权力清单制度的方法步骤

(一)建立权力清单制度的必经环节

从浙江省的实践看,建立权力清单制度有几个不可或缺的环节:

1. 周密设计总体规划

明确细致地规定建立权力清单制度的指导思想和方法要求、范围对象和工作流程、工作任务和时间进程、分析审核的重点内容和提纲、调整部门职责和编写权力清单的原则、改进政府管理方式的要求、需要报请上级研究的问题以及工作进度和分工、职责权力清单和部门职权履行流程图的样式。对权力类别划分、权力事项名称、实施依据和制式等都实行统一标准,便于上网运行和统一管理,在全省政府管理体系内实现了全覆盖。省编委办一开始就编发了详细的工作指南和填报规范,与各部门反复对接协调,指导其准确分类,合规填报。特别是一开始就规定不纳入清单的权力一律不得行使,并将对公民、法人和其他组织的权利义务产生直接影响的行政权力事项统统纳入上报范围,突出清理重点,促使每个部门、内设机构和下属受委托行使行政权力的事业单位都对自己实际行使的权力作了一次前所未有的彻底清理上报,避免了权力"打埋伏",保障了清理的有效性。

2. 充分听取各方意见

省编委办和各省级部门之间进行了"三报三审三回"的反复协商,在部门自行总结梳理提出调整完善建议的基础上,广泛征求市县和社会各界意见建议,注重下级政府的承接能力,聘请研究机构和高校的专家进行第三方审核,认真听取权力清单会商部门以及曾经担任地方政府主要领导和省级部门厅局长的权力清单咨询顾问意见,对每一项权力的法律依据、行使程序、运行绩效及权责一致情况进行科学评估,作出合法性、合理性、合规性和必要性分析审核,提出了调整意见和理由,对有些事项还经历了激烈的争论,逐步形成了共识。在此基础上,形成了省级部门权力清单。各个部门还要根据省政府公布的权力清单,按照"环节最少、时间最短"的要求,对保留的各项行政权力的运行流程进行再梳理、再优化,按照法定程序和便民原则编制外部运行流程图。同时根据权力清单新建或完善事中事后管理制度。

3. 公开权力接受监督

公布的权力清单完整、准确地向社会公开权力的基本内容、运行流程等信息,告诉公众政府拥有权力的内容和边界以及政府行使每一项权力的依据、流程和办结时限,接受社会监督。与省级部门权力清单一起启动运行的政务服务网,是集行政审批、行政处罚、民意征集、效能监察为一体的行政权力公开运行平台。它用互联网技术倒逼政府依法公开行使权力,是权力清单制度不可或缺的组成部分。它是全国率先建立的省、市、县三级联动的政务服务网,它的运行不仅提高了政府的效能,改进了服务,方便了百姓,而且进一步推动了全省各级政府的网上办事大厅建设,推动了政务信息传递网络化和电子政务普及化,倒逼不同层级政府和不同部门之间实现网络互联互通、信息共享和业务协同,使政府网上办事成为不可逆转的趋势,进而要求各级政府各部门相应调整网下权力运行流程。同时也在技术上保障了对权力运行的全程实时监控,便于行政监察、人大政协监督、群众监督和舆论监督。并且通过网上政务大厅统一后台和统一的权力事项库建设,在信息系统中固化行政权力目录和权力运行的条件、时限、流程、裁量标准,调整权力事项必须经过省编委办审核、省政府审批,促使行政机关严格按照法定权限和规范程序履行职责,以标准化管理的"刚性效应",有效防止制度在执行环节变形走样。打造政务服务网,推进全省统一的行政权力库建设,逐步实现除涉密事项外的行政权力全部纳入权力库,未经批准入库的权力无法行使。

4. 三级联动形成系统

浙江省是全国第一个在省、市、县三级联动建立权力清单制度的。在省级部门职责清理规范工作经过与省级部门和市县协商定型后,全省推行权力清单制度工作随即启动。省编委办及时运用指导省级部门职权清理规范工作的经验,在省、市、县三级采用同样的规范,加强对全省面上工作的指导协调,做好权力清单的横向比对和纵向衔接工作,指导省级部门加强系统内权力事项的统一规范,力求形成上下对应、相互衔接的职权体系,保障下放的权力承接到位,顺畅运行。省、市、县三级联动的政务服务网的启动运行,也促进全省的权力清单制度形成一个上下联动、协调运行的体系。实现目录化、动态化管理的全省统一的权力事项库,则从技术上保障了"清单之外无权力"。

(二)解决政府权力合法合规性的步骤

1. 对于不合理又无法律法规规章依据的政府权力,应该通过这次梳理职权清单一次性全部废止。其中授权依据来自层次低于地方性法规和行政规章的规范性文件的,发文部门或批准的一级政府有权也有责任予以废止。由国务院有关部门下文的,对于其中需要废止的相关条款,建议由相关职能部门提出废止或修改的意见,经法制部门审核,与国务院有关部门沟通协商后,由省政府决定废止。为了提高效率,建议由省政府成批下文公布废止的条款。

2. 对于合法不合理和合理不合法的权力,应该按立法权限和法定程序使"法"向"理"靠拢。对于权力清单中的涉及的需要修改、补充或废止的地方性法规,建议由法制部门汇总后报省人大常委会按法定程序讨论修改。鉴于其数量很大,建议成批讨论、通过、公布立、改、废的具体条款。涉及立法权在中央层面的法律法规和行政规章,建议由法制部门汇总后,尽快向中央有关部门提出立、改、废的建议。由于立法权限和程序不同,建议先易后难,首先在行政规章层面整理汇总上报一批,然后在行政法规层面整理汇总上报一批,再解决涉及法律立、改、废的问题。

3. 对于法律程序不够完备的为阶段性中心工作服务的授权,其中时效较长的,建议通过法定程序予以追认;时效性较短的可以作为过渡性现象处理,不列入职权清单,但允许继续行使到各项工作完成。

4. 凡是法律法规规定由县级以上人民政府行使的权力,立法过程中已经考虑到县级政府的管辖范围和管理能力,在权力清单中应明确下放给县级人民政府。

5. 对于有法律、法规、规章依据,但不符合全面深化改革要求和经济社会发展需要,又一时难以通过修改相关法律、法规、规章调整或取消的行政权力,以及日常管理中很少行使的行政权力,建立严格管理措施,未经同级政府同意,部门不得行使。

五、推行权力清单制度碰到的难点

(一)党政关系问题

目前,还有一小部分权力事项的实施依据是党委的决定、决议,还有一些党委工作部门和归属于党委系统的群团组织承担着某些行政管理职能,但并未获得法律和行政法规的授权。这些权力事项为数不多,但按照"清单之外无权力"的原则,也应纳入权力清单。这需要权力清单制度超出政府部门的范围。按照权力法定的原则,对这些权力事项也需要通过适当的法定程序加以确认。

(二)合法与合理的矛盾问题

当前政府权力实施依据的最大问题,并不是权力缺乏法律依据。从浙江省的清理情况来看,部门提供的职权实施依据大部分是法律、行政法规和部门规章。问题在于其中相当一部分法律、法规、规章是在多年前制定的,不同程度地带有计划经济的痕迹,不适应改革不断深化的新形势,阻碍着市场在资源配置中起决定性作用。如果凡是有法律依据的权力都要保留,这样的权力清单必然背离推进国家治理体系和治理能力现代化的总目标,成为全面深化改革的绊脚石。但是,又不能不经法定程序就取消这些权力,而这些法定程序大多超出了省级政府的权力范围。这就导致当前权力清单中的不少权力事项带有过渡性。所以,推行权力清单制度,既要解决部分政府权力既不合理又无法律、法规、规章依据的问题,更要解决部分政府权力合法不合理和合理不合法的问题。而且由于单一制国家法制的统一性,许多权力事项的调整不是省一级层面所能实施的。如这次浙江省省级部门列入权力清单的非行政许可审批的,大多来自国家部委公布的行政审批目录;各省级部门在已经向社会公布的行政许可、非行政许可审批事项外,梳理出的针对公民、法人和其他组织的具有审批性质的事项,还有1/3以上一时难以取消,部分归入行政许可和非行政许可事项,其余的则暂时归入行政确认、行政征收和行政奖励等类别权力。这些事项实质上属于非行政许可审批事项,按国务院规定必须在一年内取消。这需要国家各部门共同努力,抓紧修改那些作为政府权力实施依据但已不适应改革不断深化的新形势的法律、法规、规章。这是建立权力清单制度的最大难点。

(三)谁改谁吃亏的问题

许多由条条设定的权力事项背后都有资源分配。多年来,一些部门为了提高本系统的地位,通过各种国家级、省级基地、中心、园区、项目、实验室、团队和相关资金、基金、奖励、补助等等的申报,层层布置、推荐、评审,在系统内分享权力分摊责任。例如,当前省级部门承担的审核转报类事项,大多是对国家层面项目或资金的审核转报和争取。鉴于国家层面尚未进行相关政策的调整,省级政府清理和取消该类事项,会导致本省在争取项目和资金上吃亏。因此,这类审核转报类事项只能等国家层面进行政策和体制调整时再作相应的调整。又如,浙江省已明确规定对公民、法人和其他组织水平能力的评价、认定,以及相关从业、执业资格、资质类管理,原则上交由社会组织自律管理,这是符合全面深化改革的方向的。但目前这些事项国家层面多数有法律、法规、规定,省级政府无权取消;即使没有法律法规依据,一个省率先取消就等于取消了本省的自然人、法人和其他组织走向全国,参与市场竞争的资格。在国家有关法律法规修改前,这些评奖评优类和资格资质类许可事项,只能在尽力削减整合的同时暂时保留一部分。

(四)政府部门推动工作的习惯模式问题

长期以来,上级政府部门往往把专项财政经费作为推动工作、保障任务完成的重要杠杆,这已成为一种相当普遍的工作模式,甚至很多专家学者的政策建议也存在"专项经费依赖症"。这种工作机制容易造成寻租现象,并分散政府财力,使用绩效不高,也是相关的职权难以精简的重要原因。但如果想用取消专项经费,上级部门就会感到失去了推动部门工作的有力手段,担心降低本部门的地位和话语权;下级部门则担心财政拨款不足影响部门工作的开展。因此往往上下都要求保留。

(五)财政经费下拨的条块关系问题

浙江省这次已由财政部门按照整合资源、集中聚焦、放大导向作用的原则,对部门的财政专项资金管理事项进行清理、整合和归并,制定部门财政专项资金管理清单,切实将专项资金分配权限关进制度的笼子,并明确规定省级部门一般不再直接向企业分配和拨付资金。今后的发展趋势,应该是省政府对市县政府的财政转移支付,更多地由市县政府统一安排。省级部门应该通过制定政策和标准,加强检查督促,来促使市县政府合理安排财政支出。但是,现在一些市县政府往往对于有省级部门下拨专项经费的项目要减少本级财政配套经费,市县的一些政府部门担心,如果完全由本级财政解决经费问题,完成工作任务会缺乏财政资金保障。如果中央政府和省政府的一般性转移支付都集中起来由市县财政统筹安排,恐怕难以合理安排财力,会影响一些重要公共服务的提供。在政府还没有真正转变为公共服务型政府的背景下,确实容易发生此类问题。所以省级政府在一定时期内还应该保留一些重要的财政专项经费。今后,适合财政转移支付的事项应逐步纳入属地管理,同时加强市县人大对地方财政预决算的决定权。随着企事业单位的去行政化,不属于省级财政支付范围的单位和人员,都应实行属地管理。

(六)下放权力的承接能力问题

权力与能力需要匹配。由于长期以来行政权力和行政经费过于向上集中,呈倒金字塔形的配置状况,下级和基层政府往往缺乏承接下放的权力的能力、经验和装备技术条件。因此,下放权力还要考虑下级和基层政府的承接能力,进行充分的上下沟通。对于应该下放但一时承接有困难的权力事项,需要有一个培育承接能力的过渡过程,通过财政转移支付、加强业务技术培训、根据权力事项的转移相应调整机构编制、制定鼓励上级机关工作人员向下流动的政策和提供技术服务等途径,引导行政资源向市县和基层倾斜,提高市县和基层政府的承接能力,随着承接能力的提高使下放的权力逐步落实,同时完善上级部门的监督,避免"一放就乱"现象的发生。

六、建立保障权力清单制度顺利运行的配套制度

(一)建立依法支撑权力清单的制度

我国的立法权大部分集中在中央,各级地方政府的法定权力大部分都是自上而下授权的。因此,权力清单制度的全面推行,有赖于在国家层面上建立权力清单制度。建议中央在进一步推进依法治国的进程中,总结先行地区的探索经验,统一组织对全国性的各种作为政府权力依据的规范性文件的全面清理,对不适应全面深化改革新形势、没有法律法规规章依据、相互矛盾冲突、维护部门利益的条文依法进行修改或废止。在此基础上,建立国家层面的权力清单制度。

近些年来,对于重大问题由地方党委作出决定并对相关部门提出要求,然后由地

方政府研究制定实施意见,分解任务责任,向相关部分授权,已成为常用的领导方法。但一些地方依法授权的意识不强,缺少必要的法律程序,以致有部分授权没有法律依据。按照依法治国的根本要求,今后设计增设或调整政府部门权力的事项,必须首先找到法律依据。如果在现行法律法规和行政规章中找不到依据,必须排除违反现行法律法规和行政规章的可能性,然后按照法定程序向相关部门授权。如果深化改革必须突破现行法律法规和行政规章,在地方立法权限内的事项必须经过法定程序立、改、废,超出地方立法权限的必须取得中央的授权。总之,今后出台给政府授权的政策性文件必须符合法定职权和法定程序,依法授权,杜绝没有法律依据的授权。同时推广"权力事项库"制度,用制度和技术手段使未经法定程序入库的权力无法行使。

当前,行使行政权力的不仅是政府部门,对于相关的其他部门和单位,也应纳入行政职权清理范围,具有法律依据的依法纳入权力清单,没有法律依据的或者取消,或者移交给相关政府部门,确有必要保留的也应该依法授权。

(二)建立权力清单动态调整制度

改革只有进行时,没有完成时。况且实现国家治理体系和治理能力现代化是整个现代化事业中最为艰巨的任务,行政体制改革与其他领域的改革都存在紧密互动的关系。因此,政府权力的调整是一个长期的过程,也是一个法治化程度很高的过程。这就需要建立权力清单动态调整制度,适应经济社会发展和转型的进程,根据执法依据和政府职能转变等变化,及时对权力清单进行调整,按规定程序确认公布,确保权力清单科学有效、与时俱进,确保政府职权管理科学化、规范化、法制化。

(三)建立行政权力运行流程优化制度

权力配置和权力运行是权力清单制度的两翼。随着治理理念的转变,人员素质的提高,治理能力的增强,信息技术的不断进步和广泛运用,行政权力运行流程具有很大的改善空间,特别是受权力清单制度促进的电子政务普及化、一体化、集约化、智能化,有可能给行政权力运行流程带来革命性的变化。因此,需要按照规范运行、技术先进、便民高效、公开透明的要求,建立行政权力运行流程优化制度,整合网上网下,减少办事环节,压缩办理时限,简化办事手续,降低办事成本,实现全程公示,"让数据代替百姓跑路",进而实现用户终端多样化、操作界面简约化、便捷化、人性化的"一站式"网上服务,并用电子政务系统设定的程序来规范行政权力运行流程,切实提高权力运行效益,确保权力行使公平公正、依规合法。

(四)建立和完善事中事后监管制度

简政放权和完善监管是一个硬币的两面。对于简政放权中取消和下放的审批事项,必须建立责任明确、任务清晰、程序规范的事中事后监管制度,力求使监管可操作、可监督、可追溯,实现政府管理方式从注重事前审批甚至"批而不管"向注重事中、事后监管转变,实行"宽进严管",推进监管重心下移,确保监管真正到位,把上下级政府从职权同构变为监督者与执行者的关系,克服权力下放后容易出现的熟人社会和"领导个人说了算"对依法行政的干扰,避免重蹈"一放就乱"的覆辙。要健全违法行政责任追究制度,强化对行政不作为、乱作为的问责,完善问责程序,公开问责过程,明确问责主体和对象,对涉及多个部门的事项制定责任清单,增强行政问责的可操作性。

(五)创新事业单位和社会组织管理制度

政府公共服务职能的转移需要"接盘"。但目前社会组织尚无能力成为政府转移职能的主要承接者。一是培育社会组织的政策还没有落实到位;二是目前有活动能力、有专业资质、有服务水平,真正能承接政府让渡的公共服务事务的社会组织太少;三是蓬勃发展的社区草根组织大多满足于自娱自乐,不愿承担社会责任。因此,政府转移的公共服务职能相当一部分应该由事业单位来承载。这就需要加快推进事业单位的分类改革,实现事业单位的去行政化,发挥事业单位的人才优势,让事业单位充满活力,蓬勃发展。原来依附于政府部门的各种协会在与政府完全脱钩,消除垄断地位后,依靠人才优势也可以承接一部分政府转移的职能。对于社会组织要培育和发育相结合,政府既要支持,又要尊重社会组织自身发展的规律。必须通过立法来规范社会组织,通过政府购买服务来支持社会组织,真正体现公正公平管理,使其得到良性发展。要赋予社会组织应有的责任,如评优升级、资格评审、质量管理、价格认定等等。按照理顺政府与社会关系的要求,创新社会组织管理制度,加强社会组织培育和监管,提升社会组织承接政府职能转移的能力。

(六)形成以权力清单工作撬动其他改革的机制

要实现权力清单制度的全覆盖。在基本确定县级部门权力清单之后,应适时开展乡镇人民政府和城区街道办事处的职权清理工作,按照权责一致和权力法定的原则,制定它们的权力清单。在此过程中会涉及它们与城乡社区的关系。城乡社区自治组织只拥有自治权力,政府部门不能委托它们行使行政权力。对于委托社区履行的服务职能,也必须经过法定的委托程序,不能随意把政府部门的职责推卸给社区。

要结合推行权力清单制度深化行政执法体制改革,实行行政执法权的横向整合、纵向下放,进一步完善行政执法的法规依据和执法流程,增强执行对象、执行方式、执行手段的可操作性,进一步明确管理与执法各自的职责,在管理部门和执法部门之间建立制度化的沟通渠道和执法"倒逼"管理的机制,从行政执法的重点难点中找出问题、改善管理。在关系到社会日常运行,与公众生活生产关系密切的领域,需要及时发现和处理问题,管理对象的行为往往涉及多个部门规章,宜由"块块"实行综合行政执法。而在一些专业性很强的领域,审批与监管紧密结合,处理问题需要专业人员和专门设备作现场取证检测,宜仍以条条管理为主。按照执法重心下移的要求,实行属地执法,省级部门主要负责全省面上执法工作的规范管理和监督指导,组织查处跨区域案件或大案要案。

要把推行权力清单制度与政府机构改革结合起来,根据部门权力的调整变化,调整优化政府机构设置,实行大部门体制,加快构建"权界清晰、分工合理、职能优化、编制精简、权责一致、运转高效、法治保障"的地方政府职能体系和组织体系。在政府大幅度放权的领域和层次,相应大幅度压缩机构编制,及时消除人浮于事现象,防止为保机构编制而揽权;在政府缺位的领域,根据客观需要增加机构编制;使机构编制的配置与职责和工作量的调整相匹配。建立在职公务员引流机制,通过人力资源管理部门的调配和政策引导,使公务员流向缺编部门和地区,同时清退政府机关的编外人员。通过职权体系、组织体系和人员结构的优化,更好地促进政府治理体系的优化,从而实现政府治理的现代化。

(作者简介:蓝蔚青,浙江省公共政策研究院副院长、研究员)

作者
范柏乃
张维维

全面深化权力清单制度改革
积极推进政府治理现代化

内容提要：全面深化权力清单制度改革是积极推进政府治理现代化的重要手段。目前，浙江省已基本形成了"三张清单一张网"的权力清单制度改革思路。要巩固改革成果，实现权力清单制度改革红利持续释放，就必须在现有改革基础上进一步深化完善。其主要工作包括系统清理法律规范，建立法治型权力清单；展开权力需求调查，建立需求型权力清单；完善公众监督机制，建立阳光型权力清单；健全行政问责机制，建立责任型权力清单；推行绩效评估机制，建立绩效型权力清单。

关键词：权力清单；治理现代化；阳光政府；改革

政府治理现代化是国家治理现代化的重要组成部分，政府治理现代化要求政府治理分权化、民主化、科学化以及法制化。权力清单制度改革所秉承的理念与政府治理现代化不谋而合，因而，全面深化权力清单制度改革，对积极推进政府治理现代化具有重要意义。浙江发展经验表明，体制竞争力是最核心的竞争力，体制机制优势是最大的发展优势。在新一轮改革中，浙江省秉承改革创新的优良传统，较早开展权力清单制度改革实践探索。2008年以来，浙江省富阳市积极开展以清权、减权、制权为核心内容的行政权力规范运行改革，在权力清单制度改革方面积累了宝贵的经验。2014年党的十八届三中全会后，浙江省着力开始对56个省级部门全面开展权力清理工作，并建立了"三报三审三回"的权力清单论证制度，最终于2014年6月向社会公布权力清单。市、县（市、区）政府也将于今年10月向社会公布权力清单，并报上一级机构编制部门备案。可以说，到目前为止，浙江省已初步探索建立了权力清单制度。

然而,改革并非一蹴而就。改革开放以来,我国分别于 1982 年、1988 年、1993 年、1998 年、2003 年、2008 年进行过六次集中的行政管理体制改革,其间还有不少区域性改革试点和单项改革,但从实际效果看并不理想,简政放权往往陷入"膨胀—精简—再膨胀"的怪圈。权力清单制度改革是继六次集中行政管理体制改革后的又一次大胆改革尝试,要巩固改革成果,实现权力清单制度改革红利持续释放,就必须在现有改革基础上进一步深化完善。权力清单制度改革只有起点,没有终点;只有进行时,没有完成时。针对目前浙江省权力清单制度改革推进现状,提出以下五条全面深化改革的政策建议:

一、系统清理法律规范,建立法治型权力清单

依法行政、建立法治政府是深化行政管理体制改革的重要任务,也是加强政府自身建设,实现政府治理现代化的必然要求。权力清单制度改革要求政府遵从"法无授权不可为",也就是说法律规范是政府行为的准绳,没有法律规范为依据的行政权力一律不得行使。这就要求权力清单的清理也必然以相关法律规范为依据,没有法律规范支撑的行政权力不得进入权力清单。可见,科学合理的法律规范是权力清单制度有效推进的前提和关键。事实上,法律规范是基于过去一段时间内的社会现实所制定,随着经济社会发展,法律规范可能难以规范和指导现在的社会实践,与时俱进、适时清理势在必行。

按常理,权力清单改革的清权工作要从法律规范的系统清理开始,但由于权力清单制度改革的时间压力,浙江省省略了法律规范的清理阶段,而直接进入权力清单改革的清权阶段。在权力清理过程中有些"权力"就面临了合理不合法或合法不合理的挑战,这种挑战主要源于三个方面:一是法规规范滞后,明显不适应当前经济社会发展的需要;二是法律规范本身不合法或多余,某些部门为了保护本部门的利益会制定部门法律规范,这在部门法中表现得更为明显;三是法律规范之间"打架",表现为法律和部门规章、地方性法规之间的不一致。显然,为进一步深化权力清单制度改革,系统清理相关法律规范的工作尤为关键。法律规范具有一定的权威性,因而清理法律规范也是一项严肃的工作,必须由具有相应立法权限的机关按照一定的程序,对一定范围内的法律、法规、规章以及规范性文件进行梳理和研究,对存在不适应、不协调以及不一致的法律规范文件作出相应的处理。

1. 清理原则

清理原则是在系统清理法律规范过程中所坚守的基本准则,主要包含三个方面的内容:一是与经济社会发展相适应原则,现行法律规范滞后于经济社会发展,已不能满

足当前发展的需要,因此,需要对已经不适应现阶段经济社会发展需求的法律规范进行修改、补充或者废除,力求法律规范与时俱进;二是一致原则,包括纵向一致和横向一致,其中纵向一致是指法律规范不得与上一级相抵触,横向一致则主要指政府内部平衡的法律规范之间不得相互"打架";三是有限政府原则,这要求在法律许可的情况下,最大限度地收缩政府行政权力,给予市场和社会更多的权限和自由。

2. 清理主体

一般而言,只有制定该法律规范的机关才有权进行清理,即谁制定谁清理。由于此次权力清单制度改革是政府的一项系统工作,同时法律规范往往涉及多个部门,因此可以由浙江省人民政府法制办公室牵头,组织各部门及下属单位一同参加法律规范清理工作。另外,为了体现清理工作中的民意和监督,可以引入第三方专家团队参与法律规范的清理工作。最终建立起以具有立法权的机关主导、相关部门配合、专业第三方监督建议的多元合作主体,确保清理主体的权威性、专业性和民主性。

3. 清理内容

主要是对与浙江省政府各部门及市县政府一级行政权力相关的所有法律规范进行清理,在这部分内容中也可能涉及上位法或下位法,按规定只能对本部门制定的法律规范进行清理,但如果实践证明确实某些上、下位法具有一定的滞后性,阻碍当前经济社会发展,可以对上、下位法的制定机关提出清理建议,供相关立法机关参考。

4. 清理程序

法律规范清理是一项严肃而系统的工作,一般经过四个阶段:一是启动阶段,最好能以省委办公厅通知的形式正式启动清理工作,以示该项工作的重要性和权威性,减少清理阻力。同时要求通知的内容比较翔实,最好能对清理原则、主体、对象、要求以及方案等内容作一定说明。二是民意收集阶段,广泛的收集意见是这一阶段工作成功的核心,因此可以采用传统与现代相结合的方式开展民意收集工作。传统的方式包括基层调研,通过个别访谈或集体访谈收集意见,也包括依靠各级人大代表,通过提案议案识别问题,还包括设置热线电话、信箱等方式进一步扩充民意收集渠道;现代的方式则包括使用微信、微博等便捷的传递意见和信息,总之畅通沟通渠道、群策群力,最大限度的收集意见。因所收集的意见和建议通常信息量大,涉及范围广,为顺利开展下一阶段工作,还需要有关部门对其进行汇总分类。三是论证阶段,这一阶段的工作包括论证问题的真实性和论证清理方案的可行性。收集汇总的意见或许并不必然具有客观真实性,究竟哪些问题客观存在,哪些问题是伪问题,都需要进一步识别,以去粗取精,去伪存真,形成最终需要清理的问题。在清理方案的选择上,为防止行政权力拥有机关保护既得利益,彰显公平,可以借助第三方专家或举行听证反复论证,形成正式的清理决定草案。四是作出清理决定阶段,根据法定程序,由清理机关审议并作出清理决定。从处理形式上来看,一般有四种形式,即明令废止、宣布失效、明令停止执行以及予以修改,此外理论上还存在当公众对某些法律规范存在疑虑时所作出立法解释的处理形式。

二、展开权力需求调查,建立需求型权力清单

未来政府必然是有限政府而非全能政府,这就要求政府在改革过程中进一步转变政府职能。权力清单制度改革是实现政府职能转变的重要举措,此次改革目的在于调整政府、市场以及社会的关系,将政府的行政权力限制在一定范围内,尽可能收敛政府的手,放活市场的手,补强社会的手。在具体实践中,清晰划分政府、市场以及社会的行动边界是个悬而未决的问题。目前,对这一问题往往笼统地表述为政府做好自己该做的和做得好的事情,凡是市场能做的政府不做,凡是社会能做的政府也不做。

权力清单制度改革试图尝试解决政府权力边界的问题,常规的做法是由政府部门根据法律规范清理行政权力事项,从削减的数量来看,都进行了较大幅度的删减,但最终所形成的权力清单质量如何则难以保证。李克强总理指出,"改革要触动利益比触动灵魂还难"。权力清单清理亦是如此,行政部门往往倾向于切割无利益相关的行政权力事项而竭力保留与利益密切相关事项,形放实不放或明放暗收,甚至为了从数据上看其清权幅度之大,不惜采用合并项目(将两个或两个以上的行政权力事项合并为一个权力事项)的方式和改变管理形式(将审批改为较为宽松的管理方式,如审核、核准以及备案等)的方式,这样的权力清理并不能对原有的权力格局产生实质性的影响,显然改革的目的也不会达成。可见,权力清理不仅要确保数量有所减少,更重要的是对质量要有要求。

事实上,行政权力属于公共权力,其真正拥有者为公众,而政府工作人员只是作为代理人行使职权。因此,回应公众对权力的需求理应成为衡量权力清单质量的金标准。在具体权力清理过程中,浙江省省级省级部门权力清理工作试图引入第三方(浙江大学公共政策研究院)解决公众需求表达问题,这是权力清理工作的进步,但浙江大学公共政策研究院参与权力清单清理工作人员有限,所参与清理制定的权力清单在多大程度上体现了公众的需求还有待于进一步商榷。

从公众需求出发,建立需求型权力清单是权力清单制度改革成功的关键。这里需要解决三四个问题:第一个是市场及社会对权力有什么需求?第二个是市场及社会提出的权力需求合理合法吗?第三个是市场或社会有能力承接政府转移的权力吗?妥善处理这三个问题,就可以制定出基于需求的有效权力清单。

1. 收集市场及社会对权力的需求

这是建立需求型权力清单最基本的工作和要求。收集需求的途径包括主动收集和被动接受两种类型,其中主动收集可以采用问卷、访谈等形式进行,被动接受则主要

通过建立沟通渠道(信箱、微信、电话等)等形式进行。相对于被动接受而言,主动收集显得更加重要。针对市场和社会两个主体,主动收集需求的路径稍有差异,市场方面可以通过访谈形式进行,在取样过程中考虑企业数量、规模以及性质等问题;而社会方面,由于样本规模庞大,可以采取大规模问卷与重点访谈相结合的方式进行。此外,为增加公众对工作的了解,以期更加配合收集工作,在工作开展前期需要通过电视等各种传播渠道进行需求收集宣传。最终将从各种渠道收集的需求信息分类汇总。

2. 检验需求的合法合理性

公众所有的权力需求都应该被满足吗? 显然不是,公众的需求需要接受合法合理性的考量。那么究竟哪些需求能满足,哪些需求不能满足,当公众的某些需求不能被满足时,会信任政府不能满足该需求的理由吗? 为解决这些问题,政府可以成由政府相关部门、专家学者以及公众组成的公众需求分析团队,一项一项给出处理意见,并提供相关依据。最终向社会公布有效诉求,同时也要公开未能得到支持的诉求及不能支持的原因,必要时还需要通过电话、信件等向特定企业和个人进行反馈,以增强公众参与的积极性和政府的回应性。

3. 评估市场及社会的承接能力

权力清单制度改革意味着政府向企业、向社会分权,企业和社会需要承接政府释放的部分行政权力。目前尤其是社会承接公众服务的能力还较弱,浙江大学公民社会研究中心曾对 30 多家省级学会进行随访,发现仅有 1 家学会承接了 100 万元的政府采购。权力放下来,但社会接不住,其后果是造成了权力的真空地带,这背离了权力清单制度改革初衷。因此,在确定下放权力事项的同时,需要对相关企业、社会相关部门进行承接能力评估,结果表明不具备相关能力的,其权力下放暂缓实施。

三、完善公众监督机制,建立阳光型权力清单

公开、民主、平等、监督是当代政府行政的基本准则。实行政务公开,建设阳光政府是大势所趋,潮流所向。权力清单制度改革的初衷就是将政府的行政权力置于阳光下,接受公众监督,打造阳光政府和实现民主行政。要实现这一初衷,概括起来需要跨越四个方面的障碍:一是公众获取权力清单的渠道有限;二是公众表达民意的渠道有限;三是公众参与监督的专业能力有限;四是公众参与监督的积极性不高。这四个方面既有政府方面的原因,也有公众自身的原因,要想真正建立起阳光型权力清单制度,就必须通过相关制度设计,完善公众监督机制。

政府在完善公众监督机制,打造阳光型权力清单工作中起主导作用,具体从以下几个方面开展工作:

1. 加强权力清单制度改革的宣传

如果公众并不知晓权力清单制度改革,仅是政府单方面自娱自乐,那么公众监督也会成为空谈。可见,让公众了解权力清单制度是实现公众监督的基础。目前,浙江省主要通过政府工作报告以及"一张网"宣传权力清单制度改革,这两项措施的宣传成效似乎并不那么令人满意。为进一步贴近群众,宜通过电视、专题讲座、当地报刊以及社区公告栏等发布权力清单改革相关信息,渲染改革氛围。同时印制权力清单宣传册在地铁、火车站、酒店、商场以及行政服务中心等地发放或供人取阅,各个企业也最好能各持一份。总之,让企业以及公众尽可能多了解权力清单制度改革相关信息,让权力清单制度改革深入人心。

2. 按质按量公开权力清单

接受公众监督就需要最大限度地保障双方信息对称,政府所公开的权力清单质量对公众监督至关重要,决定了公众监督的内容。行政权力的数量基本是在清权阶段就已基本固定,但公开的质量则具有一定的变动性。比如,有的权力清单可能仅公开行政权力条目,其他与之相关的内容并未公开,一旦政府违约(如未在约定的时限内完成工作),公众也无法知晓,更谈不上监督。为保证权力清单公开质量,必须要求权力清单除公开权力条目外,还必须公开权力归属单位(部门)、权力事项办理流程图、办理时限、所需提交的材料、联系方式等,要求内容尽可能详细而具体。目前,浙江省权力清单制度改革省一级权力清单已上网,但仅仅是行政权力条目,下一步工作就应该以提升权力清单质量为突破口,进一步深化权力清单制度改革。

3. 畅通民意表达渠道

现实中会出现民意表达无门的状况,公众对权力清单有意见或建议,但不知道通过何种途径可以表达,向谁表达。此时需要做好三方面的工作:一是建立民意表达渠道,除了网站、信箱、电话以及接访等传统渠道外,还需要开拓微信、网络对话等新媒体手段,其中要求内容要详细具体,比如接访途径,就需要明确时间、地点、联系电话以及基本要求等;二是做好民意表达渠道的宣传工作,渠道建立了但公众并不知晓,那么渠道建立则毫无意义,对此,政府应做好民意表达的宣传工作,包括在公共交通上(包括公交站台)、人口密集的广场显示屏上以及小区宣传栏等作告知和宣传,最大限度地传播相关民意表达渠道信息;三是变被动为主动收集民意信息,通常群众自觉反映的问题都是矛盾比较突出或尖锐的问题,但群众中也有些意见和建议非常重要,却因为各种原因未表达,这就需要政府主动收集信息,通过下基层、深入群众,充分听取群众意见,收集最全面、最深入的信息。

4. 建立民意激励机制

公众有监督的意愿是形成有效监督的前提,除了公众自身因素外,还可以通过外在激励刺激公众有效参与监督,总结起来主要包含民意反馈机制和民意奖励机制。倘若政府对待公众提出的问题持沉默、推诿、扯皮以及踢皮球的心态,公众认为自己"表达无用",则会大大打消公众参与监督的积极性。可见建立健全民意反馈机制,认真对待公众诉求,对公众提出的意见及时做出相应的处理并告知,是提升公众参与监督内在动力的重要途径。建立反馈机制表现在:对公众提出的问题,必须在第一时间向当事人作出反馈,能立即办理的,要告知处理结果;对不能立即解决的,要承诺办结时限;对确定无法解决的,要说明理由,必要时领导干部亲自上访,做好解释工作,以取得公众的理解和支持。此外还需要通过民意奖励机制提高公众的积极性,包括物质、金钱的奖励,还包括评选"热心好公民"等荣誉称号等。通过建立民意激励机制,有效引导和刺激民意汇集。

四、健全行政问责机制,建立责任型权力清单

权力在某种意义上是利益的代名词,从政府的角度来讲,权力清单制度改革意味着政府自身利益的缩水或消失,政府中的"受益人"为保护既得利益,可能会阻挠权力清单执行或拒绝执行,进而影响改革成效。为保障改革的顺利有效进行,必须通过体制机制约束"受益人"的阻挠行为,其中建立健全行政问责机制是解决这一问题的重要途径。

建立健全行政问责机制是一个系统工程,可以从以下四个方面着手开展工作:

1. 建立权责体系

谁问责? 问责谁? 什么情况问责? 按怎样的程序问责? 这些都要在事前予以明确,清晰的责任体系实现问责的前提。主管部门要根据权责一致的原则,一个层级一个层级,一个部门一个部门、一项一项把政府的行政审批、提供公共服务以及监管的权力和责任理清楚并分解到位,同时清晰地界定问责主体、客体、时限、责任范围、问责程序以及标准等,建立具有操作性的权力问责手册,切忌笼统、模糊。

2. 构建传统与现代相结合的责任监督体系

传统的责任监督体系是以人大为主导,民主党派、司法机关、社会团体以及新闻媒体等多方有序参与,相互协调的异体责任监督体系,是整个责任监督体系的重要组成部分。现代的责任监督方式主要是指电子监察系统,对有些上网的行政权力,尤其是实现网上审批的权力事项,可以嵌入电子监察系统进行监督,通过设置权力事项每一步骤的办结时限,全程监控办理时限。电子监察系统会设置三种提醒方式,分别为绿灯、黄灯以及红灯。绿灯亮,表明该步骤在时限范围内;黄灯闪烁表示时限临近,需要加急办理;红灯亮则表示已经超过时限,需要追究责任。

3. 公开问责过程

中国青年报社会调查中心数据表明,有93.9%的公众希望问责公开。行政问责

公开是维护政府形象,取得公众信任的重要途径。公开问责要求政府在处理行政问责事件时做到全程透明,接受媒体、公众的监督,不能内部消化处理。首先应做到信息发布的真实性,对谁接受问责、谁主持问责、为什么问责以及问责结果都要做详细说明;其次要做到信息发布的权威性,相关问责信息应通过主流媒体、报刊或网站进行发布,必要时还可以召开新闻发布会,通过新闻发言人进行发布信息;再次要做好问责处理过程中的网络民意收集,如果公众民意对问责事件本身存在异议,则可能需要重新进行调查取证,如果公众对事件本身不甚了解而扭曲了事件的本来面貌,则需要对事件进行澄清和答疑;最后,做好政府网络公关,问责事件本身会影响政府形象,政府应设立网络评论员,正确引导网络舆论,做好网络公关,积极修复政府形象。

4. 加强问责的配套建设

问责是一项系统工程,牵涉的面非常广,问责的有效实施除了问责本身制度设计的科学性和完备性外,还必须做好配套建设工作。配套主要包括五个方面:一是赋予问责的权威性,权威性是制度得以认真贯彻执行的重要保障,因此应积极争取领导重视的同时将权力清单执行过程中的问责纳入法制轨道,确保问责的法律效力;二是建立问责的组织保障,一般而言,由谁问责有特定的规定,但在权力清单制度改革的问责中,为保证问责的及时性和统一性,可建立问责工作小组负责监督、协调,确保问责顺利进行;三是完善干部任用机制,打破只上不下的惯例,形成能上能下的干部选拔机制,与问责相协调;四是建立问责追踪机制,对于一些主动引咎辞职的领导干部或被降级免职而在新岗位上做出成绩、进步较快的领导,可以根据工作需要酌情使用;五是加强问责文化建设,通过宣讲问责文化,在行政系统内部营造有权必有责、用权受监督、违法受追究、侵权要赔偿的浓厚问责氛围。

五、推行绩效评估机制,建立绩效型权力清单

高绩效政府是政府治理现代化的基本特征,也是当前深化行政改革的必然要求。权力清单制度改革也是为了调整政府职能,规范政府行政行为,进而提高政府绩效。为了进一步提升权力清单制度改革的成效,推行权力清单制度改革本身的绩效评估也势在必行。评估权力清单制度改革绩效可以更加明确改革目标、发现改革中的问题、对改革进行阶段性的总结探索以及为下一步调整计划提供视角和思路,总之为系统观察权力清单制度改革提供了视窗。

推行权力清单制度改革的绩效评估从以下几个方面着手:

1. 设计评估指标

评价什么内容,从哪些方面进行评价是绩效评估首要解决的问题。为保证评估内容的完整性和科学性,可以借助平衡记分卡建立绩效标准的理论框架,从行政成本、群

众满意度、行政流程以及政府、市场以及社会的学习与成长四个维度设计绩效评价指标,而每一个维度下具体的评价指标则可以通过理论筛选(文献法、头脑风暴法等)和实证遴选(辨别力分析、相关分析以及鉴别力分析等)双重选择进行确定。

2. 选择评估主体

评估主体可以简单的定义为直接或间接地参与评估的个人或团体,它主要是解决由谁来评价的问题。以往的评估主要是由上级机关对下级机关的行政行为进行评估,随着顾客导向等现代管理理念的导入,绩效评估主体倾向更加多元化。权力清单制度改革不仅是一场政府内部自身的革命,更重要的是一项面向公众(顾客)的改革,公众对改革绩效的评价至关重要。因此,为争取收集更多更全面的绩效信息,可以采用360度绩效考核办法,即上一级政府主管部门、专业第三方以及企业和公众都参与权力清单制度改革的绩效考评。

3. 确定评估周期

绩效评估是周期性工作,不同的评估内容所采用的周期也不相同。权力清单改革涉及内容广泛,也属于较深层次的改革,其成效具有一定的滞后性,并且在较短周期内很难有明显成效,但为了进行阶段性的检查和诊断,又不得不在一定的时期内进行检查校正。因此,根据权力清单制度改革的特性,可以采用中、长期评价周期结合的办法进行评估,即1年一小评,5年一大评的模式。

4. 采集绩效信息

采集真实的绩效信息也是绩效评估的重要内容。一般而言,有问卷、述职报告、访谈、统计年鉴等采集途径。权力清单制度改革的绩效信息可以通过匿名问卷调查、述职报告以及电子效能监察系统等方式取得。其中匿名问卷主要用于收集公众的评估信息,述职报告主要用于收集主管部门或领导的评估信息,电子效能监察系统主要是收集日常的客观信息数据,尤其是行政审批办理时限方面的数据。

5. 运用评估结果

只有绩效评估而忽视结果的运用也会使整个绩效评估形同虚设,因此,合理利用绩效评估结果至关重要。绩效评估结果的运用可以从以下方面展开:一是将绩效结果作为权力清单制度改革调整的依据,通过绩效评估可以发现哪些方面做得好,哪些方面存在不足,在后续工作中取长补短、积极改善;二是将绩效结果作为问责的依据,对评估结果较差的部门或一级政府要进行提醒,必要时给予批评和限期整改,甚至对相关责任人进行行政问责;三是将绩效结果作为流程优化的依据,权力清单制度改革中也会涉及权力运行流程的梳理,工作流程拖沓或冗长也会影响绩效评价的结果,当绩效结果表明权力运行流程阻碍绩效提升时,就需要对流程进行调整和优化;四是将绩效结果作为部门预算的依据,预算受多种因素影响,但绩效结果可以作为部门下一年度预算拨付其中一个影响因子,以期从资源约束视角刺激部门改进工作方法,提升工作效能。

以改革促进社会发展已成为全民共识。目前,改革已进入"深水区"和攻坚期,改革的内容也更加关注制度革新、利益调整以及自我革命等深层次问题,其改革难度很大,任务艰巨。权力清单制度改革是政府的一场自我革命,对加快政府职能转变,实现政府治理现代化具有决定性的意义。浙江省秉承其优良的改革创新传统,在全国率先开展权力清单制度改革,旨在营造更好的市场环境和社会环境,打造有限、有为和有效的现代化政府,再创体制机制新优势,实现浙江又快又好发展。到目前为止,浙江省省一级及部分市、县权力清单制定已完成,形成了权力清单制度改革的基本框架,权力清单制度改革的基础基本奠定。然而,权力清单制度改革涉及的内容敏感,其改革阻力与改革难度不言而喻,要突破改革阻力,取得预期改革成效,避免陷入"膨胀—清理—膨胀"的怪圈,除了省委省政府对改革的鼓励与支持外,更重要的是在后续实施过程中不断探索、调整和完善权力清单制度,来破解改革过程中出现的各种问题。

(作者简介:范柏乃,男,浙江大学,政府管理系系主任,浙江大学公共政策研究院副院长,教授、博士生导师,管理学博士,研究方向:政府管理、公共政策;张维维,女,浙江财经大学,工商管理学院教师,研究方向:政府管理、公共政策。)

作者

李金珊

袁　波

王倩倩

浙江省财政专项资金管理报告

内容提要：一直以来，财政专项资金对我国宏观经济的发展有举足轻重的作用。然而随着我国社会经济的发展，当前专项资金存在的数量大、种类多、项目杂、管理乱等问题严重制约了国家财税政策改革的进程。本文以浙江省专项资金的安排现状为切入点，具体分析浙江省财政专项资金管理中存在的监管部门数量众多、部门管理多头交叉、目的不清，安排重复、覆盖范围过广四大问题，并同时提出一些较为具体的措施及手段，旨在优化财政专项资金的管理方式，从而更好地实现财税资源的优化配置，进一步发挥财政在社会分配领域的重要作用。

关键词：专项资金；权责边界；监管主体

一、财政专项资金管理的背景

财政专项资金作为公共财政支出的重要组成部分，已成为促进国家各项事业和区域经济发展的重要资金来源，在社会经济建设、产业结构调整和宏观经济调控等方面发挥着举足轻重的作用。然而在现实中数量大、种类多、项目杂、管理乱的特有属性，客观造成传统的监管手段难以实现对专项资金进行全面、有效且实时的监管，更使得财政专项资金成了一些部门眼中的"唐僧肉"，挤占、挪用、截留、滞拨，甚至虚报项目从而骗取财政专项资金等违法现象时有发生（李志义等，2010）。随着中央对地方转移支付的财政投入力度的加大，各级政府投入的专项资金数额逐年增加，特别是自金融危机伊始的中央四万亿元扩内需、保增长的专项资金逐步下拨,管理和监督这些专项资金所需的人力、物力、财力和精力不可能相应地匹配增长,但相对于专项资金海量化、专业化、复杂化、敏感化的演化趋势,这种监管已严重滞后,使财政专项资金管理工作越来越处于被动局面(李志义等,2010)。

十八届三中全会报告指出,财政是国家治理的基础和重要支柱,科学的财税体制是优化资源配置、维护市场统一、促进社会公平、实现国家长治久安的制度保障。必须完善立法、明确事权、改革税制、稳定税负、透明预算、提高效率,建立现代财政制度,发挥中央和地方两个积极性。[①] 当前我国正处在完善社会主义市场经济体制、全面建设小康社会、构建社会主义和谐社会的新时期,继续深化财政体制改革,完善公共财政体制,仍将是今后中国公共财政发展的主旋律,最终目标就是要借鉴发达市场经济国家的成功经验,构建适应社会主义市场经济体制要求、体现中国特色、以满足社会公共需要为目的的公共财政体制框架。在这种新的财政模式下,如何按照社会主义市场经济和公共财政管理的基本要求,在实践中进一步探索财政监管工作的新途径,改进财政管理模式,更新财政监管方式,提升财政监管水平,已成为财政管理领域需要思考和解决的一项重要课题。

二、专项资金的概念界定

专项资金是指财政部门或上级单位下拨的,用于完成专项工作或工程,并需要单独报账结算的资金,它属于财政支出管理的资金,在促进各项专项事业发展方面发挥着重要的作用(李淑萍,2012)。从财政资金管理的情况看,专项资金有着不同的名称,如专项支出、项目支出、专款等。在日常操作中,一般采用"扣除界定法",即扣除经常性经费以外的,由财政安排或追加以及上级单位拨付的财政资金,全部作为专项资金。

专项资金有三个特点:首先是来源于财政或上级单位;其次是用于特定事项;再次是需要单独按项目核算。专项资金按其形成来源具体可分为以下几方面:(1)专项拨款。这一部分主要包括体制补贴和结算补助两种;(2)地方拨款。在财政分配中,中央财政对一些不宜对地方政府实行包干的支出由中央财政以专项拨款的形式拨给地方财政;(3)专项借款。这部分包含三项内容,一是各级财政部门用于发展生产的周转资金,二是国家实行积极的财政政策,安排国债资金专项用于各地基本建设,三是向世界银行申请借用专项贷款。

专项资金从支出用途分为两大类,第一大类是基本建设资金,该资金是由政府批

---

① 资料来源:新华网. 中国共产党十八届三中全会公报全文发布(http://news. xinhuanet. com/house/suzhou/2013-11-12/c_118113773. htm)

准、计划部门立项,需要财政全额或部分投资的资金,如国债资金、国债转贷资金、基建资金、城建融通资金等;第二类是专项项目资金,财政部印发的《中央本级项目支出预算管理办法》中规定,项目支出预算是在基本支出预算之外编制的年度项目支出计划(或专项资金支出计划)(刘春梅,2013)。按照项目的分类可以将专项资金分为基本建设类资金、行政事业类资金和其他类资金。如粮食风险基金、农业综合开发资金、扶贫资金、住房资金、民办教育发展基金、水利基金、财源建设资金等。

另外,除了具备财政性资金的基本特征外,与经常性资金相比,财政专项资金还具有三个明显特征:一是资金量大、覆盖范围广。通过粗略测算,全国平均每年拨付 2 万亿元左右专项资金,涉及社会管理、公共事业发展、社会保障、经济建设以及政策补贴5 大类。二是专款专用。财政专项资金必须按照批准的项目和用途使用,不得挪作他用。对于挪用专项资金造成损失的,由当地财政部门和有关主管部门按照规定追回资金并进行经济处罚,同时对有关领导人员和直接责任人员进行党纪政纪处分。构成犯罪的,应当依法追究刑事责任。三是专户管理。专项资金必须存入指定银行账户,设置专门财务科目进行单独核算。并且需要相关部门对此进行检查和监督,对于已完成项目的专项资金结余,须经过主管预算单位或者财政部门批准方可使用(韩梅,2010)。

三、浙江省财政专项资金管理的概况

(一)浙江省财政专项资金数目概况

从财政资金条目体现的各项数值来看,浙江省财政专项资金的数目众多。在省财政厅出具的行政权力明细的一报表中,财政上报的行政权力总数为 848 项,涉及专项资金总数共为 448 项,占总职权的 53.83%;而在二报表中,财政上报的 271 项行政权力中以"专项资金分配监督"的名目包含 443 个子项目,将其展开后所得专项资金占总权力项目的比重为 62.13%。

数目众多不仅体现在条目数量,同时也体现在资金数目的巨大。浙江省财政预算收支的编制总表并没有将专项资金作为单独的名目进行统计,而事实上不管是一般公共服务支出、公共安全支出,还是教育、科技、节能,甚至是农林水事务等都有专项资金的名目。而在各部门的支出预算中,除支出功能的分类方式外,支出用途的分类将支出预案算分为人员支出、日常公用支出、项目支出和其他支出(其中包括事业单位经营支出、结转等名目),而项目支出就是财政资金的项目化支出形式。因此,专项资金的具体数据需要从各部门的预算中重新合计。为准确核算这些专项资金的比重,本报告中罗列的数据取自 27 家已公布部门预算的省级部门的数据上。

表1 浙江省2014年已公示27家部门支出预算表　　　单位:万元

	人员	日常公用	项目	其他	部门总和	项目支出在总支出中的占比
教育厅	831738.78	402045.22	982749.19	48095.12	2264628.31	43.40%
发改委	7204.61	4446.3	13466.61		25117.52	53.61%
国资委	1329.07	411.87	2868.72		4609.66	62.23%
经信委	8016.56	2850.37	22021.8		32888.73	66.96%
审计厅	2996.4	775.06	8808.12		12579.58	70.02%
司法局	2270.78	1438.91	4098.12		7807.81	52.49%
旅游局	8826.17	4238.59	20357.81	650	34072.57	59.75%
物价局	1642.3	540.35	3415.32		5597.97	61.01%
广电局	1962.78	408.38	6800.16		9171.32	74.15%
体育局	23646.27	12032.78	40685.64		76364.69	53.28%
住建厅	12794.5	6687.85	27500.08		46982.43	58.53%
质检局	8488.26	5361.07	36661.54	4247.02	54757.89	66.95%
供销社	14265.32	5885.89	10779.15		30930.36	34.85%
金融厅	480.56	164.5	936.33		1581.39	59.21%
环保厅	5698.81	1625.82	38283.63	4302.19	49910.45	76.70%
工商管理局	3810.18	1741.57	10944.63	538.62	17035	64.25%
商务厅	3223.26	644.67	6608.7	721.79	11198.42	59.01%
科技厅	41945.29	15826.63	223573.45	7010	288355.37	77.53%
政研室	300.18	98.4	651.65		1050.23	62.05%
粮食局	1741.89	278.97	2109.5		4130.36	51.07%
民政厅	7953.84	2783.06	32030.12	10360	53127.02	60.29%
林业厅	5122.7	2142.5	10301.89	111	17678.09	58.27%
文化厅	29460.81	9673.62	110088.21	4718.45	153941.09	71.51%
法制办	638.3	195.99	730.67		1564.96	46.69%
财会中心	473.2	166.95	264.48		904.63	29.24%
财政厅	5107.69	1633.33	14178.54	2006.18	22925.74	61.85%
国土厅	8,004.45	3301.78	25341.85	1000	37648.08	67.31%
总计	1039142.96	487400.43	1656255.91	83760.37	3266559.67	50.70%

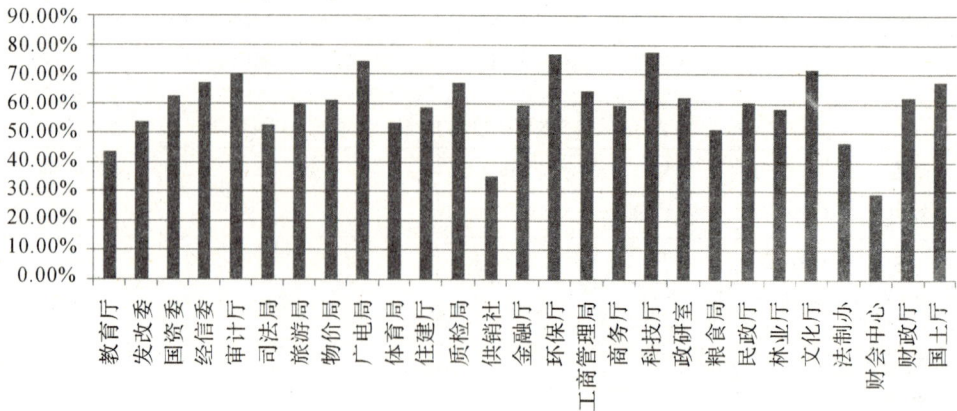

图 1　各部门项目支出占总支出的百分比示意图

　　由图表我们不难看出,现已公示的 27 个部门中只有教育厅、供销社、法制办和财会中心 4 个部门的项目占比小于 50％,但实际上教育厅的专项额是最高的,并且占了 27 个部门专项经费总额的 59.3％。而高于 50％的那些部门中绝大多数的占比达到了 60％,甚至超过了 70％。本应承担着公共服务职能的政府行政部门在现实中却出现了私营部门所特有的"项目公司"化趋势。不论这种公共部门私营化的趋势是否符合当代公共部门改革的需求,在本质上,公共部门与私营部门对于利益的追求方式的不同也注定了这种变化在提高公共服务的数量和质量方面效率堪忧。

　　另外,在这 27 个部门中,财政专项资金占总支出的比重为 50.70％,而其数值更是人员支出的 1.59 倍之多。而这个数据与以往对于专项资金在财政总支出中享有 1/2—2/3 占有率的经验相符合,因此,在本报告中采用 27 个省级部门所折算的占比显然是有较大的可信度。而已知 2014 年浙江省本级预算中的总支出数值为 19447353 万元,我们不难推出,其中专项资金将近 1000 亿元。随着社会经济的发展,专项资金在促进基层经济发展,加快基础设施建设和各项社会事业协调发展方面发挥着积极的作用。尽管对于财政这个政府的国库所在部门和资金的来源部门来说,1000 亿元落在正常的数值范围内,但是在财政专项资金开始引入第三方对于其使用的绩效评估时,专项资金低下的效用与庞大的开支成了专项资金被众人批驳的众矢之的(我们对一些专项资金使用绩效的调研结果可以充分证明上述观点,如团队于 2013 年历时 3 个月通过对浙江省 4 个地级市的 8 个区县、27 个行政村和 150 位相关领导及工作人员的座谈和具体情况的访谈和调研,对浙江省基层公共文化专项进行了绩效评估,其结果非常引人深思,并引起了国家层面的高度关注。具体例证可参见附件一)。

(二)浙江省财政专项资金的监管主体概况

根据宪法与法律的规定,我国现行的财政专项资金监管模式是以公权监督为主,公权监督与私权监督相结合的复合监管模式,既包含了政府职能部门等公权主体行使权力所进行的职权监督,也涵盖了作为私权主体层面的社会公众行使宪法所赋予的公民权利所进行的私权监督。然而在浙江省专项资金的具体运行现实中,我们很难看到公民对于专项资金的监管。因此,理论层面与现实层面上对于财政专项资金的管理出现了很大的分歧,具体可被图像化为图2所示。

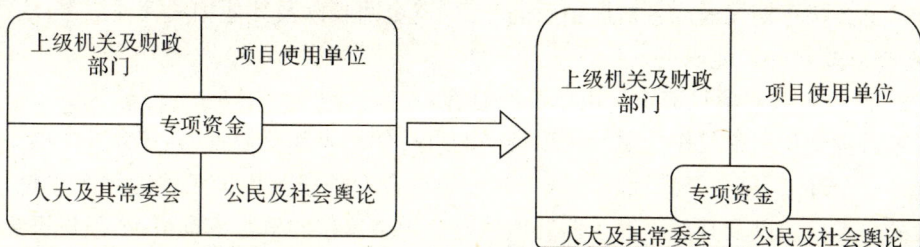

图 2

如图 2 中显示,在学理层面上,专项资金的监管主体应当包括上级机关及财政部门、项目使用单位、人大及其常委会和公民及社会舆论。其中,人大和公民及社会舆论更多地倾向于对专项资金的监督,但是在本质上,四个不同的主体对于专项资金的监管力度应当是相同的,且失去任何一个主体都会使得专项资金的使用产生负外部性。然而在现实中,由于专项资金中的各大项目有着极度的专业性和机密性,人大和公民主体的监督并不能很好地落实,因此整个专项资金的监管便出现了图 2 中原先的四方并立转变为以上级机关、财政部门和项目使用部门自身为主体的局面。

下面将具体展示浙江省财政专项资金的几大监管主体:

1. 上级机关及财政部门的监管

上级机关的监督广泛存在于各个职级的公权监督中。根据政治学原理,上一级政府对民众负有更大的政治与法律责任,上级机关依照职权隶属关系,对下级机关行使领导、指导、监督、检查的权力是日常行政管理活动中的重要内容。上级机关的监督在财政专项资金监管领域的主要表现形式就是上级机关及其领导对如何开展财政专项资金监管工作、如何完善财政专项资金监管机制以及对财政专项资金的分布、运行及存在的问题,提出意见、建议和批示。

以权力制约权力、以权力监督权力是我国现行行政管理体制做出的体制性安排。上级机关的监督本质上属于同一组织体系的内部监督,这种同体监督面对项目资金纷繁复杂的监管事项,碍于监管人员不足、监管方式落后等因素所限,存在项目资金监管覆盖率不高、深度不够的缺陷。

另外,由于财政部门是财政专项资金的具体分拨单位,由《中华人民共和国预算法》相关条文可知,财政部门对专项资金有以下相关管理职能:负责专项资金的宏观管理和政策的研究制定,会同省级业务主管部门建立健全专项资金具体管理制度;负责专项资金设立、调整和撤销等事项的审核工作,并按程序报省人民政府审批;汇总、梳理有效专项资金目录,报省人民政府审议后确定;组织专项资金支出预算的编制和执行;组织开展绩效管理工作,实施绩效评价和再评价;监督管理专项资金支出活动;组织专项资金执行期届满或者被撤销后的清算、资金回收以及其他相关管理工作;法律、法规、规章规定的其他职责[①]。

2. 同级财政对项目资金使用单位的监管

项目资金使用单位作为财政专项资金的直接使用者和获益者,必然会关注项目资金的每一个环节、每一个流程。根据有关政策符合专项资金申请条件的某个单位,会随时关注本单位以及其他同等条件的项目资金申请单位的资金审批情况、项目资金获批后的逐级拨付情况、项目资金到位后本单位的分配和使用情况等信息,项目资金使用单位在对上述信息进行持续关注的同时,也是在对项目资金的管理部门履职情况进行评价和监督。而这些活动也需要同级的财政部门对此进行监督和管理,以确保专项资金的使用效率。

然而现实中,一方面由于我国实行的预算制度是以部门为基础的逐项预算方式,各大部门(即项目资金使用单位)对于存在稀缺性的专项资金而言是相互竞争的主体。为了获取更多的项目资金,各大部门的利益追逐直接导致了信息孤岛的产生,仅凭同级财政单部门的能力而言,打破这种相互阻隔的局面基本是不可能的。另一方面,各大业务部门所涉及的专项资金的使用范围涉及领域广阔,所需要的业务性较强。基于以上两个方面,同级的财政部门是无法对项目资金的使用单位作出正确且有效的监管。

3. 人大及其常委会的监管

财政专项资金监管的职权监管主体除了各级财政部门之外,还包括国家各级人大及其常委会、审计部门和纪检监察部门。各级人大及其常委会依照宪法和预算法行使财政监督权,对本级政府预算编制及执行情况进行审查。各级财政机关作为最主要的预算支出管理主体,行使专职监督权。但是当专项资金项目涉及的专业性和技术性较强时,人大及其常委会很难对事实作出准确的判断。再则,人大及其常委会一般是通

---

① 详见《中华人民共和国预算法》

过会议形式对项目进行前期审核,这种监管方式几乎无法涉及专项资金的具体使用和后续结果。

而各级审计机关依法独立行使审计监督权,对涉及国务院各部门和地方人民政府、国家财政金融机构、国有企事业单位以及其他有国有资产的单位的财政、财务收支及其经济效益进行审计监督(王国杰,2012)。对财政专项资金支出的审计主要从其真实性入手,审查所有的支出是否都是实际存在或已发生的,有无虚假的支出。各级纪检监察机关依法行使监督检查权,根据所获得涉及财政专项资金管理和使用过程中存在的违法违纪线索,依法对财政专项资金管理和使用的合法性与合理性进行检查,并对相关责任主体进行责任追究。然而这种监督审查在很大程度上仅限于事后的监管,无法真正对专项资金的使用进行全方位的监管。

纪检部门则更多地立足于对违反国家法律和中国共产党纪律的事件进行处罚,也不是实际意义上的使用监督。

简言之,这三种不同主体对于专项资金的监管都由于缺少对事中和事后的监管,无法满足对于专项资金的全程控制,大大降低了专项资金的使用效率。

4. 公民及社会舆论的监督

社会舆论对专项资金的监督集中体现于第三方机构,这其中既包括了高校学者对于专项资金的各项效率评估与考核,也包括社会公知分子与媒体对于部分项目的评论。诚然,第三方机构对于专项资金的评估报告能够在一定程度上使得纳税人(即公民)主体获得关于专项资金的部分信息,但是这种方式却无法在源头上提高专项资金立项的科学性。

另外,所谓的公知分子与媒体也并没有特殊的渠道获取有关部门的全部数据,由此得出的评论大多有着较强的主观性和滞后性,因此对于专项资金的监督力度仅仅局限于事后的审定。

四、浙江省财政专项资金管理的存在的问题

依照浙江省财政厅2014年部门内部梳理的权责明细,同时结合其他相关部门在财政监管方面的相关权限,我们不难发现浙江省财政专项资金的管理存在着以下几个问题:

(一)财政专项资金的监管部门数量众多

一般来说,财政专项资金制度设立的目的在于发展和支持正常的财政预算制度下没有能够涉及或者涉及不到的项目。尽管如上文所述,人大对专项资金具有审批权,但实际上,有什么项目可以得到财政专项资金的支持,支持的额度是多少,以及如何才

能得到资金的支持,如何评价这些专项资金的绩效,大多由政府行政部门说了算,而且是由不同的职能部门以边界混淆不清的形式掌控着,时间一长,便能固化为某职能部门下的"既得利益"。

财政专项资金是分散在不同的职能部门的不同处室那里掌握着,这就注定了财政专项资金属于"点到为止"、"普惠"性质的资金。这些专项资金的项目种类繁多,每个专项的资金数量以数十万的居多,低于十万和超过百万的则较少,单独一个专项很难评价其对技术进步、研究开发带来的贡献,故财政部门对这些财政专项资金的绩效评价以合规性评价为主,即主要考察其财务支出是否有相关的会计凭证和发票予以支撑,而并不会太关心这些资金的实质支出的经济和社会效益[①]。

财政专项资金的监管工作几乎涉及了所有职能部门,在编办上报的所有职能部门的清单中,除去财政部门本身,无论是一报还是二报,均有 30 家部门与财政专项资金的监管工作直接相关,占总部门数的 62.5%。余下的部门与财政专项无直接相关的原因在很大程度上是由于其本身从事的工作是与行政违法的处理事项有关,如监狱、公安、信访、机关事务等。

(二)财政专项资金的部门管理多头交叉

专项资金有部门化倾向,设置的项目繁多,资金管理、使用分散,难以达到整合财政资源、发挥财政资金使用合力的作用。不同的部门根据自己的实际需求,为扩大权力争夺专项资金,使得原本具有稀缺性的资金在各部门的博弈下得到不合理的分割。与此同时,有些因部门职能有交叉,部分专项资金的扶持对象和范围也难免出现重叠。如经信委、商务厅、粮食局都列有支持企业参加各类会展的经费;国土资源厅负责的土地整理项目与农业厅、水利厅、林业厅、农业综合开发办公室实施的一些农业综合项目建设内容基本相同;科技厅对工业、农业产业化项目进行扶持,而经信委、农业厅、林业厅都有各自的产业化专项资金。

上述对于财政专项资金的特点和安排为其成为"唐僧肉"埋下了伏笔:既然是财政资金,谁都想分一杯羹;既然每一专项的资金并不太多,又分散在不同的职能部门的职能处室,财政部门虽然名义上拥有监督的责任,但是相对于数以亿元的财政支出项目来说,这些几十万、几百万的财政专项往往难以兼顾,只能委托职能部门自己通过强化内部控制来掌握,到头来,由于资金通常在职能部门的掌控之中,所谓的"吃回扣"才批出专项的说法就不再是传言而是事实了。

在两次上报的部门清单中,专项资金的管理主体混乱,各部门没有明确的监管界

---

① 资料来源:中新网评论:财政专项资金为何成了"唐僧肉"?(http://www.chinanews.com/sh/2013/08-08/5138180.shtml)

限。以我组审核的发改委为例,一报中发改委上报的行政权力共 378 项,其中直接涉及财政专项资金的权力项目为 17 项,但对应财政专项资金条目的总数为 130 项左右,其中还未包括职权清单中某些无法用专项资金表达的权力项目。而在这近 130 条的专项中,除明确列有的"省发改委切块基本建设资金"外,其他的专项资金无一例外,均与其他职能部门重合,重合率高达 99.23%。尽管在二报中,发改委将自己的总表抬头改为了"发改委(能源局)",但在涉及专项的 29 项权力中与财政对应的 131 条专项资金中,与其他部门所监管的专项资金的重复率依然高达 99.24%。而这些相互重合的部门既包含了与农业相关的农林水牧渔,又包括了与科技、经济直接相关的工业、商业、科技、信息等部门,更有与社会保障直接相关的民政、医疗部门。

(三)专项资金的目的不清,安排重复

尽管专项资金是以项目的名称为命名原则,看似一目了然的用途,却在具体的分配过程中依然无法突破专用性模糊的桎梏。浙江省财政专项资金数量庞杂,金额巨大,专项不专,涉及工业、农业、教育科学各个领域,涵盖了政府各职能部门的管理范围,专项种类多达几十种(刘晶,2012),传统的中小企业发展专项资金、中央企业发展专项资金、农村义务教育专项资金、高致病禽流感防控基金等专项资金,近年来新兴的现代信息服务业发展专项资金、装备制造业专项资金、自主创新专项资金、农村青年技能培训补助、乡镇卫生院改造建设专项资金等专项资金等都被直接纳入专项资金的范围。

由于我国预算编制长期采用增量预算的编制办法,随着时间的推移、人员的更换,年复一年积存的专项资金与单位公用支出混合使用。公私难分、人走茶凉是专项资金使用中面临的重大难题。从部门的角度看,这种情绪化的项目或许是"专"项,但当跳出部门的思维方式后这些问题无疑会使得专项资金的职能和使用范围发生异化,以致专项性质不强。

以专项资金中涉及农字的项目为例,职能部门中与"农"相关的部门包括了农业厅、林业厅、农办、海洋与渔业局、粮食局、民政厅等。以农业厅为分析的中心,农业厅与财政专项直接相关的行政权力表述为"政策性补贴资金"、"产业发展扶持资金"和"体系建设扶持资金";而在海洋与渔业局与财政专项直接相关的权力表述为"专项资金监督管理",除此之外,别无子项。那么,在专项资金中出现的"水产种子种苗资金"到底是具体划拨给农业厅还是海洋与渔业局?即使两边能共用这笔专项资金,那么两边的配比又是多少?在追责时,两边的责任界线又如何划清?这些都是值得考量的问题。又比如说,专项资金中的"省级财政扶持集体经济薄弱村发展村级物业经济补助资金管理"这个项目,究竟是属于农业厅,农办还是民政对于扶贫的相关政策权力?除了农字头的项目外,科技厅、经信委、环保厅、发改委中关于科技和能源的项目也有相

同的状况,同类的现象可谓不胜枚举。

(四)专项资金覆盖的范围过广

浙江省财政的专项管理办法实行的是部门预算化,部门除了人员经费和必要的办公经费外很少保留机动性经费,因此专项资金成为扭转部门资金劣势的众矢之的。出于部门利益最大化的考量思路,各部门为扩大自身对专项资金的实际拥有权而寻找各种理由设立专项资金名目,比如强调上级业务部门的要求,提出要学习先进地区的经验,经过一番考察学习后就提出设立专项资金的要求等等情况时有发生。显然,这些项目往往都没有经过充分论证和可行性研究,不仅脱离浙江省自身的实际情况,也脱离经济社会发展的实际情况。

在这一方面体现最深的主要集中于与产业、文化相关的专项,特别是专项资金对各类民营企业的所谓"补助"在浙江省的实际中更是屡见不鲜。众所周知,政府本身作为宏观事务的主体不应干涉到微观事务的具体执行之中。在市场经济发展到一定程度的今天,为了更好地使得社会经济持续健康发展,政府与企业之间必须明确界限的原因便在于政府主体是为了实现公众利益的最大化而存在的组织,而微观主体如企业、个人,在实际的运行过程中都是以实现组织或是个人利益最大化为出发点和终极目标的,倘若宏观主体介入到微观主体的实际运营中,很难保障双赢的帕累托最优状态,相反双方两败俱伤出现的概率则较高。因此,在市场主体能够有效调控的执行区间里,最大限度地降低政府宏观干预也是实现专门化分工的一项必要内容。

反观浙江省经济社会的发展历程,尽管小企业乃至小作坊使得浙江在改革开放之后获得了惊人成就,然而在这些成就背后,粗放型的管理及运作模式使得浙江省内的环境污染、资源浪费等问题屡见不鲜。这些显然是与经济的可持续发展理念相违背的,需要政府对产业结构进行一定的调整,促使转型升级的红利在省内产生。在这一过程中,对不适应社会发展的小企业必须予以淘汰,而在专项资金的总表中有许多涉及中小企业的直接补助,这种资金的设立显然是缺乏科学论证的。

五、加强财政专项资金管理的思路

上述现象的存在由来已久,并开始出现愈演愈烈的局面,无论是在一定程度上的取消抑或是合并归总存在着巨大的困难。究其原因便是我国预算制度的项目化,加之各部门之间由于职能边界不清所导致的部门地盘争夺战,直接导致了部门专项数目的直线上升。通过本次对各部门的权责梳理,我们认为,要解决这些问题,最为根本的方法便是明确各部门的权责边界,尽量减少权力的交叉设置,尤其要减少政府对经济主体的干预,才能在降低资金由于多次转移支付的需要产生的分散管理乱象,提高资金

使用效率的同时,使得行政管理更加简捷有效。基于以上思路,本文提出以下几点建议:

(一)确定主管部门,明确部门责任

"九龙治水"一直为管理学界所诟病,当有利益可图的责任落实到所有主体之上时,这种责任便会转化为没有责任。财政资金作为一块"免费的蛋糕",其所包含的巨大利益使得各大行政部门趋之若鹜,这是现今专项资金管理乱象存在的根本原因。为了改变财政专项资金管理上的多头管理状况,就必须明确各部门的职责,对各大行政主体的权责进行匹配。同时,财政部门应当负责对专项资金的分配及拨付,而将专项项目的审批和资金的分配及调剂的权力让渡于主管部门负责,这样才能在财政部门与主管部门之间建立起权力制衡机制,使得两者之间互相监督、相互约束。

另外还要巩固和发展部门职权清单制度的成果,明确各大政府部门的职责,厘清各部门的权力边界,使得专项资金的使用和监管主体得以明确,保证运行通畅,提高专项资金的使用效益。

为了改变过去财政专项资金由主管部门拿回后便放任层层下属单位使用的状况,需要坚定不移地推行国库集中支付制度,将财政专项资金的使用纳入财政监管范围,坚决堵塞主管部门挪用、占用专项资金的漏洞(彭成宏,2010)。对不符合规定的,如使用专项资金的单位不进行政府采购的物品便不予支付资金,基建工程不进行招标的也不予拨款,以切实加强财政专项资金管理。

(二)清理项目,限定项目范围

正如前文提到的那样,长期以来,专款并未做到专用,专项资金并不完全"专",挤占挪用专项资金的现象比比皆是,而且屡查屡犯、屡禁不止,以致浪费了国家资财,打乱了国家宏观调控计划,扰乱了市场经济秩序,甚至滋生贪污腐败,形成财政专项资金管理黑洞(彭成宏,2010)。为此,我们要及时对多达几百项的专项资金进行清理、合并和取消,在摸清各种专项资金管理、使用效益情况的基础上,客观评价各种专项资金存在必要性,大力缩减不适时或效益不高的专项资金,将经常性专项支出列入一般性预算支出,并建立起专项资金的清单,及时对专项资金的使用情况进行动态管理和评估,坚持对效益低下的专项进行淘汰和升级。

另外,要缩小专项资金的使用范围,使各级政府的财权与事权有机地结合起来。在明确了各级政府事权的前提下,改革财政预算体制,留足该级政府用于发展地方各项事业的资金,压缩现有的专项转移项目,对于属于地方支出责任范围内的事务,上级不再安排专项资金,尽量减少不符合公共财政管理规范的专项资金的使用。此外,与微观主体相关的一些直接"拨款"项目也应当及时剔除,减少财政对微观主体"送钱"的错误行径。

(三)建立财政专项资金管理责任制度,推行考核问责制

财政专项资金的管理必须从专项的申请阶段开始。在项目的申请阶段,各大行政主管部门必须审慎填写专项资金的申请表,从项目的必要性、重要性和后续产生的社会效益进行考量,负责认真地向财政部门提起申请。而财政部门在复核各部门提交的申请时,应当秉持着客观的原则和标准,对申请的项目进行实地考察和调研,综合分析项目的必要性,敦促使用需求较强的项目资金的到位,及时拨付效益好、必要性强且合乎国家各项财经政策的项目,促使社会利益的最大化。

尽管近年来中央和地方政府对专项资金管理相继制定和出台了一系列制度和办法,但在专项资金使用与核算上仍然存在大量违规问题,究其原因,便是没有建立和完善专项资金的问责制度。因此,专项资金的管理过程中必须建立与之相匹配的问责机制,对项目进行严格的动态考核和绩效考评。对于资金使用效率低下、没有完成最低的目标任务以及资金使用中发生挤占、挪用和损失浪费的项目单位,及时对有关部门的责任承担者进行责任的追究,并严格按照财政违法行为处罚条例进行处罚。考核问责制度的引进,能够促使资金责任人切实管理和使用好自己手中的每一分资金,进而保证各类财政专项资金的规范运作和使用效益。

(四)加强与第三方机构的合作,促使资金使用科学化

第三方对于专项资金的绩效考评相较于以往财政部门和专业部门自己进行的众多考评而言,其最大的优势便是科学性和客观性更强。第三方组织出具的建议和方案能在一个相对中立的立场上,针对现实情况得出结论。同时,由于我国第三部门正处于发展的黄金时期,第三部门主要涌现在各科研机构和高校中,相对于政府官员,学术研究人员的专业性和独立性更强,研究结论也更可信。

另外第三部门也可作为政府和微观主体(如企业、公民群体等)沟通的桥梁,使得两者之间的对话有一个相对平等的环境。另外,许多政府服务项目也可通过外包的形式承包给第三方组织,这既减少了政府部门的实际工作负担,使政府将其工作重心转移至更为宏观的政策层面,同时也能促进第三方组织的良性和健康发展,最大限度地激发社会中各大主体的主观能动性,推动实践的发展。

参考文献

[1] 陈冬梅.加强财政工程专项资金管理的思路[J].商,2012,(4).

[2] 李金珊,何小娇,吴超等.公共支出政策绩效研究报告——基于浙江省基层公

共文化项目的调研,浙江人民出版社,2014

[2] 刘晶,农田水利建设专项资金管理问题研究——以新余市渝水区为例[D].江西:南昌大学,2012.

[3] 李治义等.浅谈专项资金网络监管模式[J].未来与发展,2010,(6).

[4] 刘春梅.加强财政专项资金管理调研报告[J].现代经济信息,2013,(10).

[5] 彭成洪.试析加强财政专项资金管理的思路[J].财会月刊,2010,(10).

[6] 李淑萍.关于加强财政专项资金管理的探讨[J].内蒙古科技与经济,2012,(6).

[7] 江苏省苏州市财政局财政稽查大队课题组,黄济美.财政专项资金管理初探[J].财政监督.2007(9).

[8] 陈晶.加强财政专项资金管理提高资金使用效益[J].行政事业资产与财务.2010(2).

[9] 王树凯,李洪昌.财政专项资金管理中存在的问题、原因及对策[J].财政监督.2007(15).

[10] 孙晖.加强财政专项资金管理的探讨[J].经济研究参考.2010(17).

(作者简介:李金珊,浙江省公共政策研究院副院长、浙江大学公共管理学院教授、博士生导师;袁波,浙江大学公共管理学院博士生;王倩倩,浙江大学公共管理学院博士生)

附件一：浙江省基层公共文化专项调研结果一览

一、调研数据展示

1. 县图书馆

调研的 7 个县图书馆及其相关信息如表 1-1 所示，通过此表可以直观地了解到图书馆及其所服务地区的基本情况，如各图书馆均按照相关要求实现了场馆与服务的免费开放；不同类别地区情况不同且差距较大，并明显反映在几项业务指标上；一类地区持证率和年流通率两项指标均低于二类地区、且与三类地区有较大差距等。

表 1-1　7 个所调研县图书馆基本信息

	A 市		B 市		D 市	C 市	
	橙石县	黄玉县	绿水县	青山县	紫晶县	蓝天县	白云区
常住人口（万人）	118.46	76.17	18.51	19.02	49.18	40.64	151.13
县城人口（万人）	22.6	13.75	5.85	5.8	16.9	14.6	65.12
评估定级	无	三级	二级	二级	一级	一级	一级
馆舍	新馆	旧馆	旧馆	旧馆	旧馆	新旧均有	新馆
资金投入（万元）	13 年：306	/	12 年：376 11 年：78	12 年：175	400	13 年：300	550（不含运作费）
购书经费（万元）	100	60	/	30	65	100	420
免费开放	实现	实现	实现	实现	实现	实现	实现
按类上架	差	是	无	是	是	是	是
通借通还	是	是	否	否	否	是	是
业务外包	即将	无	无	无	无	无	图书加工
分馆数量（个）	5	7	1	0	1	13	30
馆藏量（万册）	23	12	15	12	23	34	250
流动图书站点（个）	约 120	15	68	约 30	43	183＋12 ＝195	约 550
年流通人次（万次）	17	2	3	6	约 13	25	约 200
全县年流通率（%）	14.35	2.62	16.21	31.55	约 26.43	61.52	132.34
县城年流通率（%）	75.22	14.54	51.28	103.44	76.92	171.23	307.12
持证数（个）	约 1 万	2500	约 3000	约 3000	约 1 万	近 3 万	13 万
全县持证率（%）	0.84	0.33	约 1.62	约 1.58	约 2.03	近 7.38	8.60

续表

	A市		B市		D市	C市	
	橙石县	黄玉县	绿水县	青山县	紫晶县	蓝天县	白云区
县城持证率(%)	4.42	1.81	5.12	5.12	5.91	20.54	19.96
工作人员(位)	41+7=48	18	11	12	12+9=21	13+21	29+84=113

注:人口为第六次全国人口普查数据;工作人员中"+"前为在编人员,"+"后为临时聘岗人员;"/"处数据缺失因未能从工作人员处获得此项数据。

因县图书馆的各项指标均有若干调查问卷的问题对应,在综合给出指标级别时同时参照现场观察、群众访谈等情况,故在此只给出县图书馆政策绩效指标评价结果(见表1-2),详细统计与对应分析见研究正文中统计结果与分析部分。

表1-2　县图书馆政策绩效各项指标评价结果

一级指标	二级指标	三级指标	一类	二类	三类	总体
效率	政策目标完成	免费开放	高	高	高	高
		年流通率	低	低	高	低
		对政策目标群体需求的满足	高	高	高	高
	受益面	知晓度、了解度	低	中	中	中
		持证率	低	低	低	低
公平	差异性公平	资金分配	高	高	高	高
		分配政策合理性	高	高	高	高
	公共责任	项目选点的便利性	高	高	高	高
		保障特殊群体获益	高	高	高	高
效果	回应性	对需求的了解情况	低	低	低	低
		有效回应需求的效果	中	高	高	高
	满意度	质量满意度	中	高	中	中
		服务满意度	中	高	中	中
可持续性	资金	财政支持能力	高	高	高	高
		社会资源整合能力	低	低	中	低
	使用意愿	对县图书馆的持续性需求	高	高	高	高
		对文化素养提升的作用	高	高	高	高
	可替代性	被市场产品替代程度	高	高	高	高
		被其他产品替代程度	低	低	低	低

2. 农家书屋

农家书屋的补助方式与其他项目略有不同,分为一类地区和二类地区。通过现场观察、咨询和群众访谈以及对调研数据的统计计算,得到各类地区农家书屋公共支出政策绩效评价结果,见表1-3;按照各项指标的绩效高低统计行政村数量,见表1-4。

表1-3　农家书屋政策绩效各项指标评价结果

指标			一类地区		二类地区	
一级	二级	三级	比例	等级	比例	等级
效率	政策目标完成	农民自主管理程度	31.25%	中	80.00%	高
		农民文化需要满足程度	7.86%	低	11.76%	低
		书籍实用性	14.19%	低	28.02%	中
	受益面	人均藏书量	1.07册	中	1.73册	高
		书屋存在感	46.29%	中	59.86%	高
		书屋访问量	31.00%	中	37.85%	中
公平	差异化公平	资助程度	100%	高	小于100%	高
	公共责任	书籍与人群匹配度	/	低	/	低
效果	回应性	反馈制度	0.00%	低	20.00%	低
		反馈行为	0.87%	低	3.11%	低
	满意度	主体功能满意度	13.32%	低	24.57%	低
		附加功能满意度	16.81%	低	20.76%	低
		服务满意度	19.87%	低	28.37%	中
可持续性	资金	后续投入	6.25%	低	70%	高
	使用意愿	主体功能使用意愿	34.50%	中	29.76%	中
		附加功能使用意愿	17.90%	低	22.49%	低
	可替代性	经常自主购书的比例	17.03%	高	17.30%	低
		去其他级别图书馆阅读等比例	1.09%	低	1.22%	低
		其他形式阅读比例(上网,单位等)	13.10%	低	20.72%	低

注:公共责任主要通过调研情况分析判断,其中书籍与人群匹配度主要参考图书数量规模判断;反馈制度通过有无判断,高=有,低=无;人均藏书量,高=人均藏书量≥1.5册;中=人均藏书量为0.46册至1.5册;低=人均藏书量≤0.46册;其他指标,高=该项比例≥50%的行政村数量;中=该项比例为30%~50%的行政村数量;低=该项比例≤30%的行政村数量。

表 1-4　地区间以村为单位的数量比较　　　　　单位:个

指 标			一类地区			二类地区		
一级	二级	三级	高	中	低	高	中	低
效率	政策目标完成	农民自主管理程度	5	5	6	9	0	0
		农民文化需要满足程度	0	1	15	1	2	6
		书籍实用性	1	5	10	1	6	2
	受益面	人均藏书量	6	7	3	4	5	0
		书屋存在感	9	2	5	5	4	0
		书屋访问量	4	7	5	4	3	2
公平	差异化公平	资助程度	16	0	0	9	0	0
	公共责任	书籍与人群匹配度	0	0	16	2	1	6
效果	回应性	反馈制度	0	0	16	1	0	8
		反馈行为	0	0	16	0	1	8
		主体功能满意度	0	6	10	2	3	4
	满意度	附加功能满意度	0	7	9	1	3	5
		服务满意度	0	9	7	3	3	3
可持续性	资金	后续投入	0	1	15	1	6	2
	使用意愿	主体功能使用意愿	3	9	4	1	5	3
		附加功能使用意愿	0	7	9	1	3	5
	可替代性	经常自主购书的比例	1	5	10	0	3	6
		去其他级别图书馆阅读等比例	0	0	16	0	0	9
		其他形式阅读比例(上网,单位等)	0	2	14	0	3	6

3."村村通"工程

"村村通"工程根据现场观察、咨询和群众访谈,通过对调研所得数据进行统计与分析,得到各类地区"村村通"工程公共支出政策绩效评价结果,见表 1-5;按照各项指标的绩效高低统计行政村数量,见表 1-6。

表 1-5 "村村通"工程政策绩效各项指标评价结果

指标			一类地区		二类地区		三类地区	
一级	二级	三级	比例	等级	比例	等级	比例	等级
效率	政策目标完成	联网率达标	100%	高	100%	高	100%	高
	受益面	有线广播实际利用情况	56.25%	高	41.67%	中	50%	高
		有线电视普及程度*(包括有线和数字)	88.34%	高	93.86%	高	80.11%	高
公平	差异化公平	资金分配	100%	高	100%	高	100%	高
	公共责任	低收入群体补贴	100%	高	100%	高	100%	高
效果	回应性	对群众需求的了解程度	/	低	/	低	/	低
		对群众需求的回应程度	/	低	/	低	/	低
	满意度	质量满意度*(信号)	77.15%	中	69.04%	中	39.58%	低
		服务满意度* 响应速度	75.92%	高	86.89%	中	55.77%	中
		服务满意度* 处理结果	86.27%		14.76%		23.18%	
可持续性	资金	家庭开销负担*	34.8%	中	13.42%	低	11.3%	低
	使用意愿	使用频率*	80.14%	高	77.37%	高	58.1%	高
		依赖性*	80.1%	高	86.49%	高	54.03%	高
	可替代性	其他休闲方式替代可能性	/	低	/	低	/	低

注:联网率指行政村有线电视联网率或 20 户以上自然村有线电视联网率;部分通过访谈判断的指标,"达标""有""是"对应评价等级高,"未达标""无""否"对应评价等级低;部分通过问卷与访谈得到"0""1""2"分值分别对应评价等级低、中、高;有星号指标,高=该项比例≥50%的行政村数量,中=该项比例为 30%～50%的行政村数量,低=该项比例≤30%的行政村数量;此处回应性特指进行数字整转时,是否充分了解公众对安装数字电视的需求并对此加以回应。

表 1-6 地区间以村为单位的数量比较

单位:个

指标			一类地区			二类地区			三类地区		
一级	二级	三级	高	中	低	高	中	低	高	中	低
效率	政策目标完成	联网率达标	16	0	0	6	0	0	3	0	0
	受益面	有线广播实际利用情况	7	4	5	1	3	2	0	3	0
		有线电视普及程度(包括有线和数字)	16	0	0	6	0	0	3	0	0

指 标			一类地区			二类地区			三类地区		
一级	二级	三级	高	中	低	高	中	低	高	中	低
公平	差异化公平	资金分配(地区)	16	0	0	6	0	0	3	0	0
	公共责任	低收入群体补贴(人群)	16	0	0	6	0	0	3	0	0
效果	回应性	对群众需求的了解程度	0	0	16	0	0	6	0	0	3
		对群众需求的回应程度	0	0	16	0	0	6	0	0	3
	满意度	质量满意度	16	0	0	6	0	0	3	0	0
		服务满意度	15	1	0	2	4	0	2	0	1
可持续性	资金	家庭开销负担	6	6	4	0	2	4	0	0	3
	合用意愿	使用频率	16	0	0	6	0	0	3	0	0
		依赖性	16	0	0	6	0	0	2	1	0
	可替代性	其他休闲方式替代可能性	0	0	16	0	0	6	0	0	3

4. 送戏下乡

在所调研的 27 个村中,只有一个村接到过送戏下乡的演出,因此本项目"差异化公平"这一指标没有体现,故无法评价。现场观察、咨询和群众访谈主要针对"送文艺下乡",其政策绩效评价结果见表 1-7。

表 1-7 送戏下乡政策绩效各项指标评价结果

指 标			一类地区		二类地区		三类地区	
一级	二级	三级	比例	等级	比例	等级	比例	等级
效率	政策目标完成	农民文化需要满足程度	41.92%	低	36.79%	低	30.21%	低
	受益面	人均看戏场数	1.63	低	2.04	低	0.77	低
		送戏下乡存在感	77.38%	高	70.90%	高	59.38%	中
		看影、看戏人数	54.80%	中	53.89%	中	35.42%	低
公平	公共责任	所送演出与人群匹配度	39.52%	低	50.00%	低	24.47%	低
效果	回应性	反馈行为	0.00%	低	1.55%	低	1.04%	低
	满意度	主体功能满意度	46.29%	低	47.15%	低	33.33%	低
可持续性	使用意愿	主体功能使用意愿	19.43%	低	43.01%	低	33.33%	低
	可替代性	去电影院及其他剧场看电影与看戏的比例	75.55%	高	82.90%	高	92.71%	高

注:高=该项比例≥70%,中=该项比例为50%～70%,低=该项比例≤50%。

二、项目政策绩效评价

表1-8给出四个调研项目的政策绩效综合评价和比较,各项目对应的右栏是根据三级指标统计情况导出的二级指标评价结果,左栏是由二级指标进一步得出的一级指标评价结果。

表1-8　四个项目政策绩效综合评价

评价指标		县图书馆		农家书屋		村村通		送戏下乡	
总体政策绩效		中		低		高		低	
效率	政策目标完成	中低	中	低	低	高	高	低	低
	受益面		低		低		高		低
公平	差异化公平	高	高	中	高	高	高	低	/
	公共责任		高		低		高		低
效果	回应性	中低	低	低	低	中	低	低	低
	满意度		中		低		中		低
可持续性	资金	中高	中	低	中	高	高	低	/
	使用意愿		高		低		高		低
	可替代性		中		低		低		高

1. **县图书馆总体政策绩效中等**

三个效率指标有高有低,但总体效率中等偏低

政策目标完成方面,在免费开放高实现的前提下,年流通率这一指标不尽如人意。年流通率通常是指年流通人次与持证数的比例,但持证率本身很低,以持证数为参照无法真正反映支出的效率。我们将年流通率界定为年流通人次与所在地区常住人口或年流通人次与县城所在地人口的比例,通过这一比例我们可以清晰地看到一类地区明显低于二类和三类地区,二类地区内部同为一级馆的两个馆差异也较大;进一步分析二者差异可知,县图书馆更多地服务县城所在地的人群,对县城以外的地区几乎没有辐射。

受益面很窄。政策目标群体对县图书馆的知晓度与了解度较低,仍有相当比例的群体连县图书馆所在地点都不知道,馆外数据显示半数的人从未去过图书馆,不知道免费开放的比例也达到四成。我们对持证率的计算也是参照全县人口与县城人口,一类地区持证率均不及2%,二类地区略好,即使是县城持证率也仅有5%,三类地区和

处于三类地区的二类县图书馆的持证率要明显好于其他地区。

公平程度都较高

差异性公平实施情况良好。资金投入与分配都能按照要求下拨与使用,一类地区与二类地区也能较好保证政策的实施,三类地区资金充足,以奖代补的形式也能满足需要。

公共责任指标在馆址选择和特殊群体利益保障方面得到了很好的体现。受访者不办理借阅证的原因由高到低依次是:个人不需要、没有时间、没有兴趣,而交通不方便只排在第四位且比例很低,说明选点的便利性得到了充分考虑。场馆设施与服务中也都体现了对特殊群体的关怀。

效果中低

回应性低。根据对馆内读者问卷的数据,从未参加过读者反馈的高达六成,参与过反馈调查的读者认为回应效果还可以,有些认为参加反馈活动对图书馆工作提升帮助并不是很大。需要说明的是,四成选择参与过读者反馈的受访者中有一部分将本次调研也算作了读者反馈,因此,实际由图书馆方开展的读者反馈活动的比例应该更低一些。

满意度较高。受益者使用最多的还是图书馆的传统功能,而近年来着力建设的电子和多媒体资源的使用率不高、满意度一般。在使用过的群体中,认为"还可以"的比例约为两至三成,均高于"很满意"的比例,这也说明图书馆各项功能与服务的效果尚有较大的提升空间。

可持续性较高

财政资金支持的持续性高,但对社会资源的整合能力需进一步加强。

使用意愿方面,即使很多受访者从未去过图书馆,但对县图书馆的存在都表示了肯定,有七成的受访者表示今后会去图书馆,高达八成的受访者表示图书馆对提升公民文化素养很有帮助。

可替代性也较高。县图书馆被市场产品替代的可能性较高,依次为电脑,书店和书市以及手机或阅读器等设备。而通过其他场所或方式替代图书馆的可能性的比例则极低。

2. 农家书屋总体政策绩效低

农家书屋在实践中并没有完成"满足农民文化需要,农民自主管理,能提供农民实用的图书报刊和音像制品"的政策目标,各项指标也显示农家书屋支出的政策绩效并不好。

效率低

政策目标完成方面,一类地区只有31.25%的行政村配有管理员,二类地区虽然达80%,但是真正能起到作用的管理员比例不高;只有约10%的农民认为农家书屋能够满足阅读需求;两类地区将农家书屋作为常用阅读场所的人数都不超过 30％。

受益面覆盖方面,农家书屋提供的书籍数量远高于中国图书馆人均藏书量,有一半左右的受访者听说过农家书屋;35％左右的受访者曾经去过农家书屋,但其中只有约一半的人表示还会继续前去,说明农家书屋的受益面还是偏低。

差异化公平很高但公共责任不足

差异性公平做得很好,按地区分类补助的方式使经济不发达的地区也基本做到了农家书屋全覆盖。

公共责任方面,由于农家书屋规模所限,书籍种类不多,书籍与人群匹配程度较低,且大多数受访者认为书屋中的书籍并不实用。

效果差

无论是回应性还是满意度所反映的效果都较差。回应性方面,只有极个别的农家书屋会接受村民对书籍的意见并落实反馈,绝大多数书屋(90％以上)的反馈制度和反馈行为是缺失的。在满意度方面,只有不到 1/4 的受访者对书籍质量表示满意,不到 1/3 的人对管理员的服务表示满意。

可持续性不高

一方面,受访者对农家书屋使用意愿很低,只有不超过 1/3 的人有前往农家书屋读书的意愿;另一方面,受访者中经常采用其他方式进行阅读的比例也很低,但是要高于愿意去农家书屋的人数。受访者中小学及以下文化程度(包括文盲)的比重为 54.08％,这种客观现实使得需求不高,导致农家书屋的可持续性也很低。

3.“村村通(响)”是政策绩效最高的一个支出项目

效率高

政策目标完成和受益面的评价级别都很高:有线电视联网率和广播设置率分别达到了有线电视“村村通”和广播“村村响”工程的基本目标,即全省 95％以上的行政村实现有线广播联网,有线广播覆盖农户约达到 80％;有线电视普及程度近 90％。

公平程度高

所调研的 27 个行政村均有对资金分配和低保人群的差异化公平保障,说明“村村通”项目在实施过程中为保证公平,充分考虑到地区间资金分配和人群间收入水平的差异。

效果为中偏低

回应性和满意度的评价级别分别为低和中,27 个行政村都没有了解政策目标群体需求并对此加以回应,欠缺回应公众需求机制,所以在满足政策目标群体需求上仍有相当的作为空间,尤其是有线整转为数字因操作复杂、收费高而增加的服务并非群众所需等原因受到部分受访者批评,22 号村对此的满意程度只有 30％,拉低了总体满意度水平。

可持续性"村村通"很高,"村村响"则很低

大部分(将近 80%)受访者认为"村村通"没有增加家庭开销负担,同时数据反映出的高资金可持续性、高使用意愿以及低可替代性表明该项目具有很强的持续性。但针对"村村响"项目,所调研的 27 个行政村中只有 8 个村还在使用,有线广播返盲率高达 70%。

4. 送戏下乡总体政策绩效低

调研发现"送戏下乡"的形式已经异变,演出内容多种多样,并不局限于戏曲表演,还包括文艺演出、影剧放映等。而送戏工程实施的目标始终围绕着丰富村民文化生活,培育民间文艺团体和保护传统文化传承展开。因此,送戏下乡的政策目标是判断该项目政策绩效高低与否的重要标准。

根据调研情况,我们在指标分析中删除了最初设定的差异化公平和资金可持续性两个二级指标。因为我们发现村中的戏曲和文艺演出基本都由村民自发开展,资金也由当地自筹。省内的送戏工程补助并未惠及这些自发的演出,后续的资金保障也难以体现,因此无法用调研数据分析资金的分配差异性公平程度和可持续性。下面所分析的指标主要针对送文艺下乡。

效率低

送戏下乡在政策目标完成和受益面的数据反馈结果都较低(具体数据请参见第五章)。受访问的村民极少反映看到过以"送戏下乡"名义开展的戏曲演出,村里演出的戏绝大多数是村民自主购买的。此外,一些热爱戏曲类节目的村民也反映乡镇现有的戏曲资源无法满足他们的文化需求。

公平程度低

我们未访问到民营剧团和其他义艺演出团体,所以无法获知剧团从"送戏下乡"项目中获得补助的具体情况。因此,送戏下乡的公平指标评级只参考了公共责任一个维度。公共责任主要考察的是戏曲演出是否符合当地风俗文化、群众需求以及喜欢看戏群众的意愿是否得到满足。但因为戏曲演出场次较少、看戏人数比例较低,送戏下乡工程在此项指标上不尽如人意,指标评级为低。

效果不佳

主要考察回应性和满意度两个维度。在调研过程中,基层相关负责人表示所送的电影与戏曲都是上级部门安排好的,基本没有做过任何需求调查,也没有任何关于村民意见反馈的收集工作。因此,统一送下来的电影和演出题材单一,难以体现观众的偏好和地区之间的文化差异。多数受访者表示所演出的内容过于单调死板,进而影响其再次观看的意愿。鉴于上述原因,送戏下乡的整体满意度不高,平均约为 40%。在政策实施过程中缺乏反馈制度和村民的参与,导致送戏下乡的效果指标评级为低。

可持续性低

主要是因为受访村民对送下来的电影和演出表现出较低的使用意愿,但另一方面村民却积极通过其他渠道获取文化产品。

调研数据显示,大多数(约70%)受访者不愿意去看所送的电影或者戏曲,但却愿意通过去电影院、剧院或者在家通过电视、上网等方式看电影或者看戏。这表明村民对文化娱乐产品存在一定的需求,但送戏下乡、电影放映并不能真正满足老百姓的精神文化需求。老百姓精神文化生活匮乏,但却不愿意享受"免费的午餐",可能是农村公共文化的供给方并不了解老百姓的文化需求,没有把老百姓的真正需求作为决策的出发点和归宿,致使供给与需求错位。因此,不被政策目标群体所需要的政策可持续性低是必然的结果。

作者

蔡　宁
吴结兵
郭郑萍

权力清单中的行政奖励问题研究

内容提要:本报告旨在对浙江省行政奖励的权力清单进行现状分析和对策论证,研究当前政府评奖评优项目现状及其存在的主要问题,并借鉴美国、日本、德国等典型国家的相关制度,结合理论分析提出进一步改进完善的政策建议。
关键词:行政奖励;权力清单;评奖评优;对策研究

一、引　言

政府为了表彰先进,充分调动和激发人们的积极性和创造性,对作出突出贡献的公民或单位,给予物质的或精神的奖励本无可厚非。获得政府授予荣誉或奖励也是公民和单位的荣耀。但当前,这种行政奖励存在诸多的问题,主要表现在:一是名目繁多。省、市、县各级政府及行政机构都在开展类似的评比和奖励,"质量奖"、"科技奖"、"人才奖"可能相对常见一些;"统计工作先进"、"信息工作先进"、"卫生先进"、"绿化先进"等就不那么为人熟知;"中介服务行业标兵"、"政府采购品牌企业"、"公益林建设先进单位"、"政府系统十佳网站"之类的荣誉要不是刻意查询,几乎不为外人所知。二是随意性大。除少数的荣誉和奖励外,大部分的行政奖励都非常随意,在流程上多半是发通知,填表申报,主管评定,发文表彰,有时连这些程序都省去。三是透明度差。公众对行政奖励的设置依据、参评范围、评价标准、评价程序、奖励额度等信息知之甚少,也无从了解。谁也说不清地方各级政府和所属部门授予了多少种荣誉称号,给予了多少物质奖励。

造成行政奖励失范的主要原因:一方面是因为政府机关权力已经渗透进了社会关系的各个方面,是否设置行政奖励成为体现政府机关对所主管工作的重视程度的指标,政府机关有设置行政奖励的原始驱动力;另一方面行政奖励是一种授益性的行政行为,其中的行政相对人作为获益的一方,也往往是乐享其成,缺乏监督。

从理论上说,行政奖励是具体行政行为,是行政权力的一种,自然应当进入"政府自我勘界"的权力清单制度的视野。党的十八届三中全会明确指出,要推行地方各级政府及其工作部门权力清单制度,依法公开权力运行流程。所谓权力清单制度,是指依据国家法律,对各级政府各个部门的职责范围和权力种类、数量,权力使用的对象、条件与方式,权力使用的约束、责任承担等以清单方式进行列举,对政府及政府部门行使的职能、权限明确界定的行政管理制度。其主要目标是:职权配置优化;职权边界清晰;职权运行公开;职权监管到位。具体到本研究所称的行政奖励权力清单,就是将各级政府、各部门对行政奖励的名称、法律(法规)依据、负责机构、评比范围、评比流程等信息逐一列举,并向社会公开,以促进行政奖励制度化、法律化、科学化的制度。

浙江省在减少行政审批方面一直走在全国前列,建立权力清单制度是切入点和突破口,提出了明确的时间表。2013 年 11 月,省政府常务会议决定在省政府各部门率先开展职权清理、推行权力清单、规范行政权力运行工作。2004 年 1 月,省政府确定在富阳市开展权力清单制度试点工作。2014 年 3 月 10 日,省政府召开推行权力清单制度电视电话会议,在全省全面推行权力清单制度。

本报告旨在对浙江省行政奖励的权力清单进行现状分析和对策论证,研究当前政府评奖评优的现状及其存在的主要问题,并借鉴美国、日本、德国等典型国家的相关制度,结合理论分析提出进一步改进完善的政策建议。

二、我省评奖评优项目的现状与问题

(一)评奖评优项目分类

浙江省各个厅局的评奖评优项目种类繁多,约有 300 多项。依据评奖评优内容的不同,将各个厅局的评奖评优项目分为以下四大类(见表 1):

1. 对工作完成情况的评定和奖励

政府部门依据职能,对行政相对人的工作完成情况进行评定和奖励,以此推动该项工作的进一步的开展。如对城建档案工作做出成绩的单位和个人表彰奖励;对住房公积金管理法规、政策执行情况贯彻执行较好单位和个人的通报表扬;对在世行贷款项目工作中做出显著成绩的单位和个人的表彰和奖励等。

表1　浙江省评奖项目分类与代表性示例

类　　别	数量(大类)	举　　例
对工作完成情况的评定和奖励	28	基本农田保护工作奖励； 对城建档案工作做出成绩的单位和个人表彰奖励。
对工程或者产品质量的评定和奖励	7	浙江省"钱江杯"优秀工程勘察设计项目和优秀工程勘察设计方案评选； 本土跨国公司的评估排名。
对示范性工程或者工作的评定和奖励	16	国家火炬高新技术企业推荐； 国家高新技术产业化基地推荐； 省级艺术特色学校评定。
对个人工作能力与贡献的评定和奖励	18	浙江省功勋教师奖； 浙江省农村教师突出贡献奖。

2. 对工程或者产品质量的评定和奖励

政府部门依据职能,对行政相对人建设的工程或者生产的产品的质量进行评定和奖励。如钱江杯优质工程奖,是对主要参建单位(指参建的部分工程质量评为优良者)以及对业主(建设单位)、勘察设计单位、监理单位和质量监督部门颁发的奖状;鲁班奖是对建筑行业的一流工程的奖励。

3. 对示范性工程或者工作的评定和奖励

政府部门依据职能,将示范性园区、基地、学校等建设作为工作抓手,对行政相对人进行奖励。如高新技术产业化基地的推荐,旨在提升我国高新技术产业自主创新能力,促进地方优势特色高新技术产业加快发展;省级体育特色学校评定,旨在不断完善体育传统项目学校的建设和管理,促进青少年体育公共服务体系建设方面的示范作用。

4. 对个人工作能力与贡献的评定和奖励

政府部门依据职能,对行政相对人在工作中的表现和能力进行评定和奖励。如浙江省功勋教师奖,旨在表彰奖励在我省教育改革和发展中作出重大贡献的人民教师;浙江省高校优秀教师奖,旨在大力表彰在我省高等教育教书育人中作出突出贡献的教师。

(二)评奖评优过程中的操作性缺陷

1. 缺少法律法规支持

所谓法律法规,指的是中华人民共和国现行有效的法律、行政法规、司法解释、地方法规、地方规章、部门规章及其他规范性文件以及对于该等法律法规的不时修改和补充。法律法规的作用主要有以下四点:(1)具有明示作用。法律法规的明示作用主要是以法律条文的形式明确告知人们,可为与不可为,合法与不合法行为。违反法律法规将受到的惩罚等;(2)具有预防作用。对于法律法规的预防作用主要是通过法律法规的明示作用和执法的效力以及对违法行为进行惩治力度的大小来实现的。法律的明示作用可以使人们知晓法律而明辨是非,即在人们的日常行为中,什么是可以做的,什么是绝对禁止的,触犯了法律应受到的法律制裁是什么,违法后能不能变通,变通的可能性有多少等等。这样人们在日常的具体活动中,根据法律的规定来自觉地调节和控制自己的思想和行为,从而来达到有效避免违法和犯罪现象发生的目的。(3)具有校正作用。也称之为法律法规的规范作用。这一作用主要是通过法律的强制执行力来机械地校正社会行为中所出现的一些偏离了法律轨道的不法行为,使之回归到正常的法律轨道。像法律对一些触犯了法律的违法犯罪分子所进行的强制性的法律改造,使其违法行为得到强制性的校正。(4)具有扭转社会风气、净化人们的心灵、净化社会环境的社会性效益。理顺、改善和稳定人们之间的社会关系,提高整个社会运行的效率和文明程度。一个真正的法制社会应当是一个高度秩序、高度稳定、高度效率、高度文明的社会。这也是法制的最终目的和最根本性的作用。因而政府的权力必须在合乎法律法规的范围内运行。

实际上,政府评奖评优项目中,存在较大数量没有法律法规依据的项目,这些项目的依据是国务院或者省政府的文件,其中以法律法规为依据的约占 33%,以政府文件为依据的约占 67%。政府文件一般是指行政机关针对不特定的公民和组织制定并下发的除法律、行政法规、规章以外的具有普遍约束力的规范性文件。所以政府文件虽具有普遍约束力,但并不具有法律效力,故以此为部分评奖评优项目的依据缺乏说服力。

2. 政府部门独立设立的评奖评优项目过多

目前,西方发达国家的奖励项目数量很少,为数不多的政府性奖项也是由一级政府出面进行颁发,而不是由某个政府部门出面。如英国的不列颠帝国勋章,获得勋章的人选往往是由英国政府以及一些英联邦成员国政府提名的;再如日本的"褒章"是日本政府向德行优秀或在某个领域有突出贡献的人授予的奖励。而国内评奖评优的项目主要由政府某个部门出面评选,数量多、种类杂,奖项权威性不足(见表2、图1)。各类临时性、一般性、局部性的奖励或评比层出不穷,这类评比和奖励普遍存在着"杂、多、乱"等问题,部门多、奖项乱、代表性和影响力弱,缺乏权威性、庄严性和规范性。

表 2 浙江省部分政府部门评奖项目数量统计

负责部门	教育厅	科技厅	卫生厅	住建厅	农业厅	新闻出版局	能源局
项目数量	18	12	5	6	17	4	2

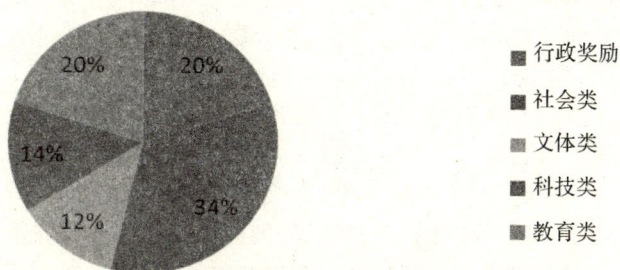

图1 浙江省各类评奖项目占比示意图

以学术界为例,学术鉴定、评价重"虚"而轻"实"的不良倾向明显,考核方法缺少合理性仅仅是表象,其更深层次的原因却是改革滞后、政府"越位"而导致的对科学发展规律的违背。当前,政府有关部门对科研活动的参与的一个重要手段,便是对科研奖励的组织。这看似是对科研的重视,但其实这却是造成学术上"成果"崇拜的一个重要诱因。

3. 评奖混乱

一些评奖项目中,在具体的奖励制度方面如奖励对象、班级规格、评审条件和管理体制方面很不完善。一些奖励存在着随意性,制度化程度低,缺少相应的法律规定;一些奖励内部性、局域性过强,缺乏社会的广泛参与,评奖结果社会效果不佳;还有一些奖励评比过程不够客观,未能体现公正性和客观性。

(三)评奖评优造成的问题

评奖评优包含三大要素:主体、客体、依据和标准。当政府作为评价主体时,而非客体最终服务或者消费对象时,其依据往往是客体的申报材料与主观拟定标准的符合程度。评价主体与受益对象的分离带来了诸多问题。

1. 公共资源的低效配置

从本质上看,评奖评优作为工作抓手,必然伴随着公共资源的再配置,而非市场为导向的资源配置无疑是低效的。我国依据医院功能、设施、技术力量等,按照《医院分级管理标准》,对医院资质进行等级划分,国家资源则依据医院的等级进行分配,等级越高的医院获得的资源越多,等级越低的医院获得的资源就越少。举例而言,2013年由全中国30个临床专科的1579名著名专家学者参与评审的《2012年度中国最佳医院综合排行榜》出炉。根据榜单,北京协和医院、四川大学华西医院和中国人民解放军总医院位列排行榜前三。全国高水平的医疗设备、优秀的医务工作者集中在北上广等经济水平较高的地区,我们不难从这个排行榜得出医疗资源分配低效这一结论。这种从上到下,层级化、等级化、行政化的公共资源配置方式,是导致城乡、地区之间医疗资源不均衡的重要原因之一。

2. 助长了不良风气的滋长

实现评奖评优目的的前提是结果应体现公平、公开、公正的原则。然而,非市场导向的评奖评优容易导致腐败寻租行为的发生,这不仅违背了上述原则,也助长了不良风气的滋长。在人才认定工程、功勋教师等奖项的评定过程中,"弄虚作假"、"托关系"、"拉帮结派"等现象屡见不鲜,不良风气的形成使得评奖评优完全背离了设立的初衷,失去了其应有的价值和作用。因此,评奖评优项目迫切需要一系列风险防范措施和各项制度的保障,奖励评审体系需要有效规避打探专家信息、游说专家等影响评审公正性的不良现象,最大限度地减少评奖评优过程中的人为干扰,保障所有竞争者在同一起跑线上竞争。

3. 不利于被评对象的长远发展

激励和促进被评对象自身的发展是评奖评优的目的。但现实中,被评对象为应对政府不同名目的评奖评优项目,获取由此而带来的资源,在申报材料的准备和公关工作中耗费了大量的时间和资金成本,这显然与评奖评优的初衷相左。同时,被评对象疲于应对各项评奖评优,将其作为工作的指挥棒,忽视了自身发展这一根本目标,不利于被评对象的长远发展。我国至今未有国际公认的学术大师,是对评奖评优不利于被评对象长远发展的注脚之一。

通过观察发达国家的先进经验可以发现,国外知名实验室几乎不对成果的多少加以硬性规定。而是在科研物质条件得到保障的前提下,尽可能营造宽松的学术环境,让科学家出于兴趣和爱好自由探索,才是促进科研进步的关键。因而,当前我们学术上的"成果"崇拜,实质上体现的是一种上下考核带来的弊端。在先进国家,每个科研单位都是责权统一的独立单位,当然可以根据科学自身规律来确定适合的、在质与量之间形成自然平衡的科研考核方法。虽然教育科研单位改革的呼声高涨,但是进展缓慢却是不争的事实。学术单位大多接受着一级一级的行政考核。著名学者齐涛认为,当前动辄选拔、表彰某某拔尖人才,仍是静态的计划经济管理方式,必然弊端丛生。政府完全可以采取市场经济条件下动态的管理方式,对各个领域的科研人才,通过招标实行契约管理,按工作实绩给予报酬,变行政色彩为市场色彩。

三、国外政府部门评奖评优项目的管理经验

在国外一些国家的行政实践中,设立各类奖励、表彰,嘉奖为国家和社会做出贡献的人士,建立较为完整的荣誉制度是一些国家行政奖励体系的重要组成部分,是政府实行行政目标和预期的重要手段之一,是政府发挥职能作用的重要形式。

1. 德国

德国的功勋荣誉制度历经了第二帝国时期、魏玛共和国时期、第三帝国时期不同阶段的发展和变迁,其主要表现形式是勋章和奖章,德国功勋荣誉制度呈现出以下几个特点:

(1)立法保障,管理规范

作为一个法治国家,德国的功勋荣誉制度有着坚实的法律基础。1957 年 7 月 26 日,联邦议院颁布了《头衔、勋章和奖章法》,该法令共 6 条 19 款,对德国头衔、勋章、奖章的授予原则等进行了详细规定,奠定了德国功勋荣誉制度的法律基础。各州政府也制定了相应的法规,对勋章和奖章的意义、授予原则等作出基本的规定。此外,凡设置一种勋章或奖章,必定都有相应的法律或颁授细则,对各种勋章或奖章的设立者、颁授者、颁授对象、颁授条件、造型、佩戴方式等进行详细的补充规定。

(2)结构精简

德国现行的功勋荣誉制度结构比较精简。首先,现行的功勋荣誉制度中,联邦级别的勋章和奖章总共十几种,由功绩类、体育类、消防类和救援类等组成,专门的行业类勋章和奖章较少。其次,不设专门的荣誉管理机构,资格提名和审查大多由州政府、国家政府各部门、军队和行业协会等负责。

(3)以公益性为主

德国现有的各类勋章和奖章中,除了战争类主要是为了表彰或纪念参战军人,其他类的勋章和奖章大多以公益性为主。设立各类勋章和奖章的主要目的都是为了表彰各类为国家和社会作出贡献的人,表彰个人成绩突出的奖项很少。

(4)其他奖项基本交由社会,由各类社会组织负责。例如联邦德国总理奖学金由德国洪堡基金会负责;莱布尼茨奖由德国科学基金会负责;金熊奖也是由社会组织负责。

2. 美国

美国的功勋荣誉制度经过半个多世纪的发展已经日臻完善。目前,美国每年颁发的各种国家级荣誉多达上百项,范围涵盖自然科学、社会科学、人文科学、宗教、军事、医学、体育、娱乐等各个领域。美国的功勋荣誉制度分军事荣誉和非军事荣誉,其中非军事荣誉又分为平民荣誉和非平民荣誉(见图 2)。平民荣誉专门授予公务员和普通民众;专业荣誉专门授予各个领域的专业人士,如科学、文学、艺术、娱乐、卫生等。

美国功勋荣誉制度的完全确立相对较晚,只有短短半个多世纪的时间。它与众多历史悠久的欧洲国家相比,呈现出以下不同的特点:

(1)具有严格的法律效力

美国是总统制国家,因此功勋荣誉主要由总统奖和国会奖两大部分组成,总统奖的设立通常是通过颁发总统令的形式,国会奖一般是通过国会立法的形式产生的。无

图 2 美国军事、平民和专业荣誉占比示意图

论是总统奖还是国会奖,都具有严格的法律效力,并受到法律的特别保护。

(2)没有等级之分

美国的功勋荣誉制度大部分都是不分等级的。以专业荣誉为例,不管是国家科学奖(又称美国全国科学奖,是美国科学界的最高奖项,号称"美国的诺贝尔奖"),还是设于 1956 年的、历史最为悠久的费米奖,都不设等级,也就是说不管是高官还是平民,不管是科学家还是学生,也不管是美国公民还是外国公民,都有机会获得这些殊荣。

(3)侧重精神鼓励

美国的功勋荣誉制度总体上更加注重精神奖励,轻视物质奖励。仍以专业荣誉为例,有"美国科学技术界的诺贝尔奖"的国家科学奖和国家技术奖,都不设奖金,只颁发奖章以表彰科技人员所作出的贡献。此外,美国历史最为悠久的费米奖也只设 37.5 万美元的奖金,平均分给获奖人员。

3. 日本

日本的功勋荣誉制度始于日本明治时期之初,发展至今已有 120 余年的历史。随着社会的发展和时代的需求,日本荣誉制度不断地进行调整、改革和发展,日趋完善,其特点如下:

(1)制度化

日本的功勋荣誉制度自明治初年创立到现在,一直都非常受重视,被视为国家的重要国策,是一项重要制度,贯穿于各个历史阶段,成为日本文化的组成部分,总是与国家的发展目标紧密相连,是社会道德的指向标,对国家的发展和民族的振兴起到了推动作用。

(2)法规化

日本是一个法治国家,非常重视法律法规,政府部门作出的任何一项举措,都必须要有相关的法律依据。因此,日本实施的各级各类功勋荣誉表彰,都有法律依据,主要的依据是《日本国宪法》,有些还是百年前的"太政官布告"、"敕令"、"内阁府令"等历史文件(日本声明这些文件与现在的政令有"同样的效力")。

(3)面向全社会

日本的功勋荣誉制度面向全社会,覆盖各个阶层各个行业,从建立之初就比较完整,尽可能考虑到各个阶层各个领域的所有公民。2003 年设立的"一般推荐制度",即任何人都可以推举优秀人物,无论从事什么行业、做什么工作,无论是政府官员还是普通民众,只要对社会作出突出贡献,都有机会获得奖章和荣誉。

(4)注重精神奖励

《日本国宪法》第十四条规定:"荣誉、勋章以及其他荣誉称号的授予,概不附带任何特权。授予的荣誉称号,其效力只限于现有者和将接受者一代。"日本的赏勋局(专门负责荣誉表彰活动的政府部门)有严格的预算,从 1993 年到 2003 年,赏勋局的经费和其中用于制造勋章、奖章的费用并没有大幅度增加(见表 3)。根据日本宪法规定,日本的功勋荣誉制度与物质奖励不挂钩,是一项"重名轻利"的活动,获奖者也不会因为获得了某项荣誉奖章而名利双收。

表 3　赏勋局经费预算　　　　　　　　(单位:百万日元/年)

预算事项名称	1999 年	2000 年	2001 年	2002 年	2003 年
赏勋局经费	2154	2232	2391	2418	3063
制造勋章、奖章费用	2050	2153	2308	2350	2963

资料来源:赏勋局"平成 15 电镀政策评价书",http://www8.cao.go.jp/hyouka/h15jigo/hyoukasyo17.pdf.

4. 小结

首先,政府设立的任何一项荣誉奖励,都有相应的法律依据。大部分国家对于政府设立的奖项持谨慎态度,每设立一个奖项都会经过充分考虑,论证奖项设立的必要性和合理性,并且在最终确定设立奖项时都会通过一定的法律形式,对奖项的性质、授予对象、评授条件和授予方式等方面作出详尽的规定,以确保评审活动有序进行,确保荣誉奖励的公正性和权威性。这些国家的奖励荣誉体系都具有较高的制度化、程序化、法律化(见表 4)。例如法国的勋章荣誉制度,管理非常严格,多数荣誉都设有专门的管理机构和管理委员会。

表 4　国外政府部门奖项设置的法律依据

	相关法律法规
德国	《头衔、勋章、奖章法》、《德意志联邦共和国勋章细则》、《矿山救援勋章设立法令》、《银质月桂叶奖章设立法令》、《残疾人运动奖章设立法令》等
法国	《民法典》、《荣誉军团与军功奖章法典》、《刑法》等
美国	总统令、国会立法等形式
日本	《日本国宪法》等
韩国	《赏勋法》、《赏勋法施行令》、《政府表彰规定》等

其次,普遍侧重精神奖励,重名轻利。世界上许多国家的国家级奖励大多不设任

何物质奖励,他们更加重视精神层面的鼓励。许多国家会在政府公报等媒体上公布获奖名单,利用各种媒体进行宣传,以表示对获奖者的尊重,获奖者受到全社会的尊敬,从而在社会上形成一种积极向上的精神面貌。在一个国家的行政实践中,政府设立、颁布荣誉奖励,是发挥政府职能作用的重要方式。

再次,多有社会组织的介入,在许多国家的评奖体系中大多有社会组织的参与。在过去的几十年间,这些国家都经历了经济改革和政治改革,政府职能也发生了重大转变,从而在经济领域和社会领域留下了较大的管理真空和服务真空,而这些真空地带就对社会组织产生了强烈的需求,也为各类社会组织提供了良好的发展空间和发展机遇。社会组织也在此期间获得了蓬勃的发展,据调查,在美国每197人中就有一个社会组织,印度每400人中有一个社会组织。1992年联合国里约环境与发展大会通过的《21世纪议程》中第21章要求,各国政府与民间组织要建立起有效的对话机制,以便在可持续发展过程中充分发挥各自的独特作用。事实上,各国政府也逐渐认识并认同社会组织在社会经济发展中的所起的作用,并且开始着手与社会组织建立友好关系,重新厘清政府和社会的关系,把一部分公共事务让渡给社会组织,由社会组织去完成,如美国的国家科学院(The National Academy of Sciences,简称NAS)是美国科学界荣誉性及政府资讯机构,它不是政府部门,而是民间的、非营利性的、科学家的荣誉性自治组织,该组织主导美国国家科学奖等多个奖项的评选工作。尽管美国国家科学院由美国联邦政府于1863年3月3日根据林肯总统签署的国会法令建立,为美国政府提供科学技术方面的咨询服务,但它却是独立于政府的自我管理机构。它没有年度的国会资金拨款,政府是以单独合同和津贴的方式支持科学院。科学院与政府签订合同并得到拨款的项目占其全部的70%,准公共机构、私营公司和基金会也可以赞助科学院承担的项目。政府部门的专家参加科学院的研究工作受到严格的限制,需要满足两个条件:一是与发起研究项目的政府部门和项目有关决策者没有关系,二是不会受到项目研究成果的直接影响。由于科学院独立于政府,在经济上不依附于联邦政府,不受政府部门的行政性领导,能够自我管理,这样就有效地减少了政府部门干预科学院工作的可能性,具体反映在评奖项目上,就能保证评奖的客观性和公正性。

再如日本,它有一套完整的荣誉制度,除了国家级和各级政府部门的荣誉表彰制度之外,日本还专门设有自治团体及公益事业团体等社会组织的荣誉表彰制度。日本的自治团体及公益事业团体的荣誉表彰制度在维护社会正常运行,应对突发事件,以及鼓励人们积极投身于公共事业方面发挥着重要作用。尤其是消防团等自治团体,日本又是一个多地震的国家,因此在应对地震、水灾、火灾等灾难方面,更是有不可替代的重要作用,因此是日本荣誉表彰制度的重要组成部分

社会组织积极参与到评奖系统里有如下几个好处:首先,社会组织的荣誉表彰制度是对政府评奖系统的一个有益补充。社会组织在一些特定的领域中参与甚至是主

导一些荣誉的评比工作,能分担政府的职能,丰富评奖的多样性,促成政府与社会进行有效合作。其次,社会组织的参与能增加政府评奖的透明度和公平度。社会组织都是独立于政府,在经济上不依附于政府,不受政府部门的行政性领导,能够自我管理,一方面能有效地减少政府部门的干预,另一方面社会组织对政府起着敦促和监督作用,从而使得评奖更公平公正。最后,各类社会组织的参与能使评奖的受众面更广。由于社会组织的参与,各类荣誉不再仅仅局限于某一个阶层的人,促使评奖的触角深入到各个阶层,面向整个社会。

四、进一步规范评奖评优项目的政策建议

(一)评奖评优项目清理的原则

1. 以法律法规为依据,在合法性范围内精简

根据《立法法》,由国务院组成部门以部长令形式发布的国务院部门规章以及由地方政府以政府令形式发布的地方政府规章,不属于行政法规。而在政府评奖评优项目中,存在较大数量没有法律法规依据的项目。专家认为,在评奖评优中,没有法律法规依据的行为,都需要取消,有法律法规依据的项目应进行合理性审核。

2. 以合规性为前提,取消不合理项目

随着社会的发展,有部分法律法规在制定时的经济环境和社会环境已经发生了巨大的变化,依据这些法律法规所设立的评奖评优项目已无法适应当下的市场发展的要求,因而这些评奖评优项目欠缺合理性,与社会发展趋势不相适应。因此专家指出,部分有法律法规依据的政府评奖评优行为,如不具备合理性,也需要被调整。在法律法规基础上进一步的进行合理性的审查,有助于促进法律法规的修正和完善,同时也有助于推动政府管理理念和模式根本性的改变。

3. 取消由政府部门独立设立的评奖评优项目

西方发达国家为数不多的政府性评奖评优项目是由一级政府名义颁发的,而不是由政府某部门独立设立的。如英国的不列颠帝国勋章,获得勋章的人选由英国政府以及一些英联邦成员国政府提名;日本的"褒章"是日本政府向德行优秀或在某个领域有突出贡献的人授予的奖励。而国内评奖评优项目绝大部分由政府各部门独立设立,相同奖励目标、同一奖励对象,有出自不同部门的评奖评优项目,由此带来资源配置效率低、奖励效用递减等诸多问题,因此建议取消由政府部门独立设立的评奖评优项目。

(二)评奖评优项目清理的建议

在评奖评优问题上,现实中市场发展的不完善以及社会组织的缺位是不争的事

实。但专家指出,如果政府以此为理由,不向市场和社会组织下放评奖评优权力,畏惧放权可能带来的暂时阵痛,则评奖评优项目的清理将难有结果。

1. 发挥市场在评奖评优中的决定性作用

党的十八届三中全会指出,要紧紧围绕使市场在资源配置中起决定性作用深化经济体制改革,经济体制改革是全面深化改革的重点,核心问题是处理好政府和市场的关系,使市场在资源配置中起决定性作用和更好地发挥政府作用。目前,由于我国市场的发展不够完善、成熟度不够高,再加上政府部门仍旧习惯以决策、命令、组织、行政审批等方式直接介入经济生活,干预市场主体的行为,导致政府"越位"、"错位"现象还时有出现。因此要厘清政府与市场的边界,对于市场主体能够自主决定的,市场竞争机制能够自行调节的事项,应该交由市场,由市场去承担。

市场具有实现效率、优化资源配置、协调公平的积极作用。被评对象的好坏应由市场评定,而不应、也难以由政府评定。某企业生产的精密轴承是"国家优质产品",但事实上企业生产的产品并不为市场所认可,销量逐年锐减,企业运作困难,人才难以为继,面临着倒闭、被收购的尴尬境地。所谓的"国优"在市场中只是"虚名"。可见我们应该严格按照市场规律办事,政府权力要勇于"做减法",给市场松绑,释放市场活力,发挥市场的决定性力量。

2. 逐渐放权于社会组织,让社会组织主导评奖评优工作

政府、市场和社会共同构成了现代社会的三大体系。这三大体系彼此融合、相互交叉,社会组织与政府和市场广泛的深度合作,将为建设一个多元化社会奠定基础。在国外,各大奖项基本上是社会组织或者非营利性组织进行评定和颁发,如诺贝尔基金会负责颁发诺贝尔奖、日本奥斯卡奖协会负责颁发日本电影学院奖、日本文学振兴会负责颁发芥川龙之介奖等。

党的十八届三中全会指出要改进社会治理方式,激发社会组织活力,因此我们要厘清政府和社会的边界,对于社会组织能够自律管理的事项,政府要放手交给社会。但同时我们也应看到目前国内的社会组织发展缓慢,尚不具有承担评奖评优工作的公信力和能力。因此政府部门应在逐渐向社会组织放权的同时,积极引导社会组织规范化运作,逐渐培育其开展评奖评优工作的能力与公信力。

3. 加快政府职能转变,改进政府治理方式

政府权力清单是改进政府治理方式的核心问题。党的十八届三中全会明确指出,要推行地方各级政府及其工作部门权力清单制度,依法公开权力运行流程。世界银行于1997年提出可以利用三个基本的激励机制来提高政府能力:有效的法则与限制措施;更大的竞争压力;更多地倾听人民的呼声,鼓励更多的民众参与。

首先,以法治权,打造法治政府。"权力必须要受到制约的思想"有着深厚的理论基础,可以追溯到古希腊时期,从苏格拉底、柏拉图一直到亚里士多德,他们都认为法

律是至高无上的。西方的许多法治国家正是遵循着这一理念,都奉行着一条原则——"法无授权不得行",体现了政府权力必须受到法律制约。布坎南认为政治活动家们似乎具备着一种天然的倾向去扩大政府的行动范围和规模,去跨越任何可以想象的公共界限,这也说明了权力必须受到法律的制约。因此"法治"是改进政府治理的前提,政府的权力必须法治化,只有用宪法和法律约束住政府才能有效地推动经济和社会的发展。

其次,鼓励公民参与,让权于社会。"善治"是使公共利益最大化的社会管理过程,它的本质特征在于是政府与公民对公共生活的合作管理,强调政府与公民的良好合作以及公民的积极参与,实现管理民主化。国际权威评估机构也已把公共事务管理作为衡量一国政府施政目标和治理水平的重要指数,把公众在公共事务中的地位和参与程度,作为衡量一个社会民主文明进步的尺度。如果公民都能积极地参与到社会事务中来,就能有效地推动政府治理现代化的进程。政府应该完善公民参与的方法和渠道,健全公民参与机制并加强公民参与的制度化建设,不断提高公民的参与能力;通过政府权力清单,把一部分权力让渡于社会,发挥社会组织的力量,与社会保持互动良好的合作关系。

4. 坚持改革的勇气,在国内树立改革示范

目前各省有较多数量的评奖评优奖项是国家设立项目的转报,取消部分评奖评优项目将使地方失去获得国家资源的机会。但在寻求完成治理逻辑、管理模式、管理方式的改变的过程中,我们需要有牺牲眼前利益的勇气,在国内建立改革示范是浙江作为国内体制机制改革的先发区域应该担负的责任。

(作者简介:蔡宁,浙江省公共政策研究院副院长,浙江大学公共管理学院教授、博士生导师;吴结兵,浙江大学公共管理学院副教授;郭郑萍,浙江大学公共管理学院硕士研究生)

附件：浙江省部分评奖评优项目一览表

序号	分类	奖项名称	实施依据	负责机构
1	行政奖励	干部保健医护人员考核、表彰奖励	文件：关于印发《浙江省干部保健工作规则及相关制度的通知》（浙保健发〔2011〕1号）中《浙江省干部保健工作规则》中第四章第八条及《浙江省干部保健工作表彰奖励办法》	卫生厅
2	行政奖励	爱国卫生先进单位和先进个人工作表彰奖励	法规：《浙江省爱国卫生促进条例》第六条第一款	卫生厅
3	行政奖励	对突发公共卫生事件应急处置及防范中做出显著成绩和贡献的单位和个人给予表彰和奖励	法律：《中华人民共和国突发事件应对法》第五章，《中华人民共和国传染病防治法》第一章；法规：《突发公共卫生事件应急条例》第一章	卫生厅
4	行政奖励	传染病、艾滋病、血吸虫病、预防接种、精神卫生工作先进单位和个人的表彰奖励	法律：《传染病防治法》第十一条，《精神卫生法》第十二条法规：《艾滋病防治条例》（国务院令第457号）第九条，《血吸虫病防治条例》（国务院令第463号）第七条，《疫苗流通和预防接种管理条例》（国务院令第434号）第八条	卫生厅
5	行政奖励	对在城建档案工作中做出显著成绩的单位和个人的表彰和奖励		浙江省住建厅
6	行政奖励	浙江省城市市容环境卫生工作先进集体和优秀城市美容师评选表彰		浙江省住建厅
7	行政奖励	浙江省"钱江杯"优秀工程勘察设计项目和优秀工程勘察设计方案评选		浙江省住建厅
8	行政奖励	住房公积金管理法规、政策执行情况贯彻执行较好单位和个人的通报表扬		浙江省住建厅

续表

序号	分类	奖项名称	实施依据	负责机构
9	行政奖励	对在世行贷款项目工作中做出显著成绩的单位和个人的表彰和奖励		浙江省住建厅
10	行政奖励	统计系统先进集体、先进工作者评选		浙江省住建厅
11	行政奖励	全省外事工作评优	《浙江省政府系统评比达标表彰活动保留项目》	浙江省外事厅
12	行政奖励	安监局行政奖励	《安全生产法》《浙江省安全生产条例》《国家安全监管总局、财政部关于印发安全生产举报奖励办法的通知》	安监局
13	行政奖励	会同省总工会组织开展省重点建设项目立功竞赛活动,并提出立功竞赛先进集体和个人建议名单上报省政府	《关于转发省直单位评比达标表彰活动核查情况通报的通知》,省委、省政府办公厅颁发的"浙江省检查、评比达标活动许可证"编号:2008－5号	能源局
14	行政奖励	对在循环经济管理、科学技术研究、产品开发、示范和推广工作中做出显著成绩的单位和个人给予表彰和奖励	《中华人民共和国循环经济促进法》	能源局
15	社会发展类(奖励)	无偿献血表彰	法律:《中华人民共和国献血法》第十七条文件:《关于印发〈全国无偿献血表彰奖励办法(2009年修订)〉的通知》	卫生厅
16	社会发展类(奖励)	农业和农村经济发展奖励	《中华人民共和国农业法》第八条第二款	农业厅
17	社会发展类(奖励)	农技推广工作奖励	《中华人民共和国农业技术推广法》第八条;《浙江省实施〈中华人民共和国农业技术推广法〉办法》第三十一条	农业厅
18	社会发展类(奖励)	动物防疫工作奖励	《中华人民共和国动物防疫法》第十一条《浙江省动物防疫条例》第九条第二款	农业厅
19	社会发展类(奖励)	草原保护相关工作奖励	《中华人民共和国草原法》第七条	农业厅

续表

序号	分类	奖项名称	实施依据	负责机构
20	社会发展类（奖励）	食用农产品违法行为举报奖励	《国务院关于加强食品等产品安全监督管理的特别规定》第十九条第一款	农业厅
21	社会发展类（奖励）	基本农田保护工作奖励	《基本农田保护条例》第七条	农业厅
22	社会发展类（奖励）	植物检疫工作奖励	《中华人民共和国植物检疫条例》第十七条；《浙江省植物检疫实施办法》第十七条	
23	社会发展类（奖励）	植物新品种保护工作奖励	《植物新品种保护条例》第四条	农业厅
24	社会发展类（奖励）	野生植物保护工作奖励	《中华人民共和国野生植物保护条例》第五条第二款	农业厅
25	社会发展类（奖励）	畜禽品种保护工作奖励	《种畜禽管理条例》第四条第二款	农业厅
26	社会发展类（奖励）	重大动物疫情应急处理工作奖励	《重大动物疫情应急条例》第七条	农业厅
27	社会发展类（奖励）	农作物病虫害防治工作奖励	《浙江省农作物病虫害防治条例》第七条	农业厅
28	社会发展类（奖励）	农民负担工作奖励	《农民承担费用和劳务管理条例》第三十三条	农业厅
29	社会发展类（奖励）	新品种区试审定奖励	《主要农作物品种审定办法》第三十一条	农业厅
30	社会发展类（奖励）	农作物品种选育推广奖励	《中华人民共和国种子法》第四条	农业厅
31	社会发展类（奖励）	种子检验工作奖励	《农作物种子检验员考核管理办法》第十九条	农业厅
32	社会发展类（奖励）	农作物种子种质资源保护管理工作奖励	《农作物种质资源管理办法》第六条	农业厅
33	社会发展类（奖励）	全国先进表彰	《中华人民共和国献血法》、《浙江省实施〈中华人民共和国献血法〉办法》、《全国无偿献血表彰奖励办法》	献血管理中心
34	社会发展类（荣誉）	本土跨国公司的评估排名	《浙江省人民政府关于统筹省内发展和对外开放加快实施走出去战略的意见》	浙江省科技厅

续表

序号	分类	奖项名称	实施依据	负责机构
35	社会发展类（荣誉）	指导异地浙江商会参加社会组织等级评估	《中共浙江省委办公厅、浙江省人民政府办公厅关于进一步加强省外浙江商会建设促进浙商创业创新的意见》、《浙江省人民政府经济合作交流办公室主要职责内设机构和人员编制规定》、《浙江省民政厅关于规范异地商会登记管理工作的通知》	浙江省科技厅
36	社会发展类（荣誉）	网上技术市场优秀市、县（市、区）评选	《关于进一步培育和规范浙江网上技术市场的若干意见》	浙江省科技厅
37	文体类（奖励）	组织浙江树人出版奖评奖工作	浙委办抄〔2002〕第1号，省政府历年目标责任制系统文件。	新闻出版局
38	文体类（奖励）	组织开展中国出版政府奖评选初审	国家新闻出版广电总局《关于开展第三届中国出版政府奖评表彰活动的通知》（新出字〔2013〕242号）	新闻出版局
39	文体类（奖励）	组织开展中国出版政府奖评选初审	《关于开展第三届中国出版政府奖评选表彰活动的通知》	浙江省新闻出版局
40	文体类（荣誉）	省级体育特色学校评定	《教育部办公厅关于开展"体育、艺术2＋1项目"实验工作的通知》	教育厅
41	文体类（荣誉）	省级艺术特色学校评定	《教育部办公厅关于开展"体育、艺术2＋1项目"实验工作的通知》	教育厅
42	文体类（荣誉）	全省中小学生课外文体活动工程示范区评定	《教育部办公厅关于开展"体育、艺术2＋1项目"实验工作的通知》、《关于加强青少年体育增强青少年体质的实施意见》	教育厅
43	文体类（荣誉）	省级高校体育特色项目建设	《中共中央、国务院关于加强青少年体育增强青少年体质的意见》、《关于加强青少年体育增强青少年体质的实施意见》	教育厅

续表

序号	分类	奖项名称	实施依据	负责机构
44	文体类（荣誉）	高校校园文化品牌评比表彰	《中共浙江省委办公厅、浙江省人民政府办公厅关于深入推进大学生思想政治教育工作的若干意见》	教育厅
45	科技类（奖励）	省农业科技成果转化推广奖评审	《浙江省政府办公厅关于印发浙江省农业科技成果转化推广奖励办法的通知》，省委、省政府《关于加快推进农业科技创新的若干意见》	浙江省科技厅
46	科技类（奖励）	组织评选和推荐专利奖	《中国专利奖评奖办法》、《关于进一步发挥专利支撑作用促进经济转型升级的若干意见》	浙江省科技厅
47	科技类（荣誉）	国家火炬高新技术企业推荐	关于印发《国家火炬计划重点高新技术企业管理办法》的通知	浙江省科技厅
48	科技类（荣誉）	国家知识产权软科学研究计划项目的申报推荐	国家知识产权局的通知	浙江省科技厅
49	科技类（荣誉）	国家高新技术产业化基地推荐	《国家高新技术产业化基地认定办法》、《关于进一步做好国家高新技术产业化基地工作的通知》	浙江省科技厅
50	科技类（荣誉）	火炬计划特色产业基地推荐	《国家火炬计划特色产业基地认定条件和办法》	浙江省科技厅
51	科技类（荣誉）	中科院、工程院院士候选人初选推荐	《中国科学院院士章程》、《中国科学院院士增选工作实施细则办法》	浙江省科技厅
52	科技类（荣誉）	国家级知识产权示范和优势企业申报推荐	《全国专利事业发展战略（2011—2020年）》、《关于开展国家级知识产权优势企业和示范企业培育工作的通知》	浙江省科技厅
53	科技类（荣誉）	国家创新型试点城市申报推荐	《关于进一步推进创新型城市试点工作的指导意见》	浙江省科技厅
54	教育类（奖励）	大学生创新实践能力示范项目遴选	《浙江省教育厅关于"十二五"期间全面提高高等职业教育教学质量的实施意见》	教育厅
55	教育类（荣誉）	省普通高校优秀毕业生确认	《普通高等学校学生管理规定》	教育厅

序号	分类	奖项名称	实施依据	负责机构
56	教育类(荣誉)	高校中青年学科带头人评选	不定期发文布置	教育厅
57	教育类(荣誉)	县级教师培训机构示范性评估	《教育部办公厅关于开展示范性县级教师培训机构评估认定工作的通知》	教育厅
58	教育类(荣誉)	浙江省功勋教师奖	《中华人民共和国教师法》、《教师和教育工作者奖励规定》、《关于设立功勋教师奖的通知》	教育厅
59	教育类(荣誉)	浙江省农村教师突出贡献奖	《中华人民共和国教师法》、《教师和教育工作者奖励规定》、《浙江省农村教师突出贡献奖评选暂行办法》	教育厅
60	教育类(荣誉)	浙江省高校优秀教师奖	《中华人民共和国教师法》、《教师和教育工作者奖励规定》、《浙江省教育厅、浙江省人力社保厅、浙江省财政厅关于开展第一批"浙江省高校优秀教师"评选表彰工作的通知》	教育厅
61	教育类(荣誉)	浙江省高校优秀辅导员奖	《普通高等学校辅导员队伍建设规定》	教育厅
62	教育类(荣誉)	浙江省中小学师德楷模奖	《中华人民共和国教师法》、《浙江省党群等系统评比达标表彰活动保留项目目录》	教育厅
63	教育类(荣誉)	浙江省教育现代化县(市、区)评估认定	《教育督导条例》、《中共浙江省委办公厅、浙江省人民政府办公厅关于在全省开展教育现代化县(市、区)评估工作的通知》、《浙江省人民政府教育督导室、浙江省教育厅关于印发〈浙江省教育现代化县(市、区)评估操作标准〉的通知》	教育厅
64	教育类(荣誉)	浙江省十佳大学生奖	《中共中央、国务院关于进一步加强和改进大学生思想政治教育的意见》	教育厅
65	教育类(荣誉)	浙江省高等教育教学成果奖	《教学成果奖励条例》	教育厅
66	教育类(荣誉)	中小学省级三好学生评选表彰	《中共中央、国务院关于进一步加强和改进未成年人思想道德建设的若干意见》	教育厅

作者
金少胜
包迪鸿

政府权力清单中的权力缺位问题分析

内容提要：改革开放以来，经济社会取得了快速发展，政府职能也发生了较大变化。2013 年 11 月，党的十八届三中全会审议通过的《中共中央关于全面深化改革若干重大问题的决定》提出，推行地方各级政府及其工作部门权力清单制度，依法公开权力运行流程，政府职权清理问题开始进入公众视野。2014 年 3 月 5 日，李克强总理在政府工作报告中强调要建立权力清单制度，并一律向社会公开。这是权力清单首次出现在我国政府工作报告之中。此后，李克强总理在各级会议上多次强调要加快推进权力清单制度，界定权力的边界，防止滥用权力。2014 年年初浙江省委、省政府统一部署，开始对 56 个省级部门全面开展权力清理工作。在参与权力清单清理工作时，我们注意到政府权力存在缺位等问题，并进行了探讨和分析，认为克服权力缺位，将有助于加快服务型政府建设。

关键词：权力清单；改革；权力缺位；治理现代化

一、权力缺位的原因剖析

习近平总书记在 2014 年 5 月下旬主持中央政治局第十五次集体学习时，强调各级政府一定要严格依法行政，切实履行职责，该管的事一定要管好、管到位，该放的权一定要放足、放到位，坚决克服政府职能错位、越位、缺位现象。其中习总书记所提到的三"位"现象，根源在于政府与市场的关系定位不准、职能不明，导致权力失位。因此，要理顺政府及其部门的职、权、责三者关系，做到职权匹配、权责对称、公开透明，否则极易引起政府及其部门多层管理、交叉管理和权力越位、错位和缺位。权力越位、错位的背后也可以归结为是权力缺位,是监督权力的缺位。

（一）职与权不匹配导致乏力性的权力缺位

当政府部门有职但缺权或少权,事权与财权不匹配,部门间职能不明、权力不清,都会导致政府在治理或监管工作中出现管理真空,这种权力缺位并非主观纵容,是权不符职的结果,有时也能预见缺位可能引致的社会损失,但乏权无术。这类缺位实质是立法层面上存在赋权缺陷引致。因此要理顺政府及其部门职权关系,依法赋权,既要避免权力交叉,也要防止赋权不足。

（二）权与责不对称引致有意性的权力缺位

任何组织管理活动向来要求权责明确,权责一致。如果出现有权无责或是有责无权,权大责小或是权小责大等权责不对称时,势必会影响组织管理活动的效率和效果。经济社会发展越快,社会经济活动就愈趋多样性和复杂性,政府部门权责不对称引发的问题就越多。"权力小、责任大"往往会影响政府部门工作上的创新进取,担责压力过大,工作就会限于循规蹈矩。近年来有些政府部门中流行的所谓"想通"主义和"有条件不上,没有条件创造逆条件也不上"等谬论,便是受其影响。

（三）权与利不分离出现机会性的权力缺位

政府部门和官员一样带有经济理性的特性,即在组织或管理社会经济活动过程中,当其面临几个不同选择机会时,倾向于选择能给自己或部门带来更大利益的那种机会,导致政府部门在资源配置过程中会出现自利倾向和潜规则,选择性地出现权力缺位。这就要求政府部门要将权力执行与相关利益相剥离,以避免政府部门见利越位、遇挫就缺位的行径。

（四）信息不透明诱致寻租性的权力缺位

政府部门作为社会经济活动中最大的信息拥有者,在履行政府职能时,如若信息不透明公开,就容易为权力寻租提供庇护,诱致公权力与私权益产生畸形联系。权力寻租的结果必然导致权力移位,这对非受益群体而言便是一种权力缺位,公权私用直接损害公共利益,侵犯他人权益,影响社会经济的和谐发展。

二、浙江省权力缺位的成因

在 2004 年 3 月,国务院就发布了《全面推进依法行政实施纲要》,其中对依法行政的权责问题、合法合理问题提出了详细的要求。2008 年 6 月,国务院又发布了《关于加强市县政府依法行政的决定》,将依法行政的落实问题直接下移到了市县一级。但是,规定毕竟是规定,每每到了落实层次,"权力越位"现象仍不为鲜见。2014 年初,浙江省委、省政府统一部署,专门成立课题组对 56 个省级部门全面开展职权清理工作。在开展政府职权清理过程中,课题组注意到部分公众关心的问题未能通过政府权力清单制度进行有效监管,也就是存在所谓的"权力缺位"问题,课题组专门针对权力缺位问题进行了研讨分析,并提出了一些对策建议。

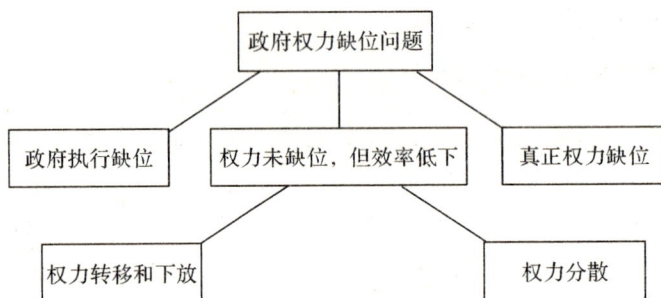

图 1　政府权力缺位问题分析

根据研讨结果,政府权力缺位问题产生的原因如图 1 所示,主要是三个方面:
(1)政府执行缺位;
(2)权力未缺位,但效率低下(又可归因于权力下放和权力分散);
(3)真正权力缺位。

(一)政府执行缺位

浙江省政府权力清单梳理中坚持的五项原则("职权法定、简政放权、便民高效、权责一致、公开透明")中,首先必须坚持的是职权法定,一切行政权力必须源于法律法规的授权,明确非授权即禁止原则。但是,对于许多公众关心的社会问题,并不是缺少源于法律法规的授权,而是缺少政府的有效执行。比如在水环境的监督和管理过程中,其实已经制订有各种相关法律法规,但由于政府执行缺位,水环境质量每况愈下。

因此,解决政府执行缺位问题必须坚持"权责一致"原则。公布政府及部门的权力清单,也就同时公布了其责任清单,违法或者不当行使权力,将依法承担法律责任。要做到"权责一致",凸显了配套建立执行缺位监督问责机制的重要性。如何制定公开公正的问责制度,明确政府权力缺位的渎职成本,将是有效实行政府权力清单制度的关键所在。

（二）权力未缺位，但效率低下

第二类政府权力缺位问题，也不是真正意义上的权力缺位，事实上法律法规已经有相关授权，而是由于政府执行效率低下引起，具体可能是因权力转移和下放，以及权力分散而引起。

1. 权力转移和下放

在浙江省政府权力清单清理过程中，强调"减权"、"简政放权"，以减少政府对微观事务的管理和干预，在许多部门确实具有实施必要。其中，主要是职权转移和职权下放①。但是，这里存在"不该转的权力转移、不该放的权力下放"问题，因此产生的监管不到位，政府权力缺位问题可能出现。

2. 权力分散

为了实现"简政放权"，浙江省政府积极进行职权整合，要求工作内容相同或相似，具有前后环节反复核准、审查、确认等情况的，原则上予以整合。这里的整合主要是针对类似权力的"减权"整合，并没有考虑政府部门高效行使某项监管职能而开展的部门间权力的整合，因而可能表现出政府权力缺位现象。比如，食品安全的监管问题是关系重大的民生问题，缺乏有效监管。在权力清单清理过程中，我们发现食品安全监管的权力分散在农业厅、林业厅、海洋渔业局、工商行政管理局等各个不同部门，其中，农业厅监管农产品安全，林业厅负责林产品安全，海洋渔业局对应水产品安全，质量技术监督局负责食品生产加工，而流通又由工商行政管理局负责监管等等。为了提升食品安全问题的监管效率，可以参考美国 FDA（Food and Drug Administration）②的组织方式对食品安全问题进行系统性的考虑，将分散在各个厅局的权力整合到浙江省食品药品监督管理局统一行使，提升权力行使效率。

（三）真正的权力缺位

我们探讨的所谓"政府权力缺位问题"主要可以归结为上述两大类问题，就目前各

---

① 2014 年 3 月，蔡奇副省长《在全省推行权力清单制度电视电话会议上的讲话》中提到，"职权转移：对于行业技术标准规范制定、行业统计分析和信息预警、行业学术和科技成果评审推广、行业纠纷调解等行业管理和协调事项，原则上转移给行业组织承担。对公民、法人和其他组织水平能力的评价、认定，以及相关从业、执业资格、资质类管理，原则上交由社会组织自律管理。职权下放：直接面向基层、量大面广、由地方管理更方便有效的经济社会事项，一律下放管理。对行政许可、行政处罚、备案、年检、行政确认、行政给付、行政征收等行政权力，除法律法规明确规定由省级部门行使外，按照方便办事、提高效率、便于监管原则，一般下放市县政府主管部门就近管理。"
② 美国 FDA，即美国食品药品监督管理局，是国际医疗审核权威机构，由美国国会即联邦政府授权，专门从事食品与药品管理的最高执法机关。

个厅局提出的权力清单而言,真正的权力缺位问题其实是相对较少的。由于政府权力清单制度要求政府"法无授权不可为",因此,如果存在真正的权力缺位问题,必须通过提请人大修改相关法律法规或进行制订相关法律法规,进行妥善解决。

(四)政府权力缺位的动态性

上面的"政府权力缺位问题",主要是根据目前各个厅局提出的权力清单静态而言的,但是,我们必须认识到政府权力清单改革并不是一劳永逸、固定不变的,政府权力清单建设将是一个动态的过程,经过一定时间段后需要加以适当修正。因此,政府权力缺位问题同样是一个动态的问题,在权力清单公开后,需要根据政府权力缺位问题的具体表现进行增补与纠偏。

此外,改革开放以来,中国政府一直是"管制型政府"、"发展型政府",并曾经在中国经济发展中发挥了积极作用。目前,政府权力清单制度的目的之一在于促进政府职能转变,希望通过"简政放权"实现从"管制型政府"向"服务型政府"转变。在政府权力清单清理过程中,我们强调"减权",但是,并不能全盘接受西方主流经济学的观点,简单地认为"服务型政府"就是在经济发展过程中介入得越少越好。

因此,上述政府权力缺位问题的讨论中,我们讨论的范围仅仅局限在"管制"类权力的缺位问题,而并不能将讨论范围扩展到所有政府行为。为实现从"管制型政府"向"服务型政府"的转变,减少"管制"类政府行为,增加"服务"类政府行为非常重要,相反,对于能够积极促进产业经济发展的相关政府行为一直以来都是迫切需要加强的。

三、浙江省权力缺位的对策分析

(一)实施权力清单制度,明确政府职能边界

推行权力清单制度就是要通过职权法定来明确政府及其部门的职能边界,以保证权力运行的公平、公正和公开。政府职能边界一直被诟病,"该管的不管,不该管却管"就是形容政府对社会经济管控之手的随意性。交叉管理、多头管理、多层管理都是内部权力配置失衡的结果。因此权力配置时,要在信息充分的基础上合理、科学地进行配置,而且要考虑整个产业链、活动链的影响,尽量避免在一个产业链或活动链上涉及多个行政主体,容易引起多头管理或管理缺位。

(二)健全权力运行机制,消除懒政躲事推责

政府的行政权力是一把双刃剑,运用得当,令行禁止,可以有效保护公共权益和维护社会经济秩序;运用不当,公权滥用,或是权力失位,就会导致资源配置上失衡和他

人权益受损。推行权力清单制度,有助于健全权力运行机制。通过清权、确权、配权等制度安排使权责主体明晰,可以避免政府部门之间争权夺利、推责诿过,也可以消除慵懒散漫、人浮于事的不良作风。

(三)强化监督问责机制 保障权力阳光运行

法国启蒙思想家孟德斯鸠曾诚言:"任何拥有权力的人,都易于滥用权力,这是万古不变的一条经验。有权力的人们使用权力一直到遇到有界限的地方才休止。"这个"有界限的地方"除了内部约束机制形成的自律警戒线外,还应在外层加一套科学、公开、透明的权力监督高压线,将权力真正关进制度笼子里、晒在阳光下,接受公众和舆论的监督,使得寻租等权力腐败无处遁形。

此外还应有严格、实质的问责制度,加大权力缺位越位等不作为或乱作为的渎职成本,不能流于形式,问责制度也要公开公正。即便有公众和舆论的监督,"问责风暴"一过官员便能异地安然复出,某些官员不降反升,带"病"提拔等。问责程序形同虚设,缺乏实质的惩戒制度和相应的问责监督机制,将极大损害政府公信力。

(作者简介:金少胜,浙江大学管理学院农业经济与管理系副主任。包迪鸿,浙江大学公共政策研究院理事会秘书长,浙江大学管理学院党委书记兼副院长)

作者
钱雪亚
杨遴杰

浙江省资格资质认定改革报告

内容提要：合理的资格资质认定，对于经济活动可以起到合理配置资源、控制危险、减少社会交易成本的作用。但是当前我国由政府掌握资格资质认定权力的方式，设置了诸多行政壁垒和管控事项，束缚了社会主体的活力。结合浙江改革的思路与江苏宿迁改革的经验，本研究提出减少资格资质认定事项数量，保留事项去行政化的改革框架。

关键词：浙江；政府改革；权力清单

一、政府资格资质许可管理的背景

与国外普遍由社会机构对各类企业和个人进行资格资质管理不同，在我国资格资质认定的权力往往由政府掌握，形成一项独特的行政权力，是我国行政许可的一种类型，是对行政行为相对人是否具备某种资格资质的认定，以及认定后从事某项工作的许可。其主要功能是提高从业水平或者某种技能信誉，适用于为公众提供服务以及与公共利益直接有关并且具有特殊信誉或者特殊技能要求的自然人法人或者其他组织。资格资质的认定，一般都要通过考试方式并根据考试结果决定是否认可(陈辉，2002)。

合理的资格资质认定，对于经济活动可以起到合理配置资源、控制危险、减少社会交易成本的作用。然而，作为"资质"和"资格"的这些条件和能力的认定，应该是通过"市场筛选"还是"行政确认"，各国做法不同。我国目前采取的是行政确认方式，《行政许可法》中规定："提供公众服务并且直接关系公共利益的职业、行业，需要确定具备特殊信誉、特殊条件或者特殊技能等资格、资质的事项",可以设立行政许可,并要求"赋予法人或者其他组织特定的资格、资质的,行政机关根据申请人的专业人员构成、技术条件、经营业绩和管理水平等的考核结果作出行政许可决定"。同时还规定,"地方性法规和省、自治区、直辖市人民政府规章,不得设定由国家统一确定的公民、法人或者其他组织的资格、资质的行政许可"。可见从法律层面,我国允许政府设置资格、资质许可,但也对许可决定作出的程序以及防止地方过多设置许可进行了限定。

在我国,长期由政府实施资格资质认定管理,不可避免地会出现行政许可共有的一些问题,包括适用范围太广,违规设置,重复交叉设置,管理部门重叠,滥收费,以及缺乏自律监管等,为腐败的产生和部门垄断地方利益的形成提供了可乘之机,影响了政府形象和行政效率,增加了公民法人的负担(马怀德,1997)。政府的资格资质认定的负面效果最终直接影响了市场效率,阻碍了经济发展,李克强总理指出,我国就业创业难,与政府部门的资格资质要求多、认定多、考试多、证书多有相当大的关系。据统计,目前国务院部门许可的个人资格有110项,各级政府部门颁发的资格资质证书有229种;资格资质认定名目繁多,共有90个工种实行就业准入制度、38个专项职业能力考核项目,事实上抬高了就业门槛,漫长的认定过程挡住了不少人的就业创业之路[①]。

新一届政府把政府职能转变作为深化行政体制改革的核心,按照政府职能向创造良好发展环境、提供优质公共服务、维护社会公平正义转变的要求,推进职能转移,着力解决政府与市场、政府与社会的关系问题,充分发挥市场在资源配置中的决定性作用,更好地发挥社会力量在社会事务管理中的作用,推进职能整合,着力解决职责交叉、推诿扯皮问题,提高行政效能。从这样的基本思路出发,在2013年出台的《国务院机构改革和职能转变方案》中,明确提出要减少资格资质许可和认定,规定"除依照行政许可法要求具备特殊信誉、特殊条件或特殊技能的职业、行业需要设立的资格资质许可外,其他资格资质许可一律予以取消。按规定需要对企业事业单位和个人进行水平评价的,国务院部门依法制定职业标准或评价规范,由有关行业协会、学会具体认定"。

国务院对资格资质认定的改革思路非常明确,一是尽可能减少不必要的资格资质认定,二是发挥有关行业协会、学会的作用,由他们具体认定企事业单位和个人的水平,三是在当前行政许可还无法完全退出的情况下,政府的许可仅仅是对认定结果的形式性承认,而不作实体性审查。2014年,在国务院第七批取消下放行政审批项目等的事项中,集中取消11项准入类专业技术人员资格。

---

① 李克强:就业难与政府资格资质要求多有关系,http://bjyouth.ynet.com/3.1/1305/15/8010219.html

二、浙江省资格资质认定管理的现状与改革思路

(一)浙江省资格资质认定管理的现状

根据浙江省编办对各厅局权力清单的梳理,现行政府权力中,直接包含有"资质"、"资格"字样的涉及许可、认定、审批、核准、登记等的权力 140 项。内容有"集成电路企业资质管理审核"这样针对大众化产品生产许可的,也有"道路运输从业人员资格认定"这样针对一般化工种从业许可的。除了列入行政许可的资格资质认定事项外,还有由各个部门文件设定的资格资质类事项,如省级农业经营新型主题资格认定、小额贷款公司高管任职资格核准、物业服务企业资质认定等,尤其在检验检测领域,从事检测检验、规划设计、评估咨询、中介服务等资格资质的机构大都由政府部门所管所办,容易形成市场垄断①。

资格资质认定作为一项行政权力,表现为典型意义上的"行政许可",以及与这一"行政许可"相配套的"行政处罚"。从各厅局自身梳理的行政权力清单看,"行政许可"类权力和相应的"行政处罚"类权力,构成了目前政府部门权力的主体内容。如果将涉及经营许可、从业许可、等级评定、待遇享受等,尽管不包含"资质"、"资格"字样,但本质上也属于"资质、资格"类认定的行政事项汇总,仅住建厅、国土厅、教育厅、人防办、安监局、统计局、测绘局、地勘厅等 8 个厅局就有 153 项,而与这 153 项配套的"行政处罚"事项更多达 263 项。

(二)改革思路

浙江省在资格资质认定改革上,遵循国务院改革方案的精神,计划对没有法律、法规、规章依据而实施的各种资格资质认定一律取消,以鼓励市场主体自由经营,充分激发社会活力。

具体方法上,浙江省将分步推进"两个分离",即管办分离和利益脱离。第一步,将各类资格资质机构的咨询中介业务从各主管厅局下属的事业单位中剥离出来,交由相关企业承担。第二步,承担咨询中介业务的企业仍然是主管厅局的下属企业,仍然存在利益链的,要将这些企业从各主管厅局中分离出来,进行改制或作为国有企业划归国资委管理,使之成为真正的市场主体,实现公平竞争。

---

① 浙江攻克权力清理三大难题,http://www.legaldaily.com.cn/xwzx/content/2014-06/12/content_5589953.htm

三、专家对政府资格资质认定管理的评价

浙江大学/浙江省公共政策研究院结合省政府职权清理工作,组织专家对政府资格资质认定管理开展了专题讨论,形成一些共识。

(一)积极作用

资格资质认定曾经将行政相对人从计划经济管理的"笼子"里部分地"解放"出来,这是行政管理的一大进步。在国有体制一统天下的环境里,一个市场主体聘用怎样的从业人员、建立怎样的组织机构、承担哪些业务等等,不需要任何规则和规章,行政指令一贯到底,行政相对人本质上是被"关在笼子里"的,从而资格资质问题不存在。自从明确社会主义市场经济体制后,资格资质认定作为一种行政方式被实施,其作用表现为:将一部分具备"资格资质"的行政相对人从"笼子"里解放出来,成为具有一定自主决策权的市场主体。放在这一历史背景下观察,政府作为主体以"资格资质认定"方式管理社会,是政府行政的一大进步。

(二)负面影响

尽管行政化的资格资质认定考试与鉴定在一定程度上规范了市场经营活动,但由于政府在资格资质类事项认证中扮演了主角,设置了诸多行政壁垒和管控事项,因此束缚了社会主体的活力,而且很多资格资质认证制度都是在计划经济向市场经济转型过程中设立的,随着市场经济体系的逐步成熟,这些制度已经与市场发展的要求相背离。在现实背景下,资格资质认定作为一种行政权力,很大程度上成为桎梏。集中表现在三大方面:

第一,部分"资格资质认定"类的行政许可事项直接破坏了业务经营的一般规律。以建设领域的建筑施工为例,无论施工员、质量员、资料员、安全员等哪个岗位的从业人员,实际均须具备施工操作、质量管理、安全监督的基本能力,甚至均需要与设计相关的基本能力,否则难以适应现代建设施工技术。而现行的行政管理分别就施工员、质量员、资料员、安全员等岗位设置独立从业资格条件,根本上违背了施工业务组织和管理的一般规律。

第二,部分"资格资质认定"类的行政许可事项实际上阻碍了技术进步。同样以建设领域为例,房屋建筑、市政工程、道路桥梁,作为建设项目,大量的核心技术根本上是相通的、甚至是共性的。而现行的行政管理就房建、道桥、市政业务分别设置独立资格条件,人为导致各类公司由于经营许可的限制而难以实现设备技术的共享,各类从业人员之间由于从业许可的限制而难以实现流动,严重阻碍建设领域的技术进步。

第三,部分"资格资质认定"类的行政许可事项直接导致市场效率损失。仍以建设领域为例,许多公司事实上有实力承接某类业务但没有经营资格,许多劳动者事实上有能力从事某类工种但没有从业资格,这些机构和个体大量地通过"挂靠"迂回达到目的,甚至出现了"加盟店"方式直接绕开了资格资质限制。既然"资格资质"可以通过"挂靠"、"加盟店"这样的方式得以回避,则"资格资质认定"类的行政权力事实上只起到了人为增加经营复杂性的作用,直接导致市场运行效率损失。

可以说,现行社会经济背景下,大量的以"资格资质认定"形式存在的行政许可事项,其实质是行政审批的隐性化,比如政府部门实施资格资质事项培训考试,很多带有一定的强制性。这种隐性的行政审批对市场主体的培育和经济发展负面效应明显,如果不进行改革,行政审批制度改革的成果就不可能真正得到体现。但由于部门利益的驱使,以"资格资质认定"形式存在的行政权力往往构成部门权力的主要部分,受到了各厅局极大的关注。

在此次浙江省政府职权清理过程中,以住建厅、国土厅、教育厅、人防办、安监局、统计局、测绘局、地勘厅等8个厅局为例,专家组在第一轮清理程序中,建议将资格资质认定中的极大部分予以"取消",但这些厅局第二次报送的职权清单中显示,对这些权力的清理意见是基本全部"保留"。

四、地方经验——宿迁案例

江苏宿迁把政府职能改革的重点放在资格资质考试鉴定的"去行政化"上。宿迁定义的资格资质是去行政化,就是除少数涉及公共安全、国计民生等必须由政府掌握的特殊职业、行业外,其他资格资质认证一律与行政脱离,放给社会组织和市场主体,实现评价主体、评价标准、评价形式和评价结果的全面社会化;即便是政府保留的资格资质事项,也以市场化为导向,通过政府购买服务的方式进行培训和考试。

按照宿迁市的设计,宿迁资格资质去行政化改革分三步走:先放开培训,对市内所有资格资质相关项目进行梳理,所有项目相关培训百分之百下放给社会培训机构组织;再放开考试鉴定,将分散在各行政部门的资格资质项目权力下放到一个公益性事业单位,由市考试鉴定中心集中实施,统一平台、统一标准、统一操作;最后放开发证,按照"成熟一个、下放一个"的原则,将成熟的考试鉴定发证项目下放给成熟的社会组织。从考试环节下放、考试的全程下放,逐步到证书发放的下放。改革成功后,资格资质考试鉴定事项将由政府向社会机构及社会组织购买服务,而政府只负责监管。

2014年初,宿迁市启动资格资质去行政化改革,将43个部门、569项资格资质培训、考试、鉴定、发证等事项集中到新建成的考试鉴定中心统一实施。其中,除148项资格资质涉及政府行政管理、公共安全等原因,暂由考试鉴定中心组织考试鉴定,其余

421项考试鉴定全部下放给社会机构、行业协会。

宿迁在改革过程中也遇到一些自身难以解决的问题,主要是现行政府认证的资格资质事项中,有70%以上属于省级以上的权力,基层很难突破。另外,国家职业标准已经15年没有修改修订,职业标准与生产生活实际脱钩,很难适应形势发展要求等[①]。

从宿迁的改革思路来看,与国务院对资格资质认定的改革思路有很多一致的地方,如向协会、学会转移相关职能,减少行政部门的具体管理。但是对认定事项的合理性审定,并减少认定事项的总数上,并无太大进展。从描述来看,只是由市纪委牵头,对全市所有行政部门和单位的资格资质项目逐条逐项进行梳理、确认、汇总和公示,梳理出全市资格资质项目569项。由于并没有实质性减少其中不必要的认定事项,并没有从发挥市场决定性作用角度去重构整个资格资质认定的内容,实质性的改革并没有在此环节体现。

五、改革的路径设计

(一)基本思路

资格资质认定的改革包含两大部分内容:一是对认定事项的重新梳理,依照发挥市场决定性作用的基本思路,把一些完全可以通过竞争、市场评级以及专业咨询机构完成的能力认定事项从资格资质认定的范围内去除,尽量减少资格资质认定的数量,这一步可称为"减量";二是发挥和落实行业协会的作用与责任,在不降低资格资质水平的前提下,把资格资质认定的工作尽可能交由协会、学会完成,这一步可称为"去行政化"。

(二)"减量"的实施路径

依据《行政许可法》,凡符合其"可以不设行政许可"范畴内所有的现行"资格资质认定"类权力,应一律取消。《行政许可法》第十三条明确,凡"公民、法人或者其他组织能够自主决定的"、"市场竞争机制能够有效调节的"、"行业组织或者中介机构能够自律管理的"、"行政机关采用事后监督等其他行政管理方式能够解决的",均可以不设行政许可。以此为依据严格清理现行"资格资质认定"类权力。

依据市场竞争程度,凡是市场主体众多、市场竞争充分、市场信息公开的领域,经

---

① 宿迁市资格资质去行政化改革专题报道,http://www.jssq.hrss.gov.cn/xw/ztzl/zgzz/

营主体和从业主体的素质一般相对较高、竞争机制相对规范有效,"资格资质认定"类的行政许可应该及时退出。以建设领域为例,浙江省的建筑施工企业有几千家,全国不下十万家,如此庞大的企业数量、如此众多的从业人员,面对一个有限的建设市场,市场的竞争已经十分充分、甚至是十分激烈。激烈的竞争必然伴随市场主体的优胜劣汰,这种市场机制的自然遴选足以高效率地替代"资格资质认定"为手段的"行政甄别"。

依据现行"资格资质认定"类权力所基于的法律基础,从非立法基础事项着手开始清理。梳理现行"资格资质认定"类权力所基于的法律基础,有四大类:第一类是全国性的法律,第二类是全国性行政法规和规章,第三类是地方性行政法规和规章,第四类是以"决定"、"通知"、"意见"等形式发布的文件。对于依据各种"决定"、"通知"、"意见"等非法律法规性基础而设立的"资格资质认定"类权力,坚决取消;对于依据地方行政法规和规章为基础设立的"资格资质认定"类权力,原则上取消同时修订相应的行政法规;对于以全国性行政法规和规章为基础设立的、尤其以全国性立法为基础而设立"资格资质认定"类权力,浙江作为一级地方政府,应着力于对现行"资格资质"的管理方式创新,降低其负面影响,同时呼吁修订立法,推进改革。

可以说,依据《行政许可法》、依据市场竞争度,现行大部分"资格资质认定"类权力完全可以被取消。从操作的层面看,对于非全国性法律为基础的"资格资质认定",取消这类行政许可权力完全具有可行性。从现实的运行看,取消这类权力并不会导致市场运行的无序,国土资源领域的"土地估价师"资格认定全程由土地估价师协会负责,已经提供了一个有效的案例。

(三)去行政化的实施路径

在"减量"操作的基础上,保留的资格资质认定需要进行去行政化,可参照宿迁的方式进行,先放开培训,项目相关培训交由社会培训机构组织;再放开考试鉴定,将分散的资格资质考试鉴定权力下放到协会或学会实施;最后放开发证,逐步将发证工作也放给学会。政府只负责监管工作。

参考文献

[1] 马怀德.行政许可制度存在的问题及立法构想.中国法学[J].1997(03)

[2] 陈辉.关于对行政许可制度的认识及对改革的思考.中国卫生法制.2002,(06)

(作者简介:钱雪亚,浙江大学公共政策研究院副院长、浙江大学公共管理学院教授;杨遴杰,浙江大学公共政策研究院副研究员)

改革专论

公共政策视角下收入分配制度改革研究　周佳松　姜俊辉

作者
周佳松
姜俊辉

公共政策视角下收入分配制度改革研究
——现状、根源与对策

内容提要:我国基尼系数仍处于高位徘徊,收入差距过大已成为现阶段制约我国经济社会协调发展的突出矛盾。因此,必须尽快改变这一局面,转变投资驱动型经济增长方式,完善初次分配,改革生产要素收益分配制度,加强再分配调节,扭转各种收入分配不公现象不断蔓延的势头。本文通过分析当前我国城乡、行业、区域三个维度的收入分配状况,深入研究了造成收入差距扩大问题的根源,并提出了缓解收入差距过大的政策措施,旨在为我国收入分配差距的理论与实践起到积极的作用。

关键词:收入分配;经济增长方式;根源;改革

一、收入分配问题现状分析

改革开放以来,我国城乡、地区、行业之间的居民收入差距都表现出不断扩大的趋势。根据国家统计局最新公布的数据显示,2013年全国居民收入基尼系数为0.473,其他学术机构调查所得数据为0.490到0.555之间。中国人民银行与西南财经大学共同创立的"中国家庭金融调查与研究中心"则通过对2010年采集到的调查数据得出此系数为0.61。尽管各学术机构调查到的基尼系数存在差异,但不可否认的是,我国基尼系数仍处于高位徘徊。在过去十年中,我国收入分配虽然出现了一些新特点,但收入差距持续扩大的趋势并没有发生根本性改变。尽管过去两年多由于政府在收入分配上加大了调节力度,加上劳动力市场供求关系出现了有利于收入差距缩小的变化,全国总体的收入差距扩大受到一定程度的抑制,但近几年导致收入差距扩大的因素并未消除,因此,这并不意味着我国收入差距的趋势正不断缩小。

1. 城乡收入差距短期难以弥合

改革开放开始的1978年,城镇居民家庭人均可支配收入为343.4①元,相较于城镇,农村居民家庭人均纯收入只有133.6元,名义差值为209.8元。自2000年起,我国城乡居民人均收入呈总体上升趋势。其中城镇居民人均可支配收入由2000年的6280.0元增加到2013年的26955.1元,约增长4.29倍;同期农村人均纯收入也从2253.4元增加到8896.0元,约增长了3.95倍。但从横向比较而言,农村居民人均纯收入提高程度明显低于城镇居民人均可支配收入提高程度。不仅如此,城乡居民人均可支配收入也存在实质性的区别:从城乡居民收入相对值比较可以看出,1978年城乡收入比为2.570,随后由于农村经济体制率先改革以及农业政策的利好,导致城乡居民收入差距暂时性下降。但进入20世纪80年代中期后,城乡差距逐年扩大,自从2002年城乡收入比达到3.111以来,这一数据就一直维持在3.2倍左右,在2009年,则一度上升到了3.333,达到历史最高水平。近四年来,城乡收入比虽然有所下降

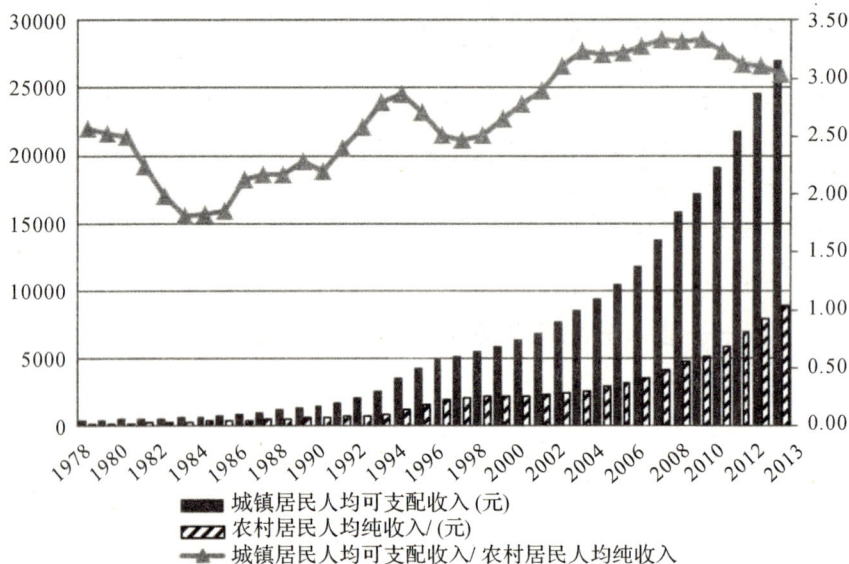

图1　我国城乡居民人均可支配收入情况
数据来源:国家统计局年度数据

---

① 文中城乡居民人均可支配收入数据如无特别说明均来自国家统计局。

(2010 年为 3.228,2011 年为 3.126,2012 年为 3.103,2013 年为 3.030[①]),但还远远高于国际上城乡居民收入合理差距 1.5~2.0 倍的标准。

无论是城镇还是农村,自改革开放以来其内部收入差距同样一直处于不断上升的状态中。从图 2 可知,除个别年份的暂时性波动外,城乡内部居民收入的基尼系数都在快速上升。农村居民收入基尼系数从 1980 年的 0.2407 上升到 2010 年的 0.3550(2001 年达到最高值 0.3699),上升了 11 个百分点;城镇居民收入基尼系数也相应地从 0.1732 上升到 0.3473,上升了一倍以上。由于农村经济发展具有更强的非匀质性,农村居民之间的收入差距程度则一直都高于城镇居民,自 1994 年开始,因城镇内部收入差距不断扩大,城镇与农村内部基尼系数差距则表现出缩小的趋势。

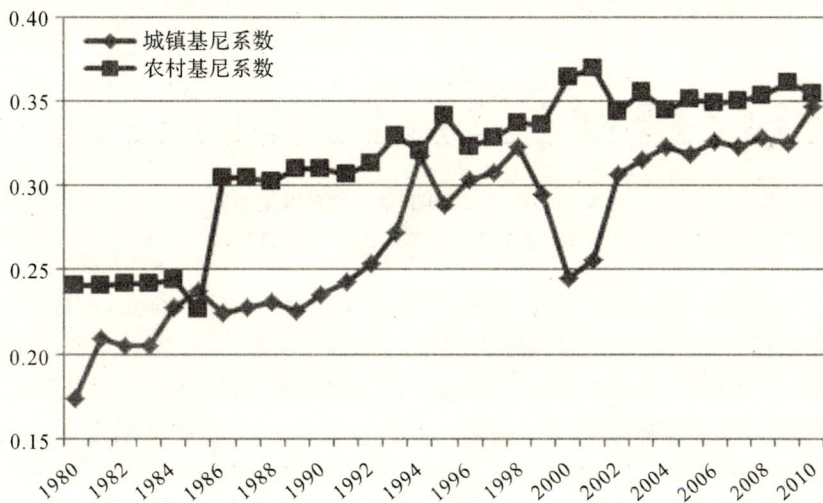

图 2　城乡内部居民收入基尼系数
数据来源:根据田卫民(2012)计算所得[②]

2. 行业间工资收入差距扩大

从行业角度来看,不同行业间职工平均工资差距也呈不断扩大的趋势。根据 1978 年到 2010 年不同行业工资的基尼系数可以看出(图 3),过去三十多年,行业工资基尼系数呈现出先缩小后扩大的变化趋势,在 1988 年以前,行业间的平均工资差距呈下降趋势,虽然这一变化过程总体说来非常平缓,而从 20 世纪 80 年代末开始,行业间职工平均工资不均等性的变化逐年扩大,而且上升趋势非常强劲。这里需要说明的

---

① 在国家统计局的收入统计数据中,城镇居民按可支配收入计算,农村居民收入按纯收入计算,两者口径不完全一致。因此这里的城乡收入差距只是一个近似计算,但出入不会很大;比例为计算所得。
② 田卫民,中国基尼系数计算及其变动趋势分析,人文杂志,2012 年第 2 期。

是,由于 2003 年行业分类有所变化①,行业分类变得更为细致,因而行业工资收入差距扩大表现得更为明显。

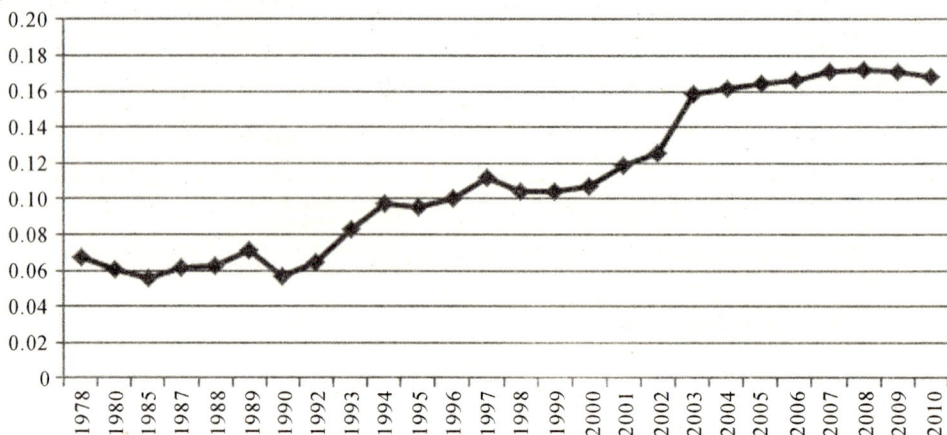

图 3　1978—2010 年行业工资的基尼系数
数据来源:根据李娜(2013)计算所得

　　从按门类划分部分行业(水电煤气、金融、房地产)与竞争性行业(制造业)之间收入水平的比较(图 4)以及最高与最低收入比(图 5)可以看出,金融业与制造业之间的收入差距处于不断扩大的状态。这一扩大趋势自 2000 年以来表现尤其明显,扩大势头更为强劲。最高与最低收入行业之间收入比的总体变动趋势也稳定上升,并在 2002 年开始急剧跳跃。从基于行业门类的计算结果看,2005 年,最高收入行业职工水平相当于最低收入行业职工工资的 5 倍左右,此后一直在较高的倍数上波动。值得指出的是,这里所讨论的只是职工的工资水平,并没有包括各类福利补贴等其他收入形式,而后者在不同行业之间分布的不均等性程度通常要大大高于前者。

　　3. 区域分配不平衡

　　改革开放至今,依据我国"阶梯式"发展战略,沿海地区凭借良好的自然环境与国家政策的大力支持等诸多因素,发展速度远远超过其他地区,虽然近年来中西部地区

①　2002 年以前的行业分类包括 16 和行业,分别为:农林牧渔业、采掘业、制造业、电力煤气及水生产和供应业、建筑业、地质勘查业水利管理业、交通运输仓储和邮电通信业、批发零售贸易和餐饮业、金融保险业、房地产业、社会服务业、卫生体育和社会福利业、教育文化艺术和广播电影电视业、科学研究和综合技术服务业、国家机关政党机关和社会团体、其他。2003 年以来的数据中包括 19 个行业,分别为:农林牧渔业、采掘业、制造业、电力煤气及水生产和供应业、建筑业、交通运输仓储和邮政业、信息传输计算机服务和软件业、批发和零售业、住宿和餐饮业、金融业、房地产业、租赁和商业服务业、科学研究技术服务和地质勘查业、水利环境和公共设施管理业、居民服务和其他服务业、教育、卫生社会保障和社会福利业、文化体育和娱乐业、公共管理和社会组织。

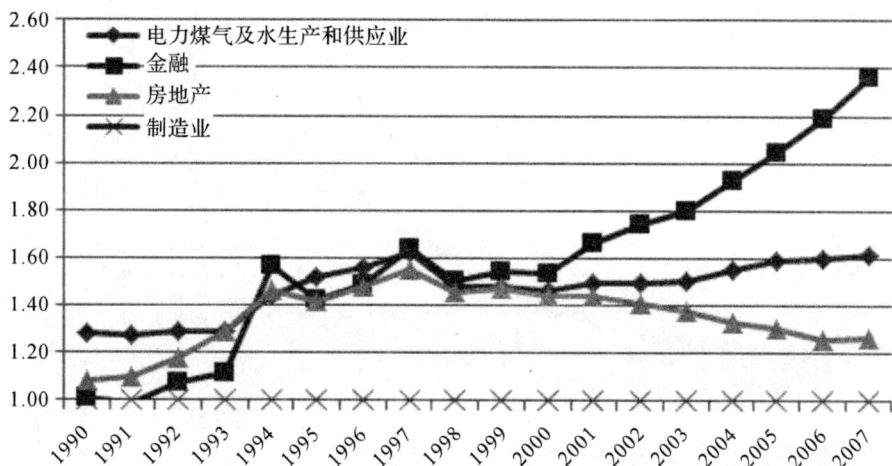

图 4　部分行业与制造业职工平均工资差异

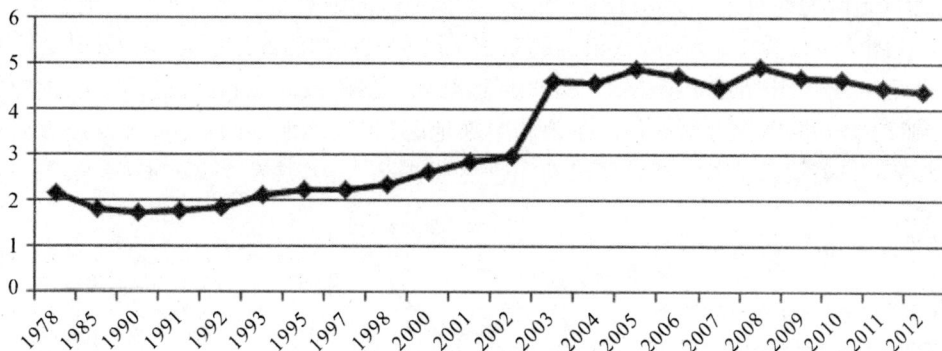

图 5　最高/最低行业收入倍数

发展大大加快,但是区域差距并没有得到明显改善。从总体上看,四大区域的收入差距都还是有扩大的趋势,各区域居民收入则呈现"东高西低"的态势。按照东、中、西部以及东北地区①分析城乡居民可支配收入发现(图6),从 1995 年到 2012 年,四大区域城乡居民收入都呈现总体上升的趋势,城乡居民近五年的收入比基本保持平稳,但是其收入绝对差值却逐年增大,而且东部地区的城乡居民收入绝对差值要大于西部地

————————

①　东部地区包括:北京、天津、河北、上海、江苏、福建、浙江、山东、广东、海南;中部地区包括:安徽、江西、山西、河南、湖北、湖南;西部地区包括内蒙古、广西、重庆、贵州、云南、西藏、甘肃、宁夏、四川、青海、新疆、陕西;东北地区包括:辽宁、吉林、黑龙江。

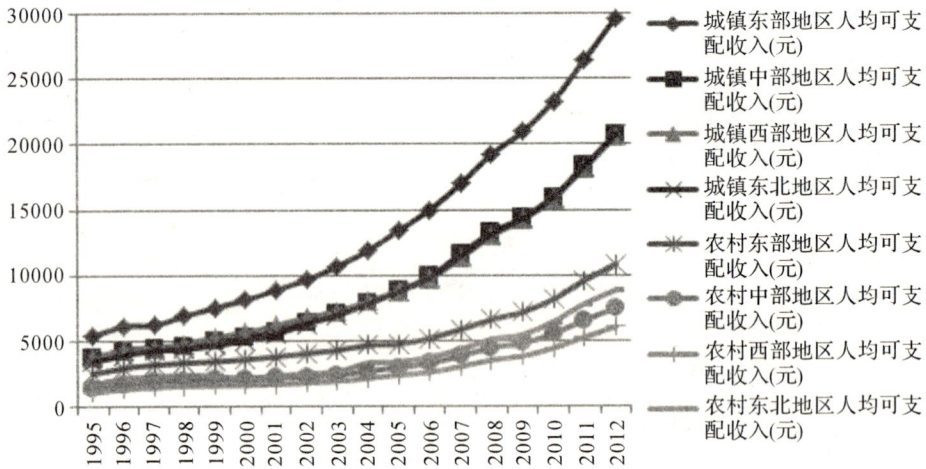

图 6 1995—2012 年我国东、中、西部及东北地区城乡居民人均可支配收入变化趋势图

区,西部地区的绝对差值又大于中部地区,中部地区的绝对差值要大于东北地区。

从图 7 可以看出,我国收入最高的东部地区和最低的西部地区,人均 GDP 之比从 20 世纪 90 年代开始逐步扩大,到 2002 年达到 3.1 倍的最高点;在此之后差距缓慢缩小,到 2012 年回落到近 2.0 倍。东部和中部地区、东北部地区的差距,大致经历了相同的变化趋势。只是东中部差距没有东部差距那么大,尤其在 1995—2002 年期间差

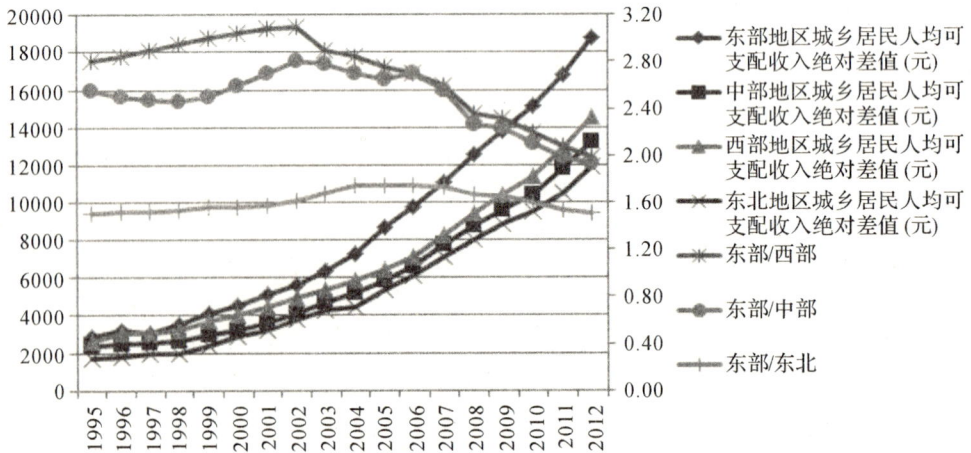

图 7 1995—2012 年我国东、中、西部及东北地区城乡人均可支配
收入绝对差值变化和地区收入比变化趋势图

距明显小于东西部差距,最高的 2002 年接近 2.8 倍,到 2012 年已回落到 1.9 倍。东部和东北地区的差距更小一些,最高的 2004 年为 1.8 倍,2012 年已降至 1.5 倍。

二、收入差距扩大,根在增长方式和分配机制

近 10 年来,我国经济增长、城市化和公共服务投资快速发展,依据库兹涅茨倒"U"形理论,这些都应有利于收入差距的改善。但从我国收入差距变化的时间轨迹上来看,2000 年以来却是收入差距扩大最为快速的十年。

1. 收入分配过多地向资本和权力倾斜

生产方式决定分配方式,收入差距不能就事论事,必须从经济发展方式中找原因,从转型创新中找出路。生产决定分配,消费资料的任何一种分配,都不过是生产条件本身分配的结果。2000 年以来,我国经济增长方式发生了根本性转变,即从主要依赖改革开放以来的体制性红利释放为主,转变到以资本形式为主。由于各级政府的政治利益和经济利益全部寄托在大规模资本形成为主的经济增长方式上,必然导致在收入分配上向土地、能源、电力、资金等上游生产要素以及政府部门倾斜,也就是初次分配向资本资源和权力倾斜。与此同时,以至于在政府主导经济增长和对资本形成的增长方式格外偏好的情况下,国有经济的投资比重会越来越大,国民收入再分配必然会向资本形成和政府庞大的事务领域倾斜,再分配调节收入差距的功能就无法发挥到位。而从资本资源的供求角度分析,对资本资源的不断追求,及其有限的供给,导致资本和资源的价格持续上涨,造成收入向掌握资本和资源的中高收入群体和权力拥有者倾斜,一般劳动报酬占比则不断下降。这种投资驱动型的经济增长方式造成的收入分配过多地向资本和权力倾斜主要表现为:一是亲资本的政策导向和分配格局,使劳动分配率不断下降;二是扶优扶强政策使要素配置向大企业、国有企业、外资企业倾斜,导致收入分配失衡;三是选择性激励措施往往针对少数精英群体,拉大其与普通劳动者的差距,既缺少人力资本又缺少制度保护的农民、农民工成为双重弱势群体。

2. 不均衡的收入增长

当前收入差距拉大并高位徘徊是不争的事实。收入差距扩大的重要因素还在于不均衡的收入增长,其中三大力量起着主导作用:第一,经济资源和资产存量的市场化和资本化,会使收入差距随着财产性收入和资产性收入的增加而扩大,同时,由于我国资源和资产分配的严重不规范、不透明和不公正,资产性收入份额的提高会进一步恶化收入差距;第二,劳动力市场二元结构造成的劳动要素相对地位差异,使劳动者工资差别扩大。一方面,劳动力无限供给长期阻止了农民工工资上涨,户籍制度也将此群体置于城市劳动力市场的边缘地位。另一方面,随着劳动力市场的发育,微观层面的激励机制也使劳动要素相对地位产生一定程度的差异;第三,靠大规模投资实体经济

拉动增长,自然造成收入份额不利于劳动。

3."提低扩中限高"的收入分配机制

依据洛伦茨曲线对收入差距的经典分析,如图 8 所示,坐标横轴上表示的是全社会人口的百分比分布,坐标纵轴上表示人均收入的分布,从原点开始的 45 度对角线代表了理想的均等化分布,而对角线之下的曲线则代表了现实中存在的收入差距,偏离对角线越远,就预示收入差距越大。图中所示,曲线 A 所形成的基尼系数小,曲线 B 所形成的基尼系数就大。

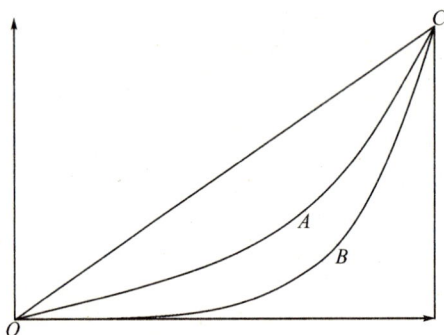

图 8　洛伦茨曲线与收入差距示意图

基于这一判断,国家在调整收入差距时,基本都是采取提高低收入群体的收入,扩大中等收入群体的收入,控制高收入群体收入的策略。从国际经验看,工业化中后期的中等收入群体在 40%～45%左右。目前,我国中等收入群体的比例大概为 23%,大大滞后于工业化的实际进程。近年来我国采取的一些"提低"措施已显成效,但"扩中"进展不大,"限高"则受到垄断势力和既得利益集团的强力阻挠。要优化分配格局,必须在"扩中"上下工夫。一是要转变经济增长模式,实现从政府主导经济到市场主导经济的转变和从资本驱动向消费为主的内需驱动的转变,调整产业结构,提高全要素生产率,使收入分配的话语权向市场竞争主体转移;二是加大人力资本投资,形成高素质的劳动力队伍。同时打破垄断,创造平等竞争的市场环境,用有效的税收调节高收入。通过深化改革调整收入分配关系,将"沙漏形"的社会两极向中间挤压,扩大作为消费主力军的中等收入群体占比,最终形成"橄榄形"的收入分配格局。

与此同时,改善收入分配格局,政府职能转变尤为重要,实现从经济发展型政府向公共服务型政府转变是关键。一方面,政府要承担起公共服务职能,以公益性为目标调整国有资本配置,明确中央地方各级政府在基本公共服务中的责任分工;统一城乡劳动力市场政策,实现全体劳动者同工同酬,有效保障收入均衡增长,通过各种调节手段缩小收入分配差距。另一方面,通过政府转型,可以规范行政支出,杜绝与公权力相关的腐败和不合理收入;确立财产公开制度和透明有序的收入分配秩序,在"灰色收入"产生的重点领域加大监督力度,健全以权力监督、行政监督为主,司法监督和社会舆论监督为辅的多层次监督体系。

三、完善初次分配,重在改革生产要素收益分配制度

1. 完善市场竞争机制,保障生产要素自由流动

初次分配即生产要素收益分配在整个收入分配中起着决定性作用。高收入者一般以资本要素收入为主,低收入者通常以劳动要素收入为主,当要素收入分配发生不利于劳动要素的变化时,个人收入分配的差距必然恶化。改善收入分配关键在于深化市场导向的改革,完善竞争机制,保障生产要素自由流动和优化配置。资本自由流动可打破垄断,促进不同产业利润平均化,缩小行业之间收入差距。加强劳动力流动性,实现城乡劳动者平等就业,可以打破身份、户籍壁垒,消除二元劳动力市场造成的不合理收入差距,使劳动要素获得较高报酬。同时,应帮助弱势劳动者提高市场适应性和竞争力,强化技能培训、就业信息、组织劳务输出等方面的公共服务提供力度,切实保护农民工合法权益,解决其看病难、住房难、子女教育难等问题,切实打破地区性保护,解决社会保险跨单位、跨地区接续问题。

2. 改革土地交易市场,公平土地收益分配

初次分配改革必须考虑生产要素溢价特别是土地高溢价导致的分配不公问题。土地资源具有稀缺性,政府掌握着批地、征地、卖地的权力,使土地供应和房地产开发都具有垄断性。而现行制度并不能对此进行有效监管和调节。最初出让土地的农民很少能分享土地溢价的好处,其收益最终在资本和权力之间进行分配。这种不合理的激励机制不仅导致寻租行为,还导致了强拆等公共事件,激化了政府和人民群众的矛盾。

因此,必须改革土地出让和土地收益分配制度,保护农民的财产性收入。第一,开放土地市场,改革土地征用和出让制度。首先,在符合国土资源规划的前提下,允许土地供需双方通过市场直接交易。政府起监督作用,保障土地公平交易,特别是保护让地农民的利益。对公益用地,应参照土地市场价格给予补偿。其次,对高额土地溢价征收所得税或增值税,以用于收入调节和民生保障。最后,为平衡不同地区因地价差异导致的苦乐不均,土地增值税可设为以地方为主的共享税,中央收入部分用于对欠发达农村地区进行转移支付。第二,全面推行房产税改革。逐步用可持续、制度化的房产税代替地方政府的土地出让收入。既有利于纠正地方政府追逐土地开发眼前利益的短期行为,也将提高投机性购房、囤房的成本,抑制投机需求,有利于房价和地价的合理回落。为保障广大中、低收入居民的利益,政府应对每个居民家庭合理居住面

积内的自住房实行免税政策,并对超出免税面积一定范围内的房产给予一定期限的免税期。第三,保障农民权益和保护土地流转。必须赋予农民承包土地长期使用权并给予法律保护,使土地出让收益落实到农户;稳步开放土地使用权交易市场,允许农民通过租赁、一次性转让使用权、土地入股、股份合作等多种方式合法有偿转让;开放农村集体建设用地和农户宅基地的流转,允许宅基地和宅基地复垦指标进入土地市场进行交易。

3. 改革国有企业收入分配制度,限制垄断性行业收入水平

与此同时,垄断性行业的资源性收益分配不公强化了收入分配差距扩大趋势。一方面,垄断性行业不仅垄断生产要素和经营范围,还垄断产品价格,使国民收入分配向垄断部门严重倾斜。更重要的是,围绕垄断性收益的分配,产生了大量寻租行为,市场竞争的积极作用被逐渐削弱。另一方面,国企红利上缴力度过小,上缴基数和比例过低(利润的 5%~15%)。同时,当前国企上缴的红利都由国资委掌握,呈现出取之于国企、用之于国企,"内部沉淀"、"体内循环"的现状。国企产权名义上属于全体人民,但收益主要流向了国企高管、员工以及政府部门。

对此,应立即采取措施对垄断性行业进行改革,调整国家与企业、企业与职工的分配关系。第一,继续推进资源税改革,可参考澳大利亚资源税改革模式,把从价税改为针对利润征收的直接税,以防止纳税企业通过提高资源价格把税负转嫁给下游企业和消费者;同时把资源税改革范围扩大到煤炭等其他矿产资源领域。第二,建立国企工资分类调控制度,优化收入分配激励机制,改革企业工资总额管理,限制国企员工收入过快增长。第三,加强对天然垄断性行业和具有垄断地位国企的监督和审计,提高其经营管理透明度,保障其依法经营和垄断性收益依法分配;对触犯反垄断法的企业采取拆分等措施以保护竞争。第四,改革国企红利上缴制度,提高分红比例,扩大上缴范围,将红利纳入公共财政,统筹用于民生支出。

4. 优化激励机制,加大劳动者报酬在初次分配中的比重

调整初次收入分配格局是收入分配改革的重中之重。提高劳动报酬在初次分配中的份额,减轻劳动者税负,是提高劳动者收入的根本途径。一方面,按照公平与效率原则,优化工资结构,科学制定岗位工资和能级工资标准,调动劳动者工作积极性,实现不同贡献不同报酬。同时,通过完善法律和建立工资协商谈判机制保护劳工利益,例如,加快建立企业主、工会、政府三方共同协商的工资谈判机制,尤其要促进各类企业与职工之间劳动报酬协商机制的建立,形成反映劳动力市场供求关系和企业经济效益的工资决定机制和增长机制。此外,应谨慎地对公务员和国企职工工资标准进行调整。另一方面,大力促进中小微企业发展,改善其融资和经营环境,以促进就业从而改善初次分配状况。长期以来,各地政府热衷于发展大企业、投资大项目,小企业经营环境日渐窘迫。严格依法行政,杜绝公务人员以监督名义巧立名目、设置障碍,对企业敲诈勒索;发展小型民间金融机构,以满足小企业融资需求;对小微企业实行以结构性减税为主要内容的优惠政策,并逐步加大政策支持。

四、加强再分配调节,旨在促进公平正义与社会和谐

1. 推进转移支付制度改革

现行转移支付制度存在"逆向调节"的现象。第一,均等化效应不足。一方面,在转移支付中占很大比例的税收返还和专项转移支付反而拉大了各地财力差距。大量税收返还还限制了中央政府集中收入进行再分配的能力。另一方面,一般性转移支付资金规模较小,分配公式设计不够科学和规范,难以发挥应有的调节作用。第二,转移支付的地区分布不合理。享受均等化转移支付的主要是中西部地区,对东部地区的转移支付主要是专项拨款,而后者数额远远高于前者。第三,专项拨款立项不规范,缺乏科学依据和标准,缺乏严格的事后监管制度,存在挤占挪用现象。第四,由于专项拨款要求地方安排配套资金,而贫困地区配套资金短缺,导致富裕地区专项拨款多于贫困地区的不公平状况。

转移支付制度改革应以缓解基层财政困境并促进地区公平发展的双重目标为原则。同时要淡化既得利益,注重均等化目标和补助目标,把缓解纵向不平衡和横向不均衡纳入改革视野。第一,调整转移支付结构。取消税收返还,仅保留均等化和专项两种形式,扩大均等化转移支付,压缩专项转移支付规模,建立严格的项目准入机制,减少立项的随意性和盲目性。第二,改进一般性转移支付计算方法,将收入法和支出法相结合,并将地方政府的基本行政经费、教育经费和公共卫生经费作为基本因素引入均等化转移支付公式,以保证地方政府提供公共产品职能的顺利履行。同时,尽可能使用地方政府无法直接控制的客观变量,减少或避免地方政府操纵数据以及与中央讨价还价。第三,增加一般性转移支付的比例,同时明确转移支付的主体和对象,并以法律法规形式加以规范。第四,加强对专项转移支付的审批,规范专项拨款分配制度,实行全过程监管提高使用效率;引入项目中止条款,对远未达到考核要求的,上级政府可在下一轮转移支付中相应扣减转移支付资金。

2. 改革税制结构,强化税制调节功能

在二次分配环节,调节税收是缓解收入分配不公的重要方式。但现行税制对收入分配的调节有很大局限性。首先,个人所得税制对于调节收入分配的功能微乎其微。平均有效税率过低是阻碍个人所得税充分发挥居民收入再分配功能的主要障碍;其次,流转税大多具有累退性质,并且可以通过推动价格上涨进一步转嫁给消费者,使得居民特别是低收入居民所承担的有效税负加重,更加不利于收入分配公平的实现;最后,税收只是将公共产品和服务成本在居民中进行分配,社会各阶层通过财政支出获

得的公共产品和服务差异对于收入分配的影响更大。对低收入群体来说,为其提供均等化的公共服务更有利于实现分配公平。

从长期来看,税收制度收入调节功能的实现有赖于税制结构的调整,应重点对税制进行结构性改革。第一,在降低流转税(特别是生活必需品的增值税)占总税负比例的基础上,逐步增加所得税尤其是个人所得税在税收收入中的比重。第二,调整消费税结构、征收范围、原则和方法,提高消费税在税收收入中的比重,既维护好居民的正常消费权利,又对奢侈品进行有效调控。第三,继续推进个人所得税走向综合与分类相结合的改革,提高非工资所得税包括经营所得、财产和资本利得等项目的征收,降低工资所得税占个人所得税的比例;征收对象从个人改为家庭,根据家庭年收入征税,按月预征,年终退税或补税。第四,尽快实施个人所得税与通货膨胀率挂钩的指数化政策,以避免高通货膨胀率对居民税负和个税累进性产生不利影响。第五,以房地产保有环节的改革试点为切入点,加快形成财产税的制度框架,研究在未来开征遗产税和赠与税等,对高收入群体的收入及其带来的财产差距扩大状况进行适度调节,将整个社会的财产分布差距控制在大体可以接受的水平。

3. 建立健全公共服务均等化

公平配置公共资源,实现基本公共服务均等化是改善分配格局、缩小收入差距的重要措施。当前我国基本公共服务供给不足、发展不平衡的矛盾仍然十分突出,建立健全基本公共服务体系仍然面临许多困难和挑战。基本公共服务的规模和质量难以满足人民群众日益增长的需求;农村、贫困地区和针对社会弱势群体的基本公共服务尚未得到充分保障;体制机制有待于进一步完善,城乡区域间制度设计不衔接,管理条块分割,资源配置不合理,服务提供主体和提供方式比较单一,基层政府财力与事权不匹配,监督问责缺位等问题较为突出。

保障人人享有基本公共服务是政府的职责,必须着眼于顶层设计、系统规划、整体推进,建立健全基本公共服务体系。第一,要从最广大人民群众的根本利益出发,立足我国基本国情,优先保障基本公共教育、劳动就业服务、社会保险、基本社会服务、基本医疗卫生、计划生育服务、基本住房保障、公共文化体育等服务的提供;第二,把握基本公共服务的公益性质,明确政府的主体责任,完善公共财政体系,科学划分各级政府基本公共服务事权与支出责任,健全地方政府为主、统一与分级相结合的公共服务管理体制;第三,打破行业分割和地区分割,加快城乡基本公共服务制度一体化建设,大力推进区域间制度统筹衔接,加大公共资源向农村、贫困地区和社会弱势群体的倾斜力度;第四,创新基本公共服务供给模式,积极采取购买服务等方式,引入竞争机制,形成多元参与、公平竞争的格局,不断提高基本公共服务的质量和效率。

参考文献

[1] 李实、赖德胜、罗楚亮等,中国收入分配研究报告,社会科学文献出版社,2013年版。

[2] 王小鲁,国民收入分配战略,学习出版社,2013年版。

[3] 李实、李捧,库兹涅茨假说可以解释中国的收入差距变化吗,经济理论与经济管理,2010年第3期。

[4] 王少平、欧阳志刚,中国城乡收入差距对实际经济增长的阈值效应,中国社会科学,2008(2)

(作者简介:周佳松,浙江省公共政策研究院助理研究员;姜俊辉,浙江省公共政策研究院助理研究员)

经济政策专论

中国经济的长期走势与转型风险　金雪军　金　赟

浙江工业发展研究　刘春燕　姜聪聪

作者

金雪军
金　赟

中国经济的长期走势与转型风险

内容提要：就当前的经济形势而言，需求与供给指标的一致性变化本身，更多地作为经济趋势值进入下行通道的表现，但却难以解释其成因。处于这个时点，我们试图在长周期的框架内，以国际比较的视角，探讨中国目前的周期阶段和趋势走势。从世界范围内来看存在两种不同的国家角色分工：制造端和消费端。制造端的角色一般由发展中国家担纲，消费端则无一例外是发达国家。对制造端和消费端国家来说，人口都是对经济增长有决定性作用的最重要的要素，但两者遵循的增长模式不同。发展中的制造端国家依靠要素投入增加产出，充足廉价的劳动力是推动经济增长的原始动力，经济增速没有表现出与劳动力人口的高相关，仅与进入工业部门生产领域的劳动力相关。发达国家是一种消费拉动型的增长模式，劳动力作为最具有消费能力的群体，经济增长与劳动力人口的增速高度一致。长周期内存在制造端的发展中国家向消费端的发达国家的动态演进。美日的发展历程虽然有所不同，但都经历了从制造端向消费端的成功转型，从而迈入发达国家的行列，这对现在处于转型期的中国而言，具有很好的借鉴意义。在普遍意义上，新增劳动力的拐点和刘易斯拐点的到来标志着制造端优势结束，经济体将进入过渡期，能否成功转型，进入发达国家行列取决于消费能力在这期间是否有大幅增长。

关键词：中国经济；转型；长期增长；风险

一、长周期内中国陷于较长时间的下行通道

2011 年三季度以来，中国经济经历了连续六个季度的下滑，并且继续回落的态势短期内难以逆转。在这个时点上，我们认为，更有意

义的分析焦点在于这种经济增长的放缓在长期内是否为一个不可逆的趋势,也就是说,经此一役,中国经济是就此进入低增长的区间,还是此次的增速回落只是一次高位调整,此后还会见底反弹。针对此种趋势性问题的讨论,我们将在长周期的背景下,从国际比较的视角出发,通过对国家发展过程中普遍规律的探讨,以作预判。

1. 全球制造端与消费端的动态均衡

国际惯例,按照经济发展水平和阶段的不同,世界各国分为发展中国家和发达国家。这两类国家,不仅在人均GDP、贸易量等方面有明显差别,更重要的是,它们遵循的经济增长模式是完全不同的,分别承担着世界的制造端和消费端的角色。

对于发展中国家而言,所拥有的初始禀赋通常不在于资本和技术,而在于数量庞大并且价格低廉的闲置劳动力,这是发展中国家能够在国际分工中获得一席之地的比较优势。劳动力的富足决定了发展中国家有成为国际产业链制造端的可能性。持续、充足的廉价劳动力供给是发展中国家工业增长的重要推动力,也正因为劳动力供给充裕,存在闲置劳动力,这一阶段产出的增长与劳动力的增速并没有很好的相关性。这是因为,既然劳动力是充足的,进行要素的大量投入以实现量的扩张并非难事,此时决定经济增长的关键在于产出能否得到需求的支撑,如果国内的消费、投资以及对外出口的需求增长迅速,发展中国家将发挥劳动力充裕的优势,迅速补充劳动力、增加产出;但如果需求的支撑不足,富余的劳动力会出现闲置,而无法兑现产出。在中国、印度这两个典型的发展中国家经济增长的关键阶段,我们都能清楚看到,经济的增长与劳动力增速的关联度很差,而与就业人数增长具有良好的一致性,表明能实际进入生产领域的劳动力对产出具有显著的推动,而有一部分劳动力则是受限于需求而无法被工业化生产吸纳的,处于闲置状态,从而导致劳动力波动与产出的关系被破坏。

而发达国家的经济增长模式又是另外一幅图景,其经济增长与劳动力人口增速的相关度非常高,而不仅仅是与就业人口。这是因为,发达国家是以高消费带动内需,继而推动产出增长。与发展中国家相比,发达国家已不具备劳动力的数量优势,以及由此决定的价格优势,增长动力的切换、产业的转型因此成为必然趋势。

发达国家大都经历了产业重心从二产到三产的转移,对工业产成品的需求一大部分来自进口,国内产出则由第三产业支撑。第三产业的发展有别于工业的增长模式,劳动力投入数量对三产的产值增加并非绝对必要,反而是社会的消费能力对三产的成长更加重要。发达国家的社会保障体系比较健全,失业人口虽然没有成为促使产出增长的要素投入,但因为具有消费能力而推动了三产发展。总人口中,劳动力人口作为具有最高消费能力的群体,其绝对数量变化与产出变动高度相关是符合逻辑的。

发展中国家依靠充足、廉价的劳动力,大力发展制造业,成为世界的制造端。发达国家中消费是拉动经济增长的内生动力,经历二三产业的转型,形成消费端国家。如果我们在一个长周期内,以动态演进的视角来思考这一问题,就会自然而然得到一个

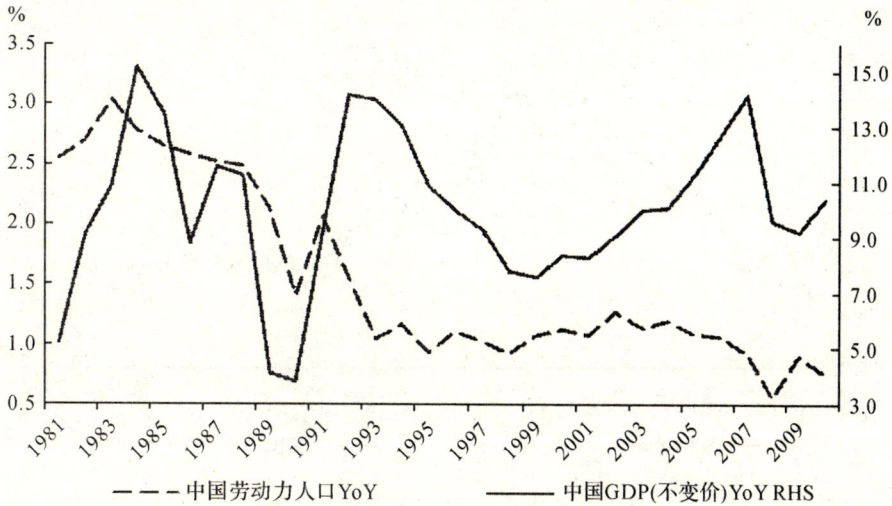

图 1　中国的劳动力增速与经济增长
数据来源：国家统计局、Wind 资讯

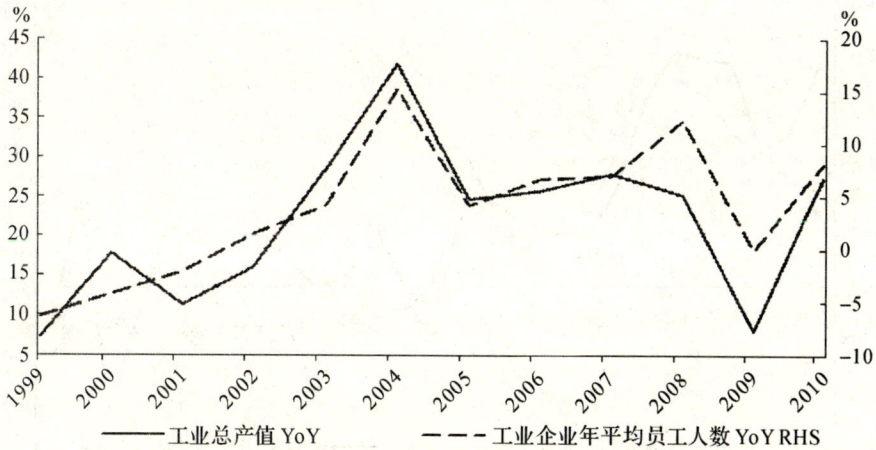

图 2　中国的工业发展与工业企业年平均人数相关
数据来源：国家统计局、Wind 资讯

具有启发意义的命题：如果现存的发达经济体，都是经历了相似的工业化历程后完成转变的，那么找出这种工业化历程的规律，就能够据此预判现今发展中国家的未来发展路径。然而这种思路正确的前提在于，确实可以在已有的数据中观察到，发达国家在当年的发展过程中出现过类似现今发展中国家的形态。遗憾的是，最为典型的发达

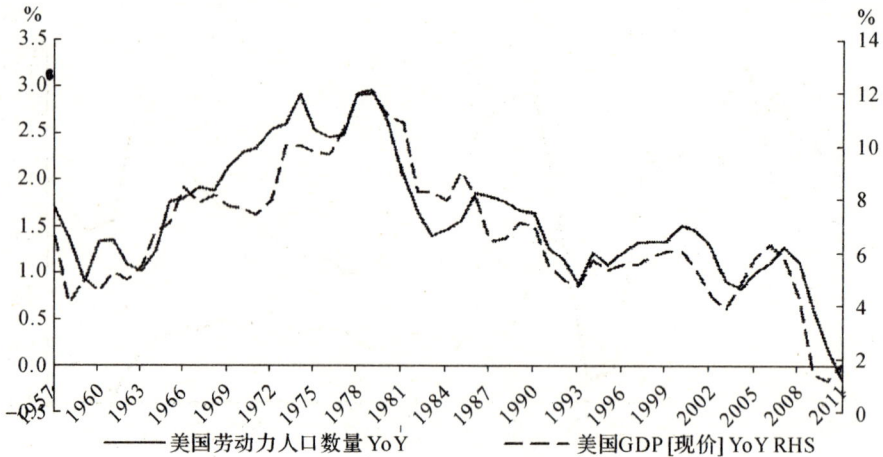

图 3 美国劳动力人口变动与产出增长
数据来源：世界银行、美国经济分析局、Wind 资讯

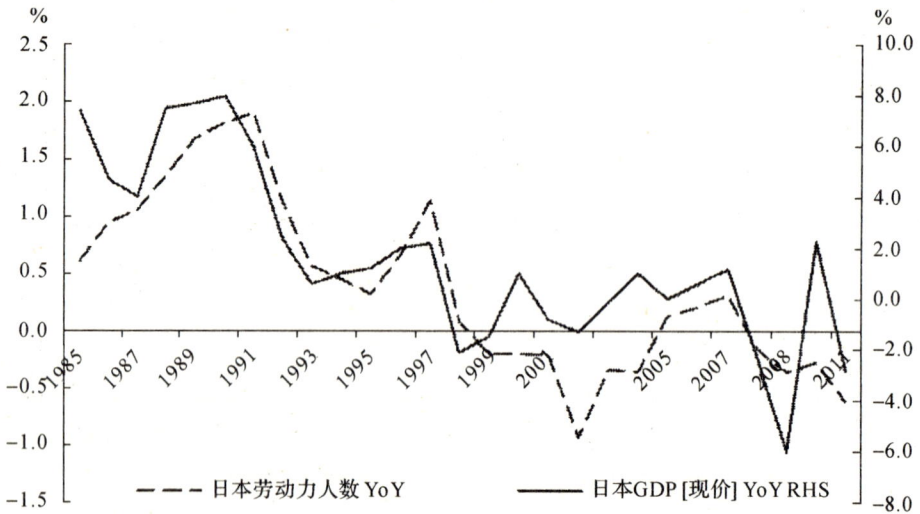

图 4 1985 至今日本劳动力人口变动与产出增长
数据来源：世界银行、美国经济分析局、Wind 资讯

经济体美国,在它一个多世纪的动态演进过程中,我们并没有看到预想中的情境,一个明显的矛盾之处在于,劳动力人口增长与经济增长间一直保有较好的正向相关。而根据之前的推断,在工业化阶段的国家,其劳动力人口增长会与用作工业生产投入要素的就业人员间出现较大缺口,进而破坏与产出增长的一致性。而在美国的工业化阶

段,却不存在两者不甚关联的情况。

这是因为,美国发展工业时所处的国际环境与今天大不一样。美国作为第一个迈向现代意义上的"发达国家"的经济体,在其制造业迅猛发展的过程中,世界上不存在另一个等量的消费端去吸收它的过剩产出,美国在工业化初期,以更接近于一种自我产出、自我消费的模式发展。产出和消费在摩擦中通过失业率和价格的调节达到经济体内部的均衡,也就是说,产出过剩时,失业率会提高;而消费过剩时,价格会上涨,引起通胀。产出和消费都是劳动力人口的因变量,因此由两者均衡所决定的经济增长就会和劳动力人口的增速呈现良好的一致性关系。

伴随经济发展,社会中的闲置劳动力渐渐被充分利用,相对于经济体量的扩张,劳动力不再充足,也无法继续维持廉价,工资水平明显上升。而此时又出现另一个国家正处在制造业发展的黄金时期(比如日本),美国不再具有制造业的比较优势。但另一方面,由于收入增长所导致的消费能力大幅提高,美国发展第三产业的机会显现。

此时,美国开始将制造端角色逐渐转嫁给其他国家,所需的部分工业产成品则从外围市场进口,国内产出重心转向第三产业,进而实现从世界经济的制造端向消费端的转型,转型后的发达经济体,消费是经济增长的内生动力。具有最强消费能力的主体人群——劳动力人口的增速依然与产出增长具有很好的拟合效果。因此,从数字上观察,美国劳动力与产出的高相关性虽然从未有被破坏过,但却反映了两种不同的发展模式:兼有制造端和消费端特征,产出与消费实现内部均衡的模式,以及在产业转型之后,高消费成为经济增长内生动力的模式。这种转折虽然无法体现在劳动力与产出的联动关系上,但依然存在两个较明显的标志:其一,产出的增长重心从第二产业过渡到第三产业;其二,所需的工业产成品有相当比例从外部引入,进口大幅增加。这两个标志在美国出现的时间点均为60年代末到70年代末,落在美国跨入发达国家的时间段内美国能够成功转型为消费端的必要条件是,有其他国家接过了成为制造端的接力棒,并且有与此相当的产出能力用以抵补美国留下的产能空缺。那个时点上,在所有存在这种可能性的国家当中,最典型的就是日本。日本的发展与美国不同,它成长在已经有发达消费国存在的开放经济环境中,与今天发展中国家所面临的国际环境更类似,因此其工业化历程也更具借鉴意义。

日本制造业起步伊始,劳动力充足而廉价,这是日本能够成为制造端的核心竞争力。如上文所述,这一阶段产出增长与劳动力增速间并没有很好的相关性。日本的产成品有很大一部分出口到美国,在劳动力充足的情况下,决定日本经济增长的关键是产出能否得到需求的支撑,更直接的,能否得到美国进口需求支撑。1985年之前劳动力增速与GDP增速相关系数仅为0.0179,几乎毫无关联。而伴随经济发展,闲置劳动力逐渐被充分利用,劳动力价格出现明显上涨,日本作为制造端的比较优势出尽。同时,消费能力的提高推动了第三产业的繁荣(产业空心化趋势不断增强)。日本进口

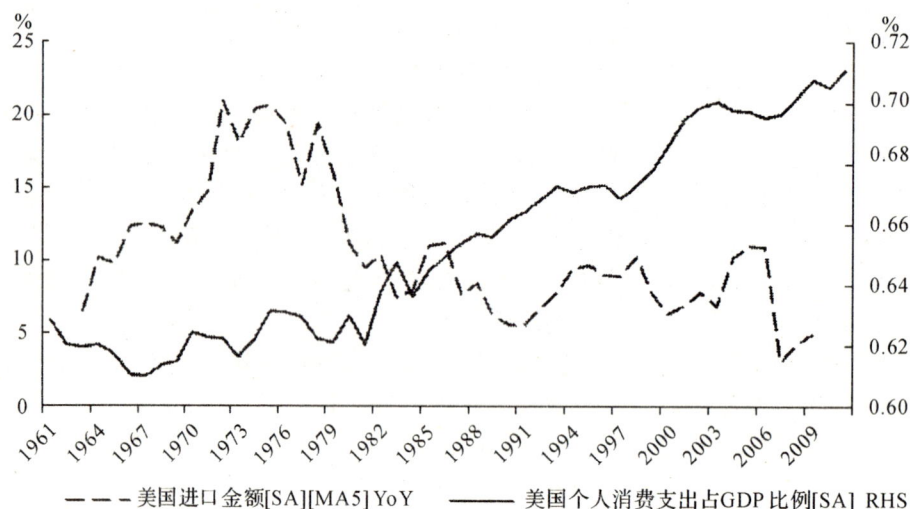

图5 美国的进口增长与个人消费占比
数据来源:美国经济分析局、Wind资讯

增加,经济增长动力在二、三产业间切换,同美国类似,实现了向消费端发达国家的转变。1985年之后至今,日本的劳动力增速与GDP增速相关系数达到0.718,较前期显著提高。

2. 动态演进的条件

日本转向消费端的同时,中国的人口结构和资源禀赋条件恰好使其处于制造业发展的黄金阶段,此后近30年间,中国接替日本成为世界经济的制造端。面对这种情况,我们最关心的,当然是中国能否完成如美、日一样的向发达国家的转型。在此之前,首先需要回答的是,由制造端向消费端的转变是否一定是工业化的必然结果。我们的答案为否,由各发达国家转型前后的情况来看,成功转型的实现显然需要满足一定的条件。在制造端和消费端之间,还存在一个不甚明朗的过渡期,在过渡期中经历的变化真正决定了转型的成败,工业国家的后续发展也由此分化出两种不同的路径。

从严格意义上说,制造端优势出尽因而由制造端滑向过渡状态,以及在过渡状态下满足相应的转型条件而成为成熟的消费端,是前后两个不同的演进阶段。

上文所述,充裕的廉价劳动力供给是世界制造端的核心竞争力。由工业化拉动的城市化进程,将农业人口大规模迁入城市,参与工业生产;另一方面,这一时期如果还伴随着新增劳动力数量的增长,总量增多叠加农业富余劳动力转向工业的效应,使得工业部门的劳动力供给非常充裕,劳动力市场供大于求,价格低廉的状态得以长时间维持。在长期内,这种充足、廉价的劳动力优势都将为工业发展提供要素支撑。然而

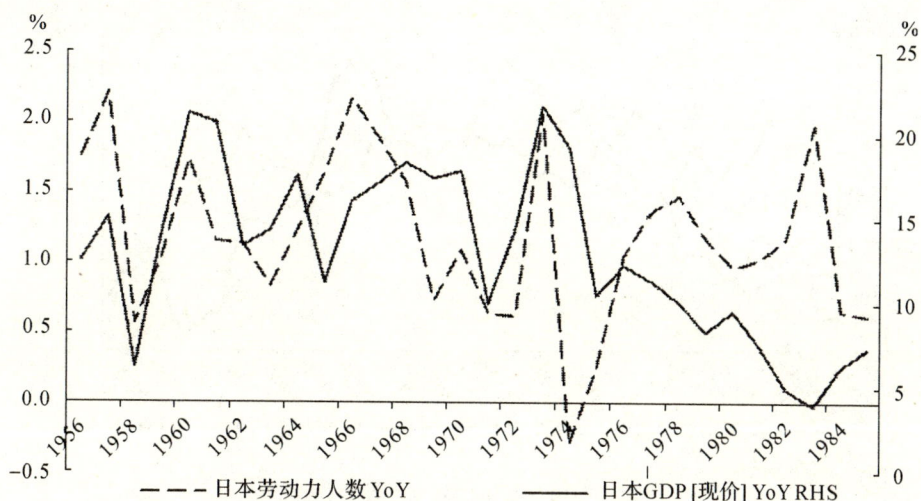

图6　1956—1985 日本劳动力人口变动与产出增长
数据来源:日本内阁府、日本统计局、Wind 资讯

这种优势不可能永远维持下去,由于人口的自然增长率在现代社会条件下无法呈现持续上升的趋势,劳动力的增长速度也必将在某个时点经历高峰后逐渐回落。在美国,这个劳动力增速变化的拐点出现在 1979 年,同年美国的新增劳动力人数开始下降,劳动力新增数量优势出尽。日本劳动力增速在 1991 年后均值下移,同年新增劳动力人数进入下行通道。

农业人口向工业人口的转变,也并非能够进行到底。由于工业部门报酬高于农业部门而造成的劳动力从农村向城市的单向流动,源源不断为工业生产提供了低成本劳动力,使之利润率有可能维持高位。然而当农村富余劳动力基本耗尽,这种人口流动也将随之停止。农业对工业的劳动力供给开始急剧下降的转折点,即为“刘易斯拐点”。这个拐点的到来意味着,由城乡二元分割造成的生产率差异得到弥合,城市化进程的推动力大大减弱。美国和日本的刘易斯拐点分别出现在 70 年代和 80 年代。

新增劳动力拐点和“刘易斯拐点”都将造成工业部门劳动力供给下降,前者具有总量效应,而后者则代表相对效应,任何一个到来都会对既有的劳动力供需均衡产生几乎相同的负向作用。劳动力供大于需的状态将被改变,劳动力价格也将会不可避免地上涨,对于生产端国家来说,这意味着充足、廉价的劳动力优势不再,继续发展制造业的核心竞争力在削弱,这正是美国的 70 年代和日本的 80 年代制造业增长显著放缓的原因。可以说,新增劳动力拐点和“刘易斯拐点”中任一个的到来就标志着制造端优势消散,滑入过渡阶段。

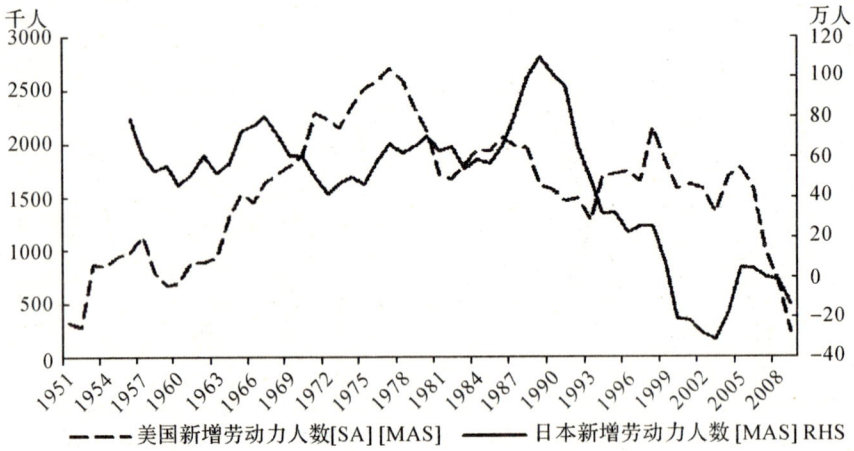

图 7　美国与日本的新增劳动力拐点
数据来源:美国劳工部、日本统计局、Wind 资讯

　　在转型过渡时期,制造端模式运作成本大幅增加,产出带动经济增长的动力下降,而消费能力又尚未达到能够支撑第三产业进入内生性良性循环的地步,消费端的特征囿于收入水平偏低还未能成型,不足以推动经济持续增长。经历过渡时期进入消费端的条件是:收入水平的提高带动消费能力上升,形成消费拉动经济增长的循环。工业国家在过渡时期中能否完成居民收入的大幅度抬升,将决定其之后的发展路径。

　　美国和日本在过渡时期均顺利地完成了这种转变,美国工人 70 年代的平均小时工资增速出现显著的跃升,直至转型完成后回落趋稳;而日本在 70 年代至 80 年代的 20 年间,居民平均可支配收入的连续大幅向上调整为其后具备高消费能力奠定了稳固的基础。收入增长最重要的动力来自于劳动力供需状况的改变,供给的连续趋紧成为要素价格上涨的直接原因。另外,还牵涉到"库兹涅茨拐点"的影响,"库兹涅茨曲线"是表征收入公平(社会效益)与经济增长(经济效益)间权衡关系的曲线,一般工业国在发展到一定阶段后,会出现继续促进经济增长的边际成本大幅升高,与此同时增加社会公平的边际收益却在相对扩大的现象。同样的资源,用于促进经济增长时的效果十分有限,但用于改善收入分配状况却成效显著。此时,社会将从前期一味追求经济效率,两极分化严重,逐渐转向向全社会收入分配的均等化。由于低收入人群的边际消费倾向要明显高于中高收入人群,因此社会消费支出将随着收入差距的缩小而出现提升。

　　消费能力的提升,直接推动第三产业发展,实现产业重心从二产向三产的转移。由此,经济增长就不再依赖要素高投入来实现,切换为高杠杆、高附加值和高技术含量

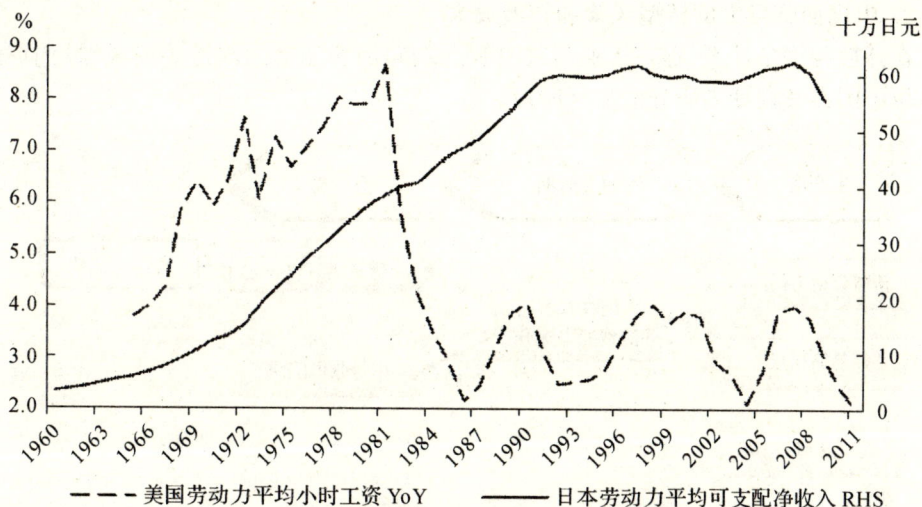

图 8　美国和日本在过渡时期的工资薪酬增长
数据来源：美国劳动部、联合国、日本统计局、Wind 资讯

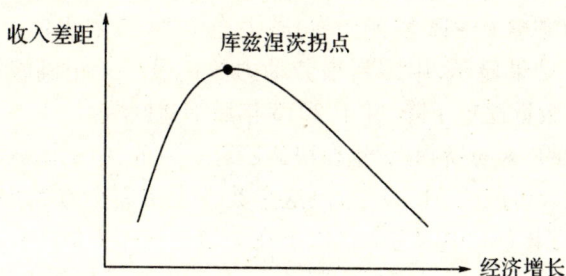

图 9　库兹涅茨拐点

的二次增长，这即为转型至发达国家的成功路径。

　　当然，转型也存在很大的风险，由于制度约束等原因，在过渡时期没能使消费能力得到足够增长，最终制造端优势消失而消费端模式又无法建立的工业化国家也不在少数，步入所谓的"中等收入陷阱"。典型的如一些南美国家(墨西哥、巴西、阿根廷、智利等)和南亚国家(马来西亚、菲律宾等)。探究陷入"中等收入陷阱"的国家转型失败的原因，我们不难发现一些制度性障碍是无法推动消费增长的关键，比如社会保障体系的不健全，造成实际收入水平增幅缓慢，削弱了由劳动力供给收缩对收入增长产生的总量效应；收入分配不合理则阻碍"库兹涅茨拐点"的跨越，使消费倾向进一步提升的潜在动能受到强制性挤压。

3. 中国面临巨大的转型风险和转型成本

在开放经济条件下,存在工业国家由制造端向消费端动态演进的模式,我们据此来定位中国在长周期内所处的发展阶段。

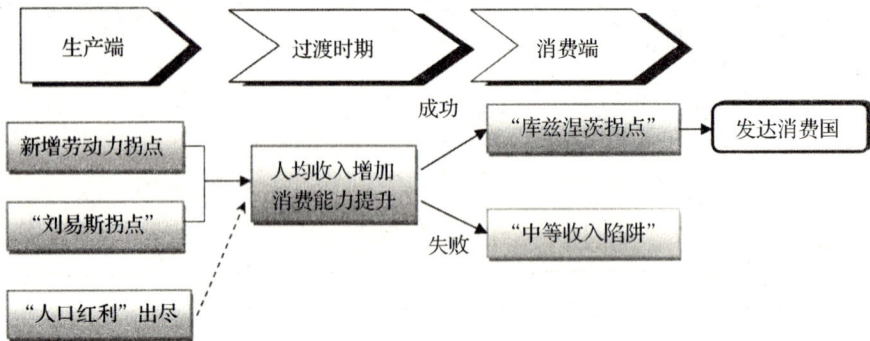

图 10　经济转型中的风险

目前,制造端优势被破坏的迹象已经在中国显现,在劳动力优势消失的重要预示指标中,新增劳动力拐点已过。出生率对未来的新增劳动力变化具有决定性影响,以 15 年前的出生人口(忽略 0～15 岁死亡率)减去当年的 65 岁人口可以匡算出当年的新增劳动力人数①。结果显示,中国新增劳动力数量最后一个高峰时点出现在 2005 年,此后新增劳动力数量逐年下降,并于 2015 年后加速回落。

另一方面,中国的"刘易斯拐点"也在快速趋近。目前,中国的城镇化率还比较低,截至 2011 年底城镇人口占比 51.27%,但这个数据无法完全真实地反映中国农业人口向工业部门转移的潜力。中国有 1 亿以上在城镇务工的人员持有的是农村户口,这部分人事实上已经成为城市工业部门的劳动力,然而在统计体系中却仍被算作农村人口,因此不能单纯以城镇化率较低来证明中国距离"刘易斯拐点"尚远。比较可信的标志是,如果进城务工的农村劳动力工资接近或达到了相同职业城镇员工的工资水平,在这种情况下城市工业部门就不再有动力从农村继续吸收劳动力。农村人口向城市转移普遍存在就业壁垒,一般集中在建筑业、住宿餐饮业、水利、环境和公共设施等雇佣低端劳动力居多的行业,这些行业中的城镇员工工资与农民工工资之间具有可比性。2008 年以来,农民工工资上升很快,与住宿餐饮业城镇员工的工资绝对水平已经非常接近。同时,在建筑业、水利、环境和公共设施,以及居民服务和其他服务业也表

---

① 当年的 65 岁人口以 2009 年的适龄人口推算得出,例如 2010 年 65 岁人口等于 2009 年 64 岁人口,2011 年 65 岁人口等于 2009 年 63 岁人口,以此类推。假设区间内不存在死亡率,假设每个年龄段中各个年龄的人口平均分配。

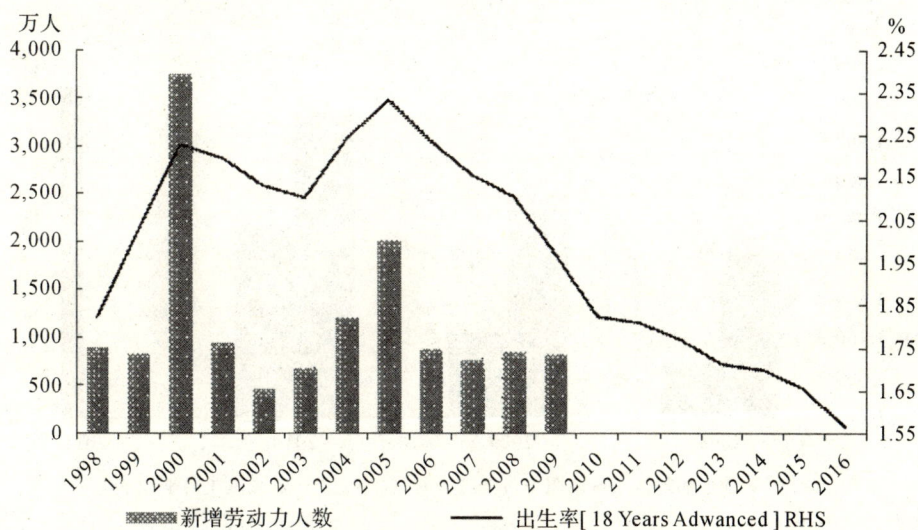

图 11　中国的新增劳动力数量与人口出生率

数据来源：国家统计局、Wind 资讯

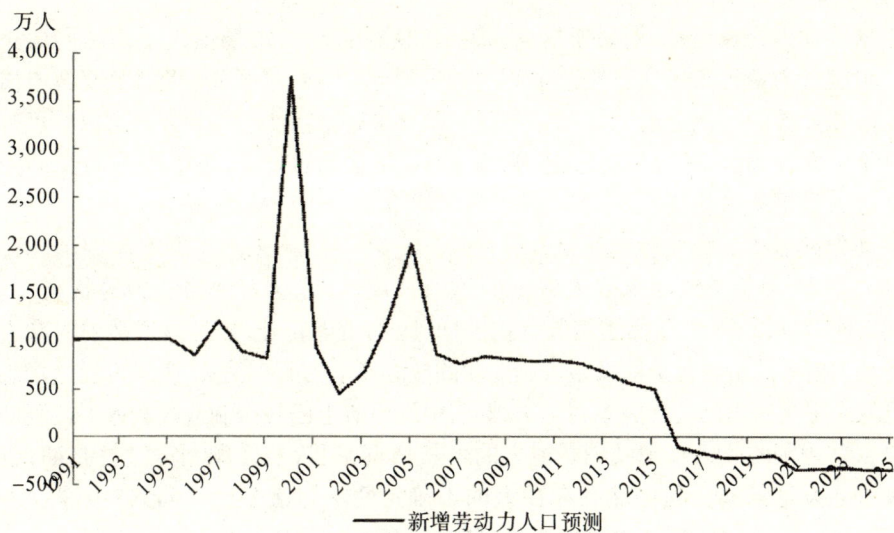

图 12　中国新增劳动力人口预测

数据来源：国家统计局、Wind 资讯

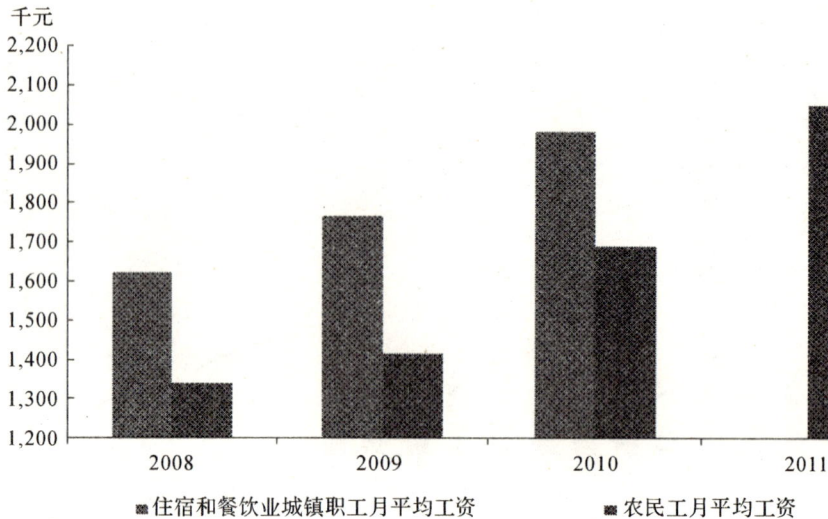

图 13　农民工平均工资和住宿餐饮业的城镇职工工资
数据来源：国家统计局、Wind 资讯

现出类似的现象。这些表明，廉价、充裕的农村劳动力向城市转移正临近尾声，中国的"刘易斯拐点"很可能即将到来。

　　新增劳动力拐点已过，刘易斯拐点临近，这使得劳动力市场供大于需的局面正在改观。中国人力资源市场信息监测中心的数据显示，2006 年开始，我国主要城市岗位空缺与求职人数的比例逼近 0.97 的警戒线，除 2008 年金融危机中这一比例有短暂的超预期下降之外，此后一直呈上升趋势，至 2010 年初超过 1.0，表明中国的劳动力市场正式进入供不应求的状态。

　　劳动力供需状况转变将导致要素价格的升高，事实正是如此，2006 年中国越过新增劳动力拐点，岗位空缺与求职人数比例达到警戒线，劳动力供给趋紧的状况出现。经过两年的调整，2008 年开始工资收入占 GDP 比例由降转升，并且呈现强劲的向上趋势。劳动力要素的价格优势以及中国制造业的核心竞争力正在消失，未来再通过增加劳动力投入来提高产出的边际成本将越来越高，中国事实上已经由制造端滑入了过渡期。

　　以目前中国的收入水平及消费能力的增长情况来看，能否顺利度过过渡期，成功转型并进入发达国家行列仍然存在很大的不确定性。与诸多已经陷入"中等收入陷阱"的发展中国家一样，制度性障碍为经济转型带来的不利影响正在显现。

　　其一，中国收入均等化（收入分配改革）的进程很不理想。很多发达国家在过渡时期都会在社会效益和经济效益之间进行重新权衡，由工会以及政府担纲，从制度上推动收入分配朝均等化方向迈进，从而加快"库兹涅茨拐点"的到来。此时，企业盈利下

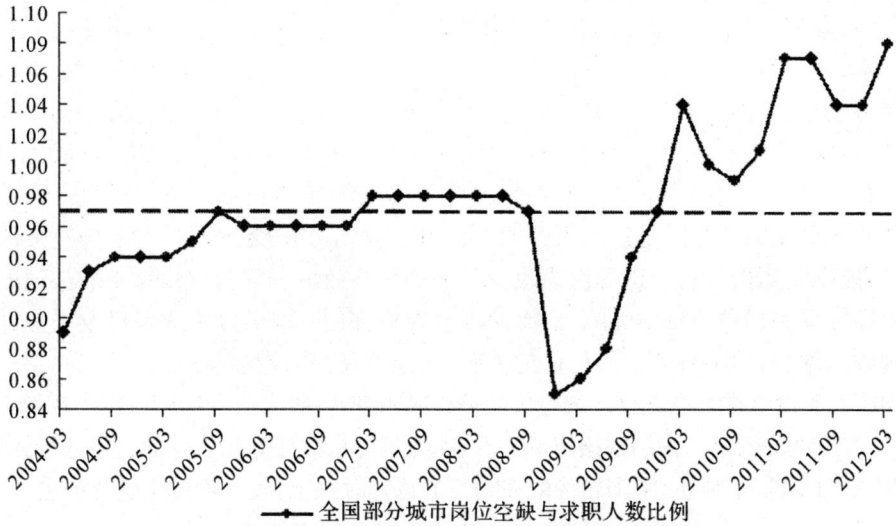

图 14　全国部分城市岗位空缺与求职人数比例
数据来源:中国人力资源市场信息监测中心

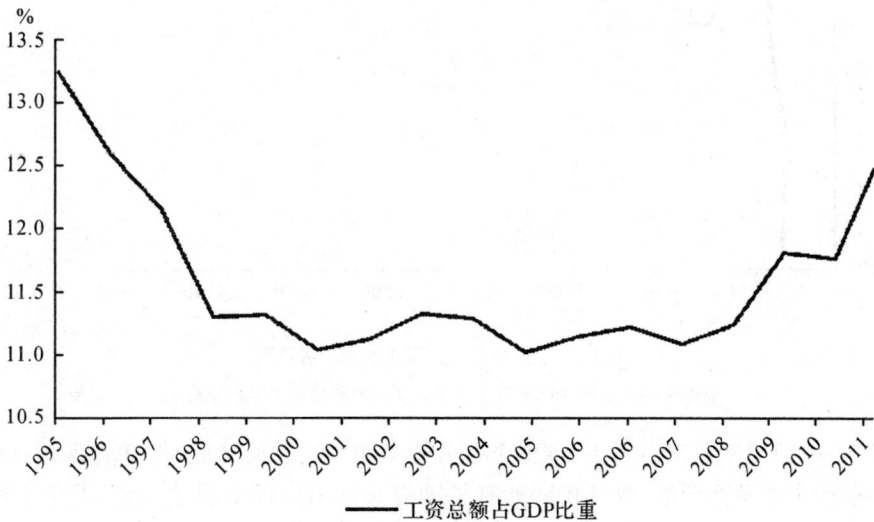

图 15　中国工资总额占 GDP 比重
数据来源:国家统计局、Wind 资讯

降而居民收入上升,人均产出的增长虽然放缓,但低收入群体的收入状况却能得到明显改善,带动整个社会的边际消费倾向出现提升。然而在中国,这样的制度性力量还远未形成,当下将中国推向"库兹涅茨拐点"的唯一动力来自于"刘易斯拐点"临近所产生的倒逼作用。"刘易斯拐点"临近时,劳动力市场由于供需状况的改变,被动推高低收入劳动者的工资水平,并以此在客观上缩小了社会各阶层的收入差距。这种力量的作用我们在实证上也确实能够观察得到。但是仅仅依靠"刘易斯拐点"所生产的推力来达成收入分配的均等化是远远不够的,最为明显的,被排除在劳动力市场之外的人群,不可能享受到由劳动力市场供需改变带来的价格效应。并且仅仅是工业部门的劳动工资能够受到这种力量的影响,而无法涉及农业部门。非劳动力人群以及农业部门要实现收入增长,缩小与高收入群体的差距,所能仰仗的只有制度性推力。

中国的制度型推力推进收入均等化的进程并不理想,收入分配制度改革尚在拟定之中,未见实质性的效果。我们根据田卫民的《中国基尼系数计算及其变动趋势分析》所做出的"库兹涅茨曲线"显示,中国已经处在拐点的选择时点上,收入均等化亟待推进。

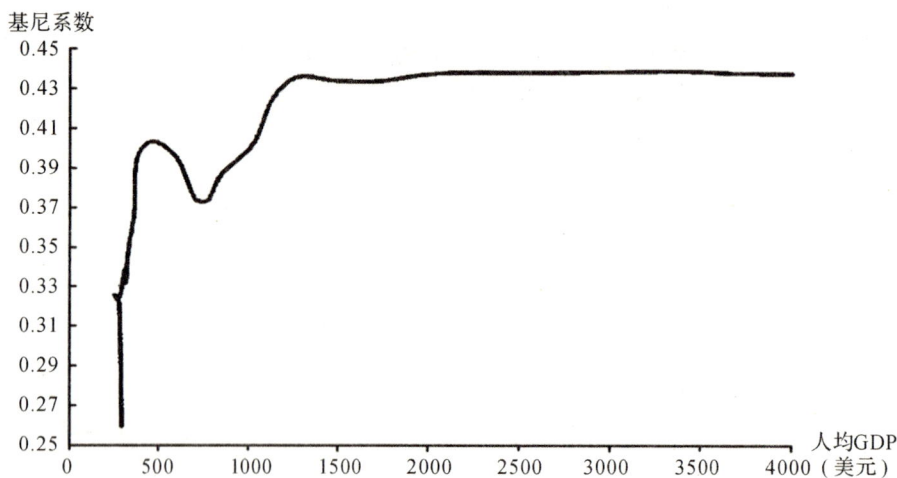

图16　中国的"库兹涅茨曲线"估算
数据来源:《中国基尼系数计算及其变动趋势分析》、世界银行

其二,中国的储蓄率居高不下,整个社会的消费倾向普遍偏低,这对消费能力的提升也存在很大的负面影响,这其中固然有长期沿袭下来的消费习惯问题,但更重要的是,没有一个健全、完善的社会保障体系可以带来高消费、低储蓄的安全感,人们不得不自行增加储蓄以供日后住房、养老以及疾病灾祸的不时之需。

在种种社会保障问题中,养老保险制度的问题最为严重。目前,我国实行社会统筹和个人账户相结合的养老保险制度。1997年,国务院发布《关于建立统一的企业职工基本养老保险制度的决定》，规定企业缴纳基本养老保险费的比例，一般不得超过企业工资总额的 20％，个人缴纳基本养老保险费的比例，1997 年不得低于本人缴费工资的 4％，1998 年起每两年提高 1 个百分点，达到本人缴费工资的 8％为止（现已达到）。企业按本人缴费工资 11％的数额为职工建立基本养老保险个人账户，个人缴费全部记入个人账户。这个缴费比例即使在发达国家也是相当高的，对个人和企业形成了极大的负担，影响了当期劳动者的收入水平和消费能力。而更严重的是，这种养老金制度的可持续性堪忧。我国的养老基金制度经历了一次制度转轨，之前实行的是现收现付制。这就不可避免地带来一个问题，将有一代人，他们年轻时的养老制度是现收现付制，他们的收入用于赡养上一代人，而他们年老时的养老制度变成了累积制，由于在他们年轻时没有缴纳过养老金，享受不到个人账户的养老基金，同时也没有人来为他们养老，这显然是有失公允的。解决的办法是实行部分累积制的养老金制度，一部分是个人账户，累积成个人的养老基金，一部分是统筹账户，由政府来实行再分配，将这部分资金用来支付和补贴转制时期人口的养老金。但问题是，目前我国社会统筹基金与个人账户基金是合并管理运营的，当期征收的养老保险基金包括个人账户基金，大部分被用于支付当期离退休人员的养老金，统筹基金严重挤占个人账户基金，个人账户基金一直近乎空账运行。据中国社科院拉美所所长郑秉文测算，截至 2010 年底，中国养老金个人账户记账额 1.9 万亿元，但其中的做实账户仅 2039 亿元，存在 1.7 万亿元的巨大缺口。这对中国养老机制的持续性是一个很大的威胁。支付危机已经浮出水面，延迟退休、推迟领取养老金的议题被提上日程，养老无保证的担忧是储蓄率居高不下的决定性因素，消费增长因此将长期难有起色。进一步，如果支付危机真的来临，不管是减付养老金还是延长工作时间，对消费都将造成更大的伤害。

收入分配制度改革步履维艰，制度改革如果能在不损害任何人利益的前提下提高部分群体的收益，这种改革显然容易进行，而如果改革需要在不同群体利益之间进行权衡和重新分配，阻力就会很大，这正是收入分配制度改革难以推进的原因。社保制度因为历史遗留的巨大漏洞，要扭转困局实现正常运行的难度也是显而易见。如果这两项制度没有实质改善，名义收入和消费倾向就难有明显增长，消费能力将继续徘徊不前。这使得我国转型消费端拉动的增长模式实现困难很大，较长时间处于过渡时期甚至陷入"中等收入陷阱"将是大概率事件。

中国在过渡时期内，消费增长乏力，产出增长依靠的还是制造端增加投入的模式。受益于之前的高积累和增长惯性，依靠这种模式继续实现增长是可能的。但是当农业人口的转移基本结束，工业部门增加劳动力投入就只能依赖劳动人口总量的增长。这显然也无法实现，新增劳动力已经越过高峰期并呈现回落趋势，这使得劳动力人口与就业人数之间的缺口逐渐弥合。这种模式继续下去，劳动力数量将成为经济增长的短板，限制经济增速的上限。以出生率估算的劳动力数量变化显示，中国在中长期内将

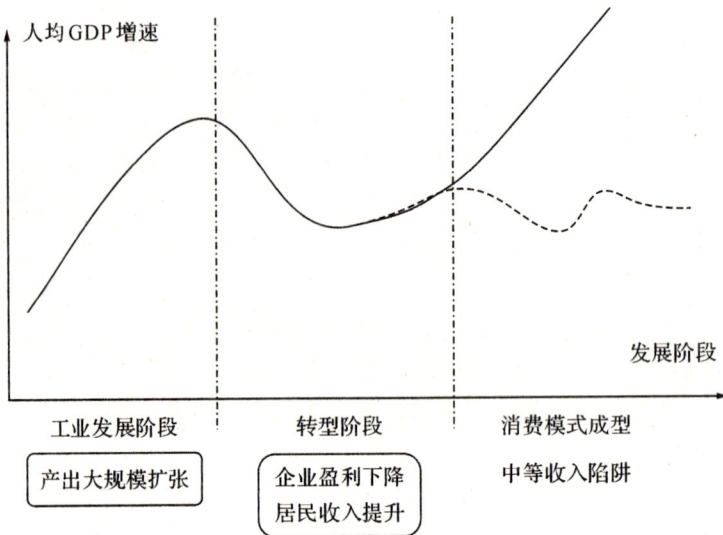

图 17 经济转型与消费模式的成型

进入一个较长时间的增长下行通道。同时,由于劳动力不再廉价,劳动力投入的边际效益越来越低,企业盈利将不可避免地下滑,进而很可能陷入低增速、低盈利、工资徘徊、消费能力停步不前的"中等收入陷阱"。从这个角度上看,目前中国经济增速的下行,是在制造端优势出尽,消费拉动力量不足的过渡时期,延续制造端的增长模式所导致的必然后果,而非超预期的失速下跌。这一点从经济增速连续下调,但产出缺口一直维持在零附近,不存在明显偏离中可以得到印证。如果经济增长模式不发生转变,这种下行趋势在较长时间都无法扭转。

即使我们对政策作很乐观的估计,假设下届政府开启收入分配制度和社保制度改革的进程,稳步推进,消费能力有显著提高,转型成消费端的增长模式,中国的经济也很难实现缓慢回落至均值区间的平稳转型,很可能经历一次震荡。首先,中国的转型成本很高,社保制度的历史上遗留问题带来的巨大缺口对转型是一个很大的负担。这种转型成本在美、日转型过程中并不存在。美国于 20 世纪 30 年代开始建立社会保障制度,1935 年公布了社会保障法,1939 年增加伤残保险和老年配偶养老保险,1942 年正式付诸实施,开始支付退休金。1965 年增加老人医疗保险,1972 年增加了残疾者医疗保险,至此,作为第一支柱的基本保障体系已经相当健全。更重要的是,美国从一开始就积极推进商业保险发展,通过免税支持企业或者个人投保商业险,形成有力的社保第二支柱,社保制度相当完善。日本在二战后构建社会保障体系,至 1961 年基本搭建完成"全民皆年金、皆保险",涵盖生活保护、医疗保险、养老保险等多项的社会保险

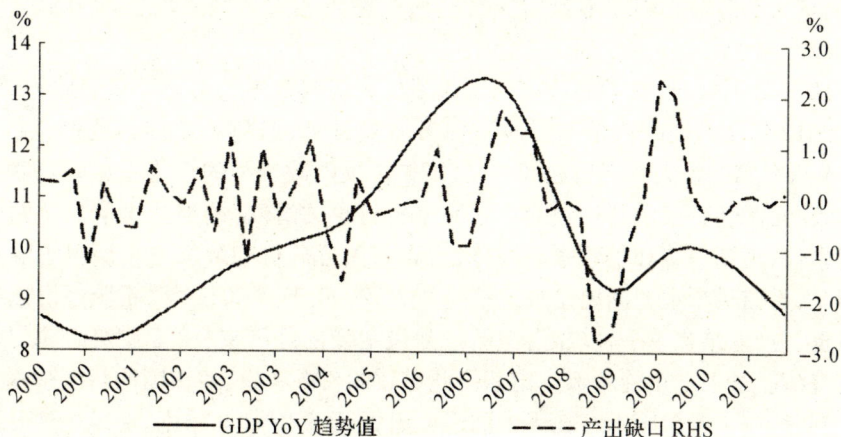

图 18　中国经济潜在增长率与产出缺口
数据来源：国家统计局、Wind 资讯

制度体系框架。经过 60 年代经济高速发展的黄金时期,在充足财力的支撑和欧洲福利国家思潮的影响下,70 年代日本社会保障标准进一步提高。形成三支柱的完备的社保体系:第一支柱为全民皆加入的"国民年金",第二支柱为按收入比例交纳的"厚生年金"以及"共济年金",第三支柱为企业自主缴纳的"企业年金"。美国、日本早在开始向消费端的转型之前就已经建成了良好的社会保障体系,不存在中国面临的社保方面的转型成本。可以想见,即使中国解决了阻碍消费能力的社保制度障碍,在其中付出的代价也会使得中国在转型期经历一次阵痛。但这很可能是中国走入消费模式,三产稳健增长,有望接近发达国家行列的必经之路。如果转型消费端成功,中国的经济将会开始与此类似的发展模式,经济以贴合新增劳动力变化的增速增长。虽然无法达到现阶段的 GDP 高增长水平,但在消费的拉动下,经济将脱离制造端依靠要素投入的增长方式,实现可持续的内生性发展。

二、外围环境不佳:欧洲持续低迷,美国复苏遇阻

1. 欧债危机将长期掣肘欧洲经济增长

始自 2009 年底的欧债危机一直波折不断,利空和利好的消息脉冲式地刺激着各方投资者的神经。紧张局势时有出现,希腊债务违约的危机、退出欧元区的风险都曾让市场大捏一把汗,所幸最后都在艰难的各方博弈中被勉力化解,避免了欧债问题走向最坏的境地。但很明显,这种"头痛医头,脚痛医脚"的救助无助于问题的彻底解决,欧债危机非但没有缓和向好的迹象,反而步步紧逼,从冰岛、希腊等相对边缘的国家向

西班牙、意大利等核心国家蔓延,甚至德、法的融资能力和经济增长动力都受到波及影响。

2012 年 3 月 9 日,在希腊政府与私人债权人谈判期限的最后一天,债务重组协议达成。2012 年 4 月 25 日,希腊完成了债务置换计划,避免了无序违约的危机。6 月 21 日,希腊在第二轮大选之后组阁成功,抵御了反财政紧缩的激进左派政党联盟的强烈反抗,欧元区随后表示开始救助计划的重新讨论,"退欧"的担忧缓解。这两个重要的转折事件,短期内缓和了紧张的局势,为寻求债务危机的解决方案赢得了喘息的时间。但是,希腊最严重的问题是缺乏偿付能力,2008 年到 2010 年,希腊经济连续三年加速衰退。产业结构单一,以旅游与航运为最主要的经济支柱,工业实力薄弱是希腊的固有弊病。过去十年的超额支出和由此导致的债务积累,使该国的经济基本面严重恶化。同时,由于希腊国内存在强大的工会组织,工资黏性非常强,造成生产要素价格变化的灵活度显著低于爱尔兰和西班牙等其他问题国家,即使经济衰退、失业率高涨时,劳动力价格依然居高不下,进一步伤害生产。加之持续严格的紧缩政策,希腊中长期内都看不到经济增长的动力,陷入持续低迷甚至负增长是几乎可以肯定的。短期内,希腊只能依赖外部援助勉强度日,同时,紧缩能力不济,不断地挑战援助方的底线也是希腊不得不作的选择。希腊的债务问题注定在拉锯式的谈判和妥协中一直绷紧市场的神经。紧缩的阵痛对这个已经习惯了高福利、高消费的国家而言是非常痛苦和难以承受的,而德国为首的欧元区援助方也正渐渐地丧失对希腊"瘦身"成功的耐心和信心。希腊退出欧元区的风险虽然短期内暂缓,但当市场有了足够的准备,希腊退欧的时间窗口将打开。希腊的退出不可避免地影响到欧元的地位,抬高债务问题国家如西班牙和意大利的融资成本。而最恶劣的影响在于,如果希腊的退出带来了其他国家紧跟其后退出的羊群效应,这对欧元区来说就是毁灭性的打击。所以,现在问题的关键不在于对希腊这样一个小体量的经济体是救助还是放手,而在于如何避免核心国家的风险感染,以至发展到不可收拾的地步,对西班牙、意大利的干预救助就显得尤为重要。

2012 年 6 月 9 日,西班牙向欧元区申请总额为 1000 亿欧元的援助,成为继希腊、爱尔兰、葡萄牙之后第四个请求外部救助的国家,这标志着欧债危机已经从边缘国家蔓延至核心国。西班牙是欧元区的第四大经济体,GDP 占该地区总产出的 12%,比债台高筑的爱尔兰、葡萄牙和希腊的总产出多两倍。目前西班牙国债总额占 GDP 的比重为 68.5%,财政赤字的比例为 8.5%,短期面临偿债高峰,十年期国债收益率一直徘徊在 7% 的警戒线附近。穆迪将西班牙国债评级从 A3 下调三级至 Baa3,并考虑进一步下调至垃圾级,债务危机已经迫在眉睫。

更为复杂的是,西班牙并非如希腊一样仅仅是高福利支出带来的财政赤字和债务累积,它还叠加了房地产泡沫破灭后银行资产恶化与主权债问题的恶性循环。1998—

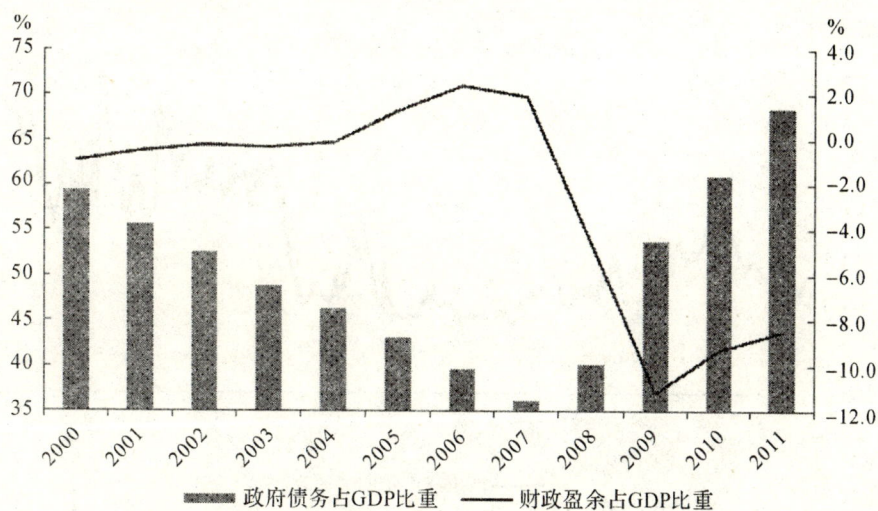

图 19　西班牙国债占 GDP 比，财政赤字占 GDP 比
数据来源：世界银行、Bloomberg

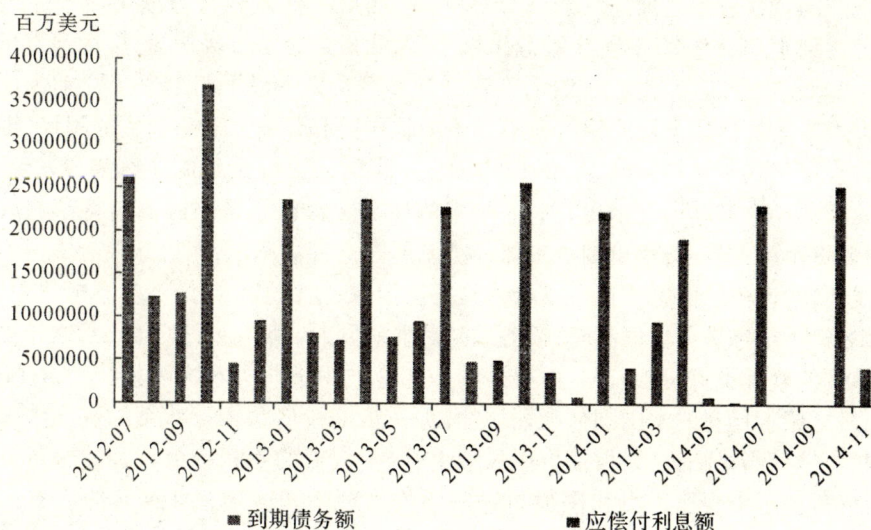

图 20　西班牙的到期债务量
数据来源：Bloomberg

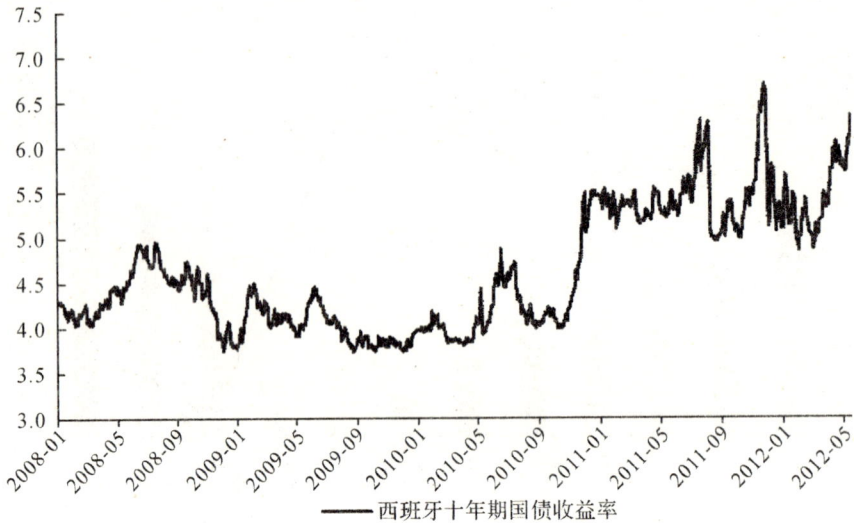

图 21 西班牙十年期国债收益率
数据来源：国家统计局、Wind 资讯

2008 年间，西班牙的房地产业经历了一轮高增长，全国平均房价上涨三倍多，银行业对房地产的贷款也随之攀升。2011 年四季度，西班牙商业银行贷款中用于建筑业的比例已达到了 52%。2008 年金融危机爆发后，西班牙金融市场崩盘，房地产市场泡沫破裂。2009 年到 2011 年这三年间，西班牙房地产价格下滑了约 15%。之前为房地产市场提供了大量信贷支持的银行业不得不面临居民和开发商双重违约的困境，银行系统面临大量贷款呆账和坏账，至 2012 年 4 月，西班牙银行系统的坏账规模达到 1530 亿欧元，较 2007 年高出近十倍，创 18 年来的新高。银行体系陷入困境将影响放贷能力，削弱货币放大效应，严重制约实体经济发展。这种情况下，西班牙政府不得不扩大国债规模，融资救助西班牙银行或者为其提供担保，主权债和财政赤字不断累积，终于在 2012 年下半年进入偿债高峰，债务风险凸显。同时，两轮 LTRO 中，西班牙银行获得了廉价的欧洲央行贷款，这其中有很大一部分被用于购买本国国债套利，LTRO 之后，西班牙银行持有的本国国债大幅增加，进一步主权债和银行体系的资产牢牢捆绑在一起。偿债高峰临近，主权债信用风险上升，主权债的不断贬值将加速银行资产的恶化，银行迫于资金压力抛售国债将进一步推高利率。这种恶性循环的后果很可能是，西班牙无力偿还高利息的主权债，因此不得不进行类似希腊的债务重组，出现主权债减记或者违约，这对资产质量已经严重恶化的银行体系不啻于毁灭性的打击。如果西班牙的银行危机进而波及到意大利和整个欧元区，这对于欧洲乃至世界经济都是难以消化的恶果。

所幸的是,西班牙的主权债问题和银行体系困境还没有演化到不可收拾的地步,西班牙求助欧盟助其完成银行系统资本重组是将风险提前释放的明智之举。6 月 9 号,西班牙申请救助之后,欧元区财长随即通过电话会议达成口头协议,同意向西班牙提供总额不超过 1000 亿欧元的贷款援助。7 月 10 日凌晨,欧元区财长会议就西班牙银行救助方案部分具体细节达成政治共识:第一,允许西班牙将 2013 年完成的 3% 赤字率计划延长一年。第二,原则上同意对西班牙提供总额 1000 亿元的援助贷款,依情况分批拨付。首笔 300 亿的贷款有望在 7 月底到位,但需要各国财长在 7 月底得到各国议会批准(之前表示反对的有荷兰和芬兰),并在 7 月 20 号的财长会议上正式通过方能获行。西班牙获取的救助贷款最长期限将为 15 年,平均期限为 12.5 年,贷款利率预计在 3% 至 4% 之间,由于 ESM 的生效时间一拖再拖,本笔贷款仍将由 EFSF 直接提供。欧盟发言人称,欧盟贷款有特别的会计处理,该贷款不会影响西班牙财政赤字,并且援助款不享有优先求偿权。之前市场对于此次救助银行业的方案会要求政府担保,从而加重主权债危机的担忧被打消。

本轮财长会议虽有利好消息,但却很难让人松一口气。一方面,本次会议仅是在各国财长层面达成一个政治性的协议,需要各国议会同意方能放行。并且,本次没有谈及具体的贷款发放形式,所有技术性细节的敲定要推迟至 20 日。据估算,为防止包括 Bankia 在内的国有化银行倒闭,未来数周该国至少需要 400 亿欧元,目前该笔资金尚无着落。更重要的是,此次援助方案又是一个灭火式的临时措施,6 月底欧盟峰会达成的几项重要的制度型的措施协议,如 ESM 可以直接注资银行体重组、可以直接购买重债国国债等的细节磋商都被避重就轻地忽略了。ESM 直接注资银行的细节讨论被放到了 9 月以后,并重申以统一银行监管机制建立为前提。会议也没有就 ESM 干预欧元区债市的问题取得明显的进展。而 ESM 直接介入银行体系或者国债市场才是切断主权债务和银行业危机负循环链条的长久机制,仅仅向银行提供贷款甚至可能出现 LTRO 之后银行持有国债增大,负循环链条捆绑得更加牢固的情况。

欧债危机演至眼下的局面,已到了悬崖边缘,以战争来比,如果说希腊是一座可守可弃的防御工事,西班牙就是一条不容有失的关键防线,希腊丢了是断臂阵痛,西班牙倒下却是锥心一剑。临时性的救助措施是赢得喘息时间的必要之举,却无助于问题的解决,时至今日,不破不立,进行结构性改革、建立财政联盟和严格的监督约束机制已成必然之选。这正是为什么一年前德国提出财政一体化时被晒为天方夜谭,然而一年之后财政联盟的推进已经成绩斐然。下表列出了财政联盟的推进进程。

2012 年 6 月底,欧盟峰会讨论了由欧洲理事会、欧盟委员会、欧洲央行和欧元集团共同起草的题为《走向真正的经济与货币联盟》的计划草案。该计划草案为未来经济与货币联盟发展提出了四大重要基石:一是统一的财政框架,二是统一的预算框架,三是统一的经济政策框架,四是加强民主合法性和问责制。峰会最终提请欧洲理事会主席范龙佩与欧盟委员会主席、欧元集团主席和欧洲央行行长一起基于计划草案制定出具有明确时间表的经济与货币联盟路线图。如果这个草案获批,欧盟将获得影响深远的权力,可改写那些违反债务和赤字规则的欧元区国家的预算。

表 1　财政联盟的进程

时间	进程
2011 年 12 月 12 日	欧盟峰会通过一项新的"财政协议",加强成员国经济政策协调,协议细化规定称:财政赤字占 GDP 的 3%、政府债务占比超过 60% 触发的自动惩罚机制。但英国的反对令该协议充满变数。
2012 年 1 月 30 日	27 个欧盟成员国中有 25 个(除去英国和捷克)同意加入新的"欧盟财政纪律协定",表示愿意在 3 月 1 日前签署财政契约。
2012 年 3 月 2 日	在欧盟春季峰会上,除英国和捷克外的欧盟 25 个成员国正式签署了《欧洲经济货币联盟稳定、协调和治理公约》,即欧盟新"财政契约"。细化了协议规定和惩罚机制,并给明了进展流程。一旦得到 17 个欧元区成员国中的 12 国批准,财政新约便可付诸实施。同时,该协议写入缔约国宪法,具有法律效力。
2012 年 6 月 28 日	欧盟峰会欧盟峰会讨论了《走向真正的经济与货币联盟》的计划草案。并提请欧洲理事会、欧盟委员会、欧洲央行和欧元集团基于计划草案制定出具有明确时间表的经济与货币联盟路线图。若草案获批,欧盟将可改写违反规则的国家的财政预算。

资料来源:公开资料整理。

　　欧债危机的实质根源在于欧元区国家货币主权和财政主权分离。欧元区国家虽然使用同一种货币,但这些国家没有统一的财政政策。各国的财政政策不是从欧元区的集体利益出发而制定。执政党为了本国利益和民意支持,超发国债,提高福利,为欧债危机的发生埋下了隐患。目前来看,财政联盟的推进比预期更快,德国以拒绝救助为威胁,不惜以危机深化为代价迫使各国接受财政一体化的态度十分强硬有效。当然,出让财政大权对每个国家来说都是一个艰难决定,只有在濒临绝境时才能勉强接受,可以想见,这场博弈必将十分惨烈,在危机尚为缓和的时期,财政联盟不会成型;必得在危机深化,局势紧张之时,财政联盟才能得以推进,同时出台临时性的举措,为危机做一缓冲,直至真正的财政一体化形成,欧债问题彻底解决。一年多以来欧债形势波折不断、反复不定的事实也印证了这一点。

　　欧央行依然会为欧洲经济提供流动性支持,包括近期的降息,延长 LTRO 的操作时间。欧洲央行更表示,更多长期的 LTRO 也有可能;甚至是 SMP,这都取决于市场情况而定。但这种脉冲式的刺激对经济的影响已经越来越小,正如德拉吉所强调的,债务危机的解决,未来几年财政融合才是关键。某些欧元区国家的问题跟货币政策无关,货币政策不能解决成员国缺乏行动的问题。也就是说,欧洲央行可以继续为解决债务危机创造时间,但解决债务危机的主角已经不是欧洲央行,未来还需看财政联盟的建立。欧盟峰会也注重了对经济的支撑,达成了 1200 亿欧元的"一揽子"刺激经济增长计划,资金来源也已经初步商定,这些钱将投向欧盟所有国家,尤其是那些处于困境的国家,但 1200 亿欧元仅占欧洲 GDP 的 1%,具体的实施效果还有待观察。欧元区一季度 GDP 同比增长 0.3%,增长陷入停滞,二季度 4.5 月份的工业生产指数跌幅加大,预计 GDP 同比将回落至负值。6 月份制造业 PMI 继续下滑至 45.1,连续 11 个月位于 50 的荣枯平衡点之下。7 月份 Sentix 投资信心指数跌至 −29.8,连续 11 个月徘徊在负值区间。目前欧洲经济尚看不到起色的迹象,欧债危机将长期掣肘经济的增长,一到两年的低迷,甚至部分时间区间的衰退是欧洲人为这场危机所必须付出的代价,也是对前期货币统一的红利、高福利生活的补偿。

图 22　欧元区工业生产指数和 GDP 同比

数据来源:欧盟统计局、Wind 资讯

2. 美国复苏并非坦途

2012 年,美国一季度 GDP 环比折年率 1.9%,低于预期。二季度以来的就业数据,制造业数据以及消费和库存数据也显示出不同程度的疲软,美国的复苏进程没有想象中顺利。

2012 年 6 月,美国 ISM 制造业 PMI 下降至 49.8,这个 2009 年年中美国经济复苏企稳三年来首次跌破 50 的荣枯平衡点,分项指标中,新订单指标的降幅最大,从 5 月份的 60.1% 大幅下滑至 47.8%,成为拉动 PMI 下行的主要力量。新出口订单也经历连续两个月的下降之后滑入 50 以下的收缩区间。在欧洲受债务危机拖累陷入低迷,中国潜在增长动力下滑的情况下,美国的外部需求不可避免地受到波及。同时代表家庭杠杆化率的家庭债务余额占 GDP 比率仍在下降通道中,表明居民去杠杆化的进程尚未结束,但下降速度放缓预示去杠杆化可能接近尾声。去杠杆化结束之前,国内消费很难看到趋势性转暖的迹象,这对高度依赖国内消费的美国经济是严重的制约。

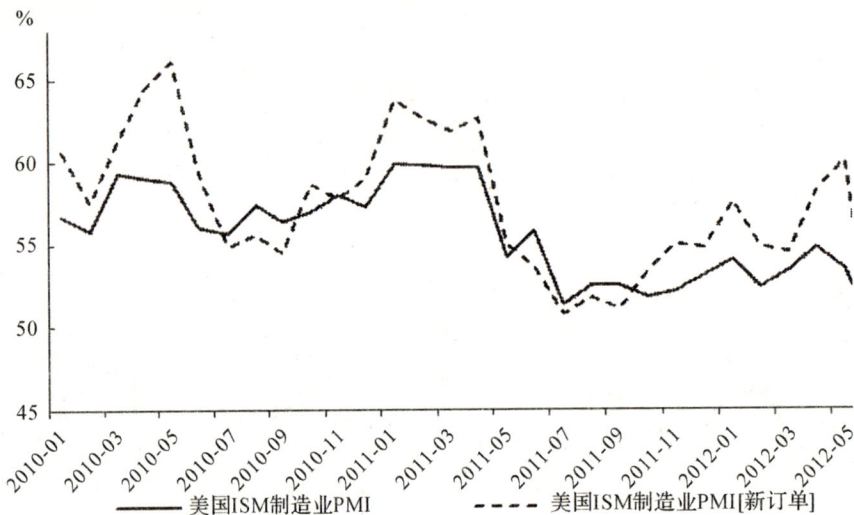

图 23　美国 ISM 制造业 PMI 与 PMI 新订单分项
数据来源:美国供应管理协会、Wind 资讯

　　库存增速自 2011 年年中起连续回落,理论上说,库存是连接生产和销售的中间环节,库存变动代表的是供给面和需求面的相对变化,但是,库存绝对量的变动往往包含这经济体量变化的影响,相比于库存指标,库销比更能直接单纯供需两方的力量对比。库销比和价格在历史上有良好的反向关系,这非常容易理解,价格也是代表供需相对强弱的指标,供大于需时,价格下降,库存累积,库存相对于销售增多,库销比抬升。反之,供小于需,价格上涨,原有库存被消耗,库销比下降。通常来说,价格对供需的反映更灵敏,而库存的调整则需要较长的时间,因此,价格变化略微领先于库销比。目前,价格下降的趋势比较明显,反映经济领域需求疲软,未来库销比上升是大概率事件。也就是说,相比于销售,库存依然是偏高的,去库存过程继续,在供需力量发生转变之前,补库存拉动经济繁荣的良性循环难以启动。

　　劳动力市场是美国经济的重要组成,也是很多政策的关注焦点。2012 年二季度的美国新增非农就业人数相比一季度明显回落,二季度三个月的新增非农就业人数都

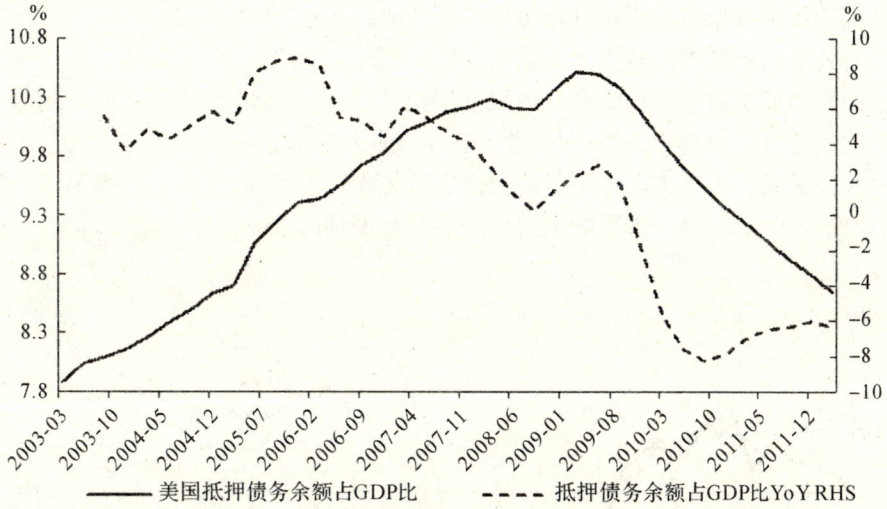

图 24　美国居民去杠杆化进程
数据来源：美联储、Wind 资讯

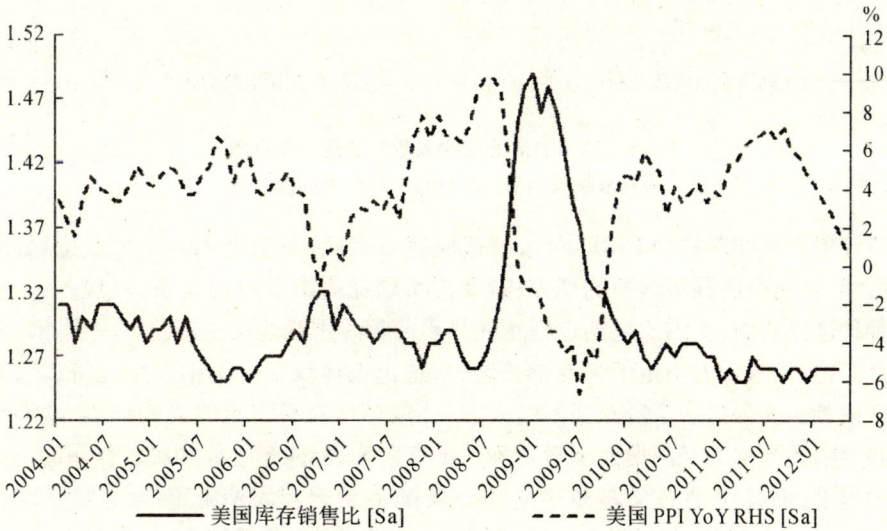

图 25　美国的库存销售比和 PPI
数据来源：美国商务部、美国劳工部、Wind 资讯

维持在8万人以下,与一季度月均22.5万人的新增就业人数相去甚远。这部分预示了二季度的经济数据表现也难以超越一季度,2012年上半年的经济增长将令人失望。美国政府处于财政紧缩削减赤字的需要,持续裁员,对新增就业数据是负向拉动。私人部门的新增雇员数与需求的景气情况密切相关,制造业的新增就业人数与制造业新增订单的增速具有同步相关性,服务业的新增就业与个人消费项的服务业支出也有良好的一致性关系。内外需动力不足的负面影响将作用在劳动力市场,很容易形成就业疲软,拉低收入水平,进一步影响消费市场的恶性循环。

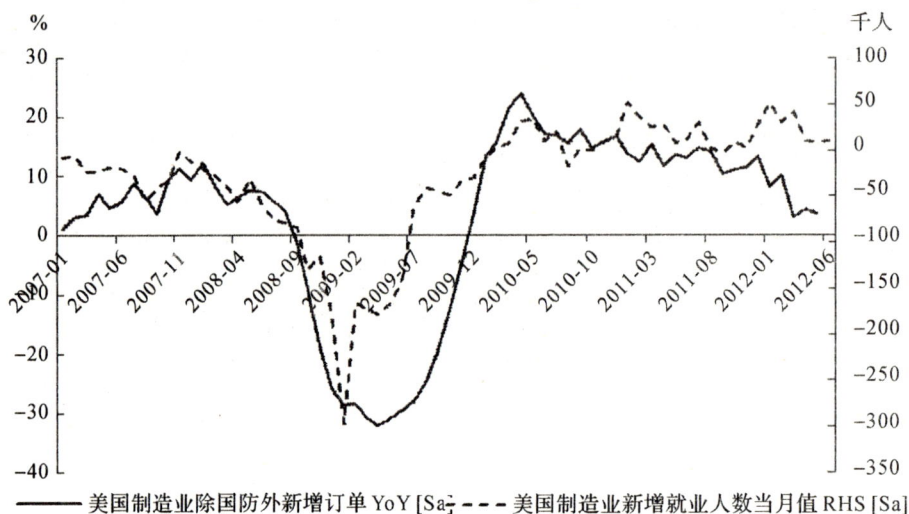

图 26 美国制造业就业人数与制造业新订单
数据来源:美国商务部、美国劳工部、Wind资讯

新订单大幅回落拉动PMI下行,制造业前景看淡;库销比依然处于低位,去库存过程继续,难见经济强势增长的动力;劳动力市场受需求萎靡的波及,表现差于预期。以上种种迹象表明,美国的复苏进程正在经历曲折和困难。这些迹象无一例外的剑指同一个问题:需求动力不足带来的增长乏力,这也正体现了一个消费型经济体对需求的强烈依赖。美国是一个贸易逆差的大国,外围环境对其需求的影响较小,欧洲经济低迷和中国转型期的经济增速下滑对美国虽有影响,但能起主导和决定作用的还是其国内的需求,而其中消费又是重中之重。美国消费迟迟没有起色的主要原因在于2008年的金融危机后,居民开始了去杠杆化的进程,减少负债消费,提高储蓄率,这有助于增强金融体系的抗风险能力,但对于当期消费是一个严重的负面影响,去杠杆化不结束,消费难抬头。所幸的是,两年的去杠杆化历程现在正在接近尾声,首先,杠杆化率虽然仍在下降,但下降的速度明显减缓。其次,房地产市场回暖,改善了家庭的资

产负债情况。新建住房销售已超过 2009 年和 2010 年同期的销售额,全美住宅建筑商协会(NAHB)/富国银行住房市场指数也已经回升到 2007 年危机之前的水平。房地产是本轮去杠杆化的触发原因,房地产回暖将支撑居民维持现有的已经相当低的杠杆率不再去化。并且,眼下的美国经济也并非没有亮点,劳动力市场上单位小时工资和每周工作时间都有小幅上涨,显示就业情况有相当大的好转可能性。同时,低通胀对消费能力也有正面的推动作用。一旦去杠杆结束,消费能力增强,就业随之改善,这就是美国跨越坎坷反复的复苏之路,实现重回趋势性增长的契机。

因此,虽然就业市场、库存指标和制造业数据的表现都不尽如人意,但这并不代表美国经济的全面后退,而是同一个症结不同领域的表现。基于需求恢复已经有希望的判断,我们对美国中长期内的增长前景依然持相对乐观的态度。毕竟,短期的反复和调整并不能掩盖美国这个强大经济体的内生增长动力,也不会影响美国经过缓慢的自我调整之后重回高增长的进程。但是短期而言,内部需求低迷,叠加欧债危机的负面影响,以及下半年即将到来的"财政悬崖"的风险,美国今年的增长压力巨大。目前美国的国债总额接近法定上限,年底大选之前再次调整债务上限已经不太可能,财政赤字的空间已经很小,财政紧缩削减开支的措施只会更严厉。同时,始自布什政府的税收减免政策将于今年和明年初全部到期,如果没有相关的调整政策出台,财政开支缩减叠加税收增加预计将有 4 万亿美元的财富从私人部门抽离,称为"财政悬崖"。虽然我们认为,经济已经萎靡的时期,财政还如此雪上加霜的可能性不大,两党将能够采取措施,避免"财政悬崖"的恶果真正全部施加与实体经济。但毕竟,大选之前的政局有太多的不确定性,选举结束之前就到期的政策能否达成协议延期或者变相延期难有定论,这对于下半年的经济增长是个不小的风险点。2012 年上半年的 GDP 增速下滑至 2% 以下是比较确定的事情,全年增长甚至也不会有令人满意的表现。2012 年 4 月,美联储曾预测今年美国经济增速在 2.4% 至 2.9% 之间,但 6 月末将增速预期下调至 1.9% 至 2.4% 之间,并且一并下调 2013 年和 2014 年经济增速预期。国际货币基金组织(IMF)预计 2012 年美国经济增速为 2%,2013 年为 2.3%,比 4 月份报告预测的 2.1% 和2.4% 也有所降低。

三、内忧叠外患,中国经济短期仰仗政策托底

中国目前正在经历长经济周期中的转型过渡时期,制造端的优势已经褪去,而消费能力尚不足以拉动三产大发展,引领起二次增长。经济的潜在增长动力下滑,曾经的高增长无法持续,产出将明显地下降一个台阶,这种下降的趋势在长周期内是不可逆转的。从需求端来说,外围经济增长乏力将不可避免地影响到出口需求。欧洲经济受欧债危机的影响陷入低迷,美国国内需求动力不足是制约强势复苏的重要障碍,中

国的出口即使没有大幅下降,也将维持低速的增长,不可能成为拉动需求的强劲动力。消费能力受到收入分配制度和社会保障制度推进缓慢的制约,在中期内难有明显起色。2012 年开始,制造业盈利持续负增长,投资中制造业投资受行业景气度影响下行趋势明显。房地产投资和基建投资是未来需求面唯一可能的亮点。房地产回暖是支撑二季度 GDP 下滑缓于预期的重要力量,但房地产拉动增长的动力难以持续。房地产投资由房地产销售决定,房地产销售基本上是由房价上涨带动,本轮也是如此,二季度房地产销售面积同比下降了 7.67%,而销售金额则上涨了 1.2%。然而房价的上涨却很难持续,一方面,受支持刚需购房、打击投资购房的政策影响,目前刚需购房占房地产销售总量的绝大多数,而刚需对价格敏感,房地产价格难有大幅增长。另一方面,房价上涨已经引起政策当局的关注,房地产调控政策的走向可能对近来房价回升的预期构成压制。7 月 7 日,温家宝在江苏调研时强调,"要毫不动摇地继续推进楼市调控工作,绝不能让房价反弹"。据此推断,本轮房价涨幅有限,从而销售和投资增长都将趋缓,房地产回暖的力度较小,依靠房地产继续拉动三、四季度经济增长的可能性不大。政府主导的基建投资将是下半年托底经济的主要力量。

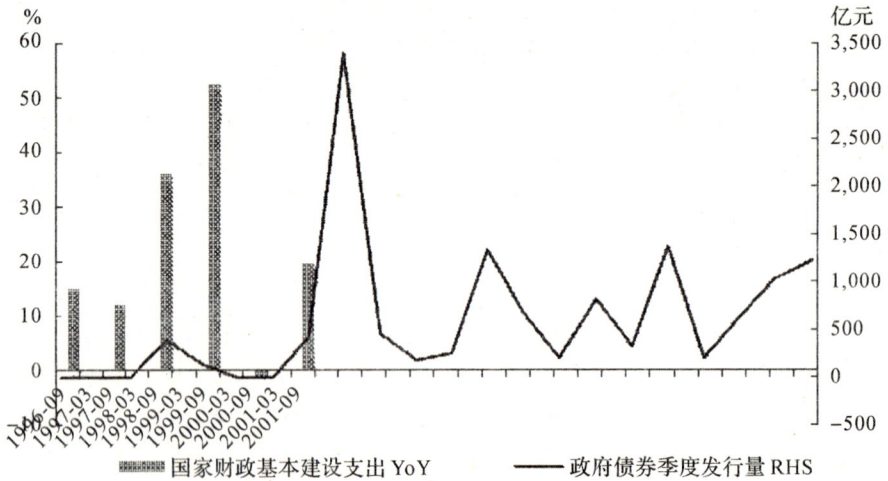

图 27　亚洲金融危机时期的财政支出
数据来源:国家统计局、中国债券信息网、Wind 资讯

基建投资带有明显的政府主导、逆周期操作特征,对当期的经济拉动非常明显,但也会埋下隐患。1998—1999 年和 2008—2009 年两轮由外部金融危机引发,以刺激经济增长为目标的投资周期中,政府都进行了大型的基建项目投资拉动。政府的投资计划要得以贯彻,需要强大的财政支持和融资保障。1998—1999 年,中央主要通过增发长期国债(1999 年还另外发行期限为 30 年的 2700 亿元特别国债)来筹措建设资金,

通过财政直接下拨;而 2009 年四万亿投资计划的执行主要依靠商业银行向地方政府(城投公司)下发贷款用于工程建设。中央财政的支出毕竟十分有限,仅用于先期开工,后续工程能否顺利进行取决于地方投资是否跟得上。因此,积极的财政政策必然需要宽松的货币政策来配套,两者共同推进才有可能达到预期效果。1998—1999 年、2008 年的降息周期即为融资成本的同步下降,对经济的回升起到了关键性作用。

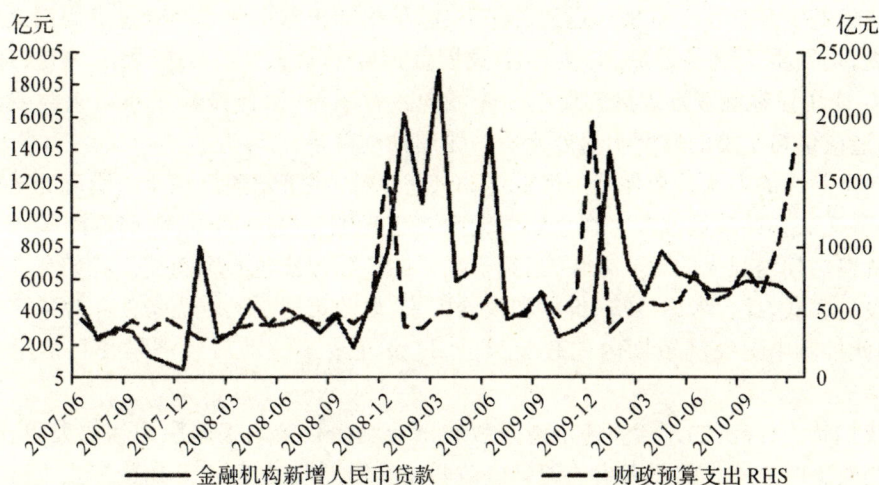

图 28　美国次贷危机时期的财政支出
数据来源:国家统计局、中国人民银行、Wind 资讯

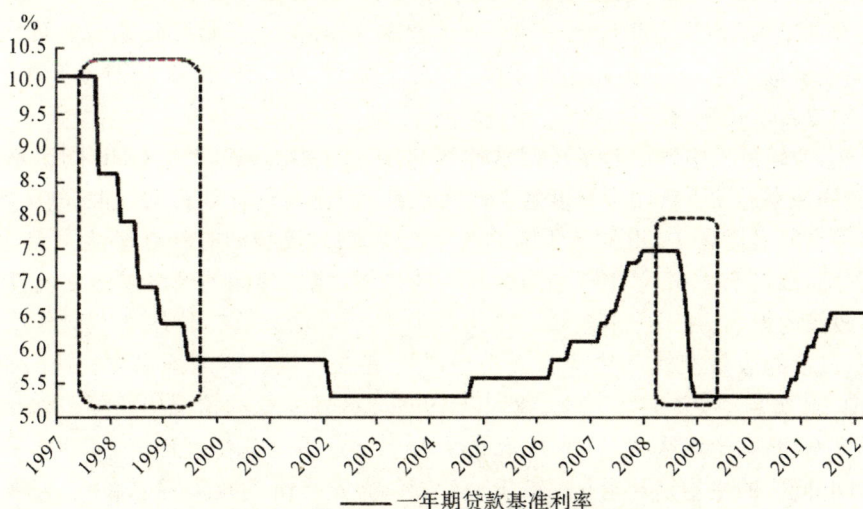

图 29　货币价格的宽松:下调贷款基准利率
数据来源:中国人民银行、Wind 资讯、财通证券研究所

　　然而,此类出于顶层设计的投资计划,在成为经济增长的强心针同时,也存在不容忽视的负面作用,其中比较明显的是每轮高投资之后都会出现一波通胀高企。这是因为,为配合投资计划的执行,会辅以宽松的货币政策,被动增加流动性的供应。在经济低增长时期,货币流通速度会出现较大程度下降,货币大量投放以数量抵补这种下降,以保持经济体具有恰当的流动性水平。一旦经济回升,已投放的货币难以收回,货币流通速度的上升会使存量货币迅速膨胀,引起价格非正常上涨。两轮投资周期之后的一年内,均发生了这种现象,是为中国式投资周期的负效应。需要指出的是,1998、1999年使用债券融资方式投放货币并未经由银行系统,因此排除了货币乘数变动的干扰,造成价格上涨的幅度明显要比后一轮周期小得多。

　　转型不力的内忧叠加外围经济低迷的外患,中国经济增速已经步入明确的下行通道,经济托底仰仗政策效应。在之前两轮政府主导的投资周期中,我们看到了政策性高投资在短期内强大的现实效果,当然所产生的负面效应也不容忽视。我们参考前两轮的投资模式,综合考虑经济、价格和政治因素,对政策出手的时点条件和效果作一预判,由此推测中国经济短期内的政策风险,以及在政策拉动后经济增长可能呈现的形态。

　　我们认为,经济的连续快速下滑是政府出台刺激政策的根本原因和出发点,理当是推测政策时点首先需要考虑的因素。前两轮投资周期中,经济开始由高点下行至刺激政策启动之间的时间跨度有别。1997年受亚洲金融危机的影响,中国的GDP增速从1997年一季度的9.7％连续下滑,1998年一季度跌至7.6％,投资刺激计划正式启动。从经济开始下滑到政策出手历时四个季度,其间的平均复合增长率为−8.1％。2007年中期,美国次贷危机导致全球经济迅速恶化,叠加之前紧缩政策的负面效应影响,中国经济从2007年年中起出现下滑,一直延续到2008年年底,历时七个季度,其间的平均复合增长率为−11.0％。

　　显然,两轮危机中政策对经济回落的容忍度不尽相同,1997年GDP同比增速以−8.1％的速率连续下跌四个季度触及政策底线,倒逼投资计划启动。但2007年,政策的容忍度明显提高,GDP同比下降的速度加快,而政策启动的时点却推后了。这其中有部分原因在于2007年中国刚刚经历一轮经济过热,起初的经济增速回落源于之前紧缩政策的影响,并不出乎意料。并且2007年经济增速虽然下滑,但仍处于历史较高位置,过度的政策担忧和快速介入在当时而言或许被判断为不必要。比较而言,1998年的政策启动更有参考意义,我们以1998年政策宽松的情况作预测,从2011年的二季度GDP同比增速由9.5％开始下行算起,则三季度需要达到6.4％的水平才能使得GDP同比的平均复合增长率低于−8.1％,触及当时的政策容忍底线,大规模投资计划有较大的启动可能。三季度6.4％是经济的坚固底部,也是政策容忍底线,以目前的情况来看经济下滑到这个低点的可能性微乎其微,单从经济方面考虑,大规模投资政策出台的必要性不足。

考虑到历次高投资带来的通胀负效应,管理层一般会选择在通胀的低点开始进行投资计划。通胀代表的是宏观上的供需力量对比,价格水平低表明供大于需,此时拉动投资,能够推升需求,消耗过剩的供给,填平供需缺口,在带动经济增长的同时,价格上也不会有过于夸张的表现,是比较好的政策时机。如果价格水平已经处于高位,展开投资周期可能带来急剧通胀的恶果,需要谨慎对待。上两轮的投资计划都是在 CPI 增速稳定在 2% 以下启动的,存有抑制投资引发高通胀的考虑,这种权衡的思路在本轮的政策制定中仍将延续。

CPI 增速自 2011 年年中以后由高位向下调整,至 2012 年 6 月已经快速回落到 2.0% 的水平。我们预计三季度 CPI 增速将继续维持在低位。首先,产出缺口目前徘徊在零值附近,基本面没有支撑通胀再起的迹象。其次,流动性没有明显的提升,M1、M2 同比继续维持在历史低点。以贷款放量的情况来看,其未来向上突破的趋势也不显著,货币面不存在推升价格上涨的力量。再次,从 CPI 的结构性因素分析,历史上波动最剧烈、对 CPI 食品项推动力量最强的是猪肉和蔬菜的价格。目前猪肉价格处于下行通道,生猪存栏量和能繁母猪存栏量都处在历史高位,未来供给充足,不存在供需缺口导致的价格上涨压力。玉米期货价格近期虽然出现较快上涨,但由国外进口的现货价格还较为平稳,中期内成本推动猪肉价格上升的力量还不存在失控风险。蔬菜价格具有明显的周期性波动特点,价格的峰值和谷值处于平缓上斜的平行通道中,总体趋势可控。国际大宗商品增速下滑将有利于非食品项价格的稳定。综合而言,下半年推升价格上涨的力量普遍不足,不存在通胀再起的新风险点,CPI 新增因素会比较平稳。以历史上复合增长率的规律形态预估 CPI 的新增因素,叠加翘尾因素作用,我们预计下半年的 CPI 将继续维持低位增长,投资政策启动的价格条件基本满足。

在制订投资计划中,政治因素也不得不考虑。20 世纪 90 年代以来,中国政府一贯作风稳妥,换届期间鲜见在经济领域的大动作。1997 年和 2007 年都是换届年,当时经济下行的问题已经显现,但仅有小范围、低剂量的刺激措施,而对经济有转向拉动力量的大面积刺激计划都是次年颁布推出的。中国的政治节奏是,逢七连任,逢二换班。今年不仅是换届年,还面临领导层交接班,求稳定的政治诉求更强。以此判断,年内出台大幅度的刺激措施、强力拉动经济转向的可能性不大。

综合经济、政治方面因素考虑,2012 年年内大范围的投资铺开可能性很小,而通胀进入低位区间,投资拉动的价格条件满足,小规模的刺激政策将陆续启动。目前有部分已经着手进行的,发力点主要集中在之前的在建工程和已经开建但因故搁浅的停建工程上,新规划、新上马的项目很少。首先,铁路基建方面亮点已现。工程院院士王梦恕透露,"即将有 6 条煤运专线要开工",其中备受关注的蒙华铁路初步方案已经确定,其他 5 条线路尚在方案讨论中。在铁道部的年度计划中,今年将有 6366 公里新铁

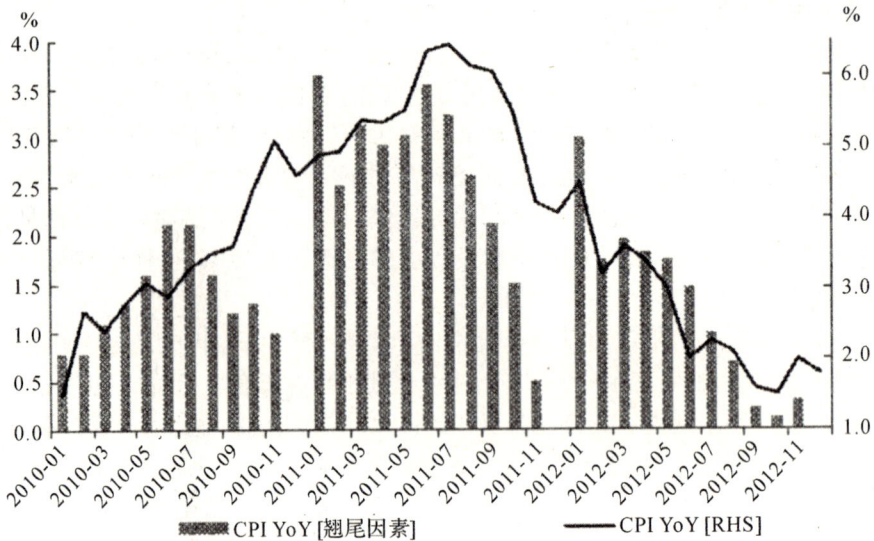

图 30 CPI 翘尾因素和 CPI 同比增速预测
数据来源：国家统计局、Wind 资讯

路投入运营，其中高铁占比 55％，即有 3500 公里高铁线路完工，相当于 2.5 条京沪高铁开通(京沪高铁总投资 2209 亿)，为历年之最。其中包括京石、石武、津秦、哈大、汉宜、杭甬、厦深等主干线路。据此粗略估算，今年的高铁建设投资已经有 5500 亿元，非高铁的铁路投资 2000 亿，总投资约为 7500 亿。约在"7·23"事件后，铁路新开工项目不再审批，已批项目要重新论证，开工在建项目要缓建的局面即将打破。目前，铁路建设投资回暖已经初见端倪，铁路固定资产投资完成额同比企稳回升，5 月的投资额有明显的升高，按照铁路投资前低后高的规律和 2012 年的铁路建设规划来看，下半年的铁路建设投资值得期待。同时，铁路建设债券提前几个月发行并受到热捧，按照往年规律，铁路建设债券一般是在每年的 9 月份以后发行，而 2012 年 6 月 12 日，铁道部通过中国人民银行债券发行系统招标发行 200 亿元 2012 年第一期中国铁路建设债券，比往年提早了三个月，铁路建设债券的提前发放为即将展开的铁路基建提速也提供了一重保障。我们认为，2012 年下半年，铁路投资将有比较好的表现，是拉动经济的一个动力源。

核电建设也有重启的希望，但 2012 年年内实现突增的可能性不大。5 月 31 日国务院常务会议讨论并原则通过了《核安全与放射性污染防治"十二五"规划及 2020 年远景目标》，即《核安全规划》和《关于全国民用核设施综合安全检查情况的报告》。现在，我国核电重启进程已经过半，2011 年因日本福岛核电事故被迫暂停上市的中国核电近日已经通过环保部上市环保初审，最后的重启只待《中国核电安全规划》和《2020

年核电中长期规划》两项政策性文件的审批通过。目前,中国已运行的核电机组有 15 台,总装机容量为 1256 万千瓦。在建中的机组有 26 台,装机容量为 2944 万千瓦。对于核电项目重启后"十二五"期间能开工多少台核电机组,目前并无统一的官方声音传出。北极星电力网预测在核电审批解冻至"十二五"末,国内开工的核电机组除去示范堆,不会超过 22 台。如按照目前主流的每台百万千瓦的装机容量粗略计算,该期间中国新增核电装机容量应该在 2200 万千瓦左右,每 1000 万千瓦容量的核电设备投资约在 1300 亿~1500 亿元,以此观之,至"十二五"末,新增核电投资 2900 亿~3300 亿元。

水利投资也是投资领域另一个重要的政策导向,一直以来的投资力度都比较大。端午节期间,国家发改委发布消息称,已与水利部、住建部正式印发《水利发展规划(2011—2015 年)》。按"十二五"规划,中央水利项目总投资额 1.8 万亿元,2012 年下半年这些项目将逐步开工招标。

我们认为 2012 年下半年的投资拉动模式将是在财政预算的框架内,以保在建为主的小规模、结构性投资。我们可以上两轮典型的投资计划为范例,匡算 2012 年财政框架内的政策力度。三月的政府工作报告指出,今年将继续维持积极的财政政策和稳健的货币政策,拟安排财政赤字 8000 亿元,其中中央财政赤字 5500 亿元,代发地方债 2500 亿元。中国的投资周期一般是中央政府投资启动项目开工,地方政府接手推进项目完工,银行体系配套信贷支持。中央政府投资很大程度上可以代表投资计划的规模和力度,并且有据可查,便于比较,因此我们选用中央在投资计划中的支出作为估算的标尺。1998 年下半年,中央财政增发 1000 亿元长期国债,同时配套 1000 亿元的长期贷款;向国有独资商业银行发行了 2700 亿元期限为 30 年的特别国债;同时将中央财政赤字由年初预算的 460 亿元扩大到 960 亿元。中央政府的支出总计约 5200 亿,投资的效果也非常明显,1998 年二季度到 1999 年一季度之间,GDP 同比从 6.8% 上升到 9.1%,复合增长率 10.2%。2008 年年底在四万亿投资计划中,中央投资为 1.18 万亿,资金来源于中央预算内投资、中央政府性基金、中央财政其他公共投资、中央财政灾后恢复重建基金,拉动 GDP 同比从 2009 年一季度的 6.6% 上升到四季度的 12.2%,复合增长率 22.7%。如果将两轮计划中中央政府支出以定基年的价格指数折算,则投入可比价资金量与计划实施后 GDP 的增长速率基本上是成正比的,而两次投资能够拉动 GDP 同比增速上升的持续时间都是三个季度。我们据此估算,5500 亿的财政赤字支出将足以带动 GDP 同比以 9% 的复合增长率连续增长三个季度,则在政策拉动下可能达到的高点为三季度 8.0%,四季度 8.4%。当然,要达到这一点也需付出巨大的努力。

(**作者简介**:金雪军,浙江大学/浙江省公共政策研究院执行院长,浙江大学经济学院教授、博导;金赟,浙江省公共政策研究院兼职研究员)

作者

刘春燕
姜聪聪

浙江工业发展研究

——兼论工业化进程的综合评价

内容提要:本文利用 2000 年以来的统计数据对浙江的工业发展水平和工业化进程进行了研究和评价,在工业发展水平方面,通过回顾浙江工业发展的历程,对当前工业的现状、特征与发展水平和趋势进行了评价;在工业化进程方面,采用经典工业化理论中的指标对浙江及各地市、东部沿海地区的工业化进程进行了综合评价,客观评估了浙江及各地市的工业化进程及其在东部沿海地区中的位置,结果显示,在工业化进程方面,浙江目前处于工业化发展的后期,各地市之间所处的工业化阶段存在差异,在我国东部沿海地区的位置不容乐观。

关键词:工业;工业化;综合指数;浙江

一、浙江工业发展的历程、现状与特征

(一)浙江工业发展的历程

工业是国民经济的主导。改革开放以来,浙江工业发展迅猛,工业化成为地区经济发展的主动力,并显著促进了城市化的发展。1978年,浙江工业增加值仅有 46.97 亿元,之后随着改革开放的推进,浙江紧紧抓住机遇,以市场为导向,大力发展工业,逐步实现了工业小省向工业大省的跃进。1983 年,浙江工业增加值首次突破百亿大关,达到102.55 亿元;到 1994 年首次突破千亿,达到 1398.12 亿元;2008 年突破万亿大关,达到 10328.72 亿元。1991—2008 年,十几年浙江工业增加速度都在 10%以上,工业增加值占全国的比重由 1978 年的 2.9%提高到 2013 年的 7.77%。2013 年,浙江省工业增加值 16368 亿元,其中

规模以上工业增加值 11700 亿元,位居全国第 4 位。

　　纵观改革开放以来浙江工业的发展历程,可以将其分为三个阶段,第一阶段为 1978—1993 年,在这期间,工业增加值不超过千亿,农村剩余劳动力向非农产业转移,轻工业迅速发展,基础工业逐步壮大,产业资源的配置向市场转移。浙江工业增加值从 1978 年的 46.97 亿元增加到 1993 年的 876.26 亿元,按可比价格计算,增长 6.3 倍;工业经济总量在全国的位次从 1978 年的第 15 位提高到 90 年代初的第 6 位。

　　第二阶段 1994—2001 年间,这一阶段工业增加值处于 1000～3500 亿之间,工业经济市场化程度明显提高,现代企业制度逐步建立,个体私营和外资成为工业发展的主要动力。1992—1996 年,浙江工业产值年均增长达到 34.6%,其中个体私营产值年均增长 70.7%,"三资"企业产值年均增长 70.4%。1998 年亚洲发生金融危机,浙江工业增加值仍然保持 11.1% 的高增长,显示了工业抵御外部风险能力的加强,其中工业增加值中,独立核算工业企业利税净增 25.3 亿元,居各省(市、自治区)之首。工业占 GDP 的比重显著提高,由 1994 年的 46.2% 提高至 2001 年的 46.1%。

　　第三阶段为 2002 年至今,2002 年工业增加值超过 3500 亿元,在工业化促进信息化,信息化带动工业化的背景下,浙江工业发展以先进制造业基地为基础,大力发展信息产业,注重经济效益与社会效益。2002—2007 年间,浙江工业增加值年均增长 25.7%。2007 年工业增加值达到 9090.74 亿元,占 GDP 的比重为 48.5%。受 2008 年金融危机的影响,浙江 2008—2009 年的工业增加值增速回落至 10% 和 5.9%,进入 2010 年,在装备制造业、高新技术产业的迅猛发展下,工业增加值的增速回升至 12.7%,之后在产业转型升级的带动下,近两年工业增加值的增速在缓慢下滑,2013 年工业增加值的增速为 8.7%。

　　(二)浙江工业发展的现状

　　浙江工业经过 30 多年的发展,产值突破万亿,2013 年工业增加值为 16368.43 亿元,占 GDP 的比重为 43.57%,全省国内生产总值 37568 亿元,三次产业结构为 4.75:49.1:46.15,可见浙江工业的发展水平不论是在总量还是在结构上都有了明显的提高和优化。

　　在工业规模方面,截至 2013 年底,浙江规模以上工业企业数 39561 家,主营业务收入 61305.77 亿元,资产总计 60436.24 亿元,全部工业增加值 16368.43 亿元,占全国的 7.77%;在工业结构方面,2013 年,浙江规模以上工业中,重工业与轻工业的产值之比为 60.75:39.25,重工业成为工业的主体;在自主创新能力方面,2013 年,浙江规模以上工业企业科技活动经费支出 1031.11 亿元,其中研究和发展(R&D)经费支出 684.36 亿元,R&D 经费支出相当于地区生产总值的比例为 1.82%;规模以上工业新产品产值 15862.2 亿元,新产品产值率 25.2%。目前,全省拥有国家级高新技术产业园区(开发区)4 个,省级高新技术产业园区 26 个;在专利申请方面,2013 年,浙江省专利申请量 29.4 万件,授权量 20.2 万件,发明专利授权量为 11139 件。2007—2013 年,浙江省专利授权量和发明专利授权量年均分别增长 29.9%和 30.9%。

(三)浙江工业发展的特点

1. 民营经济比重高

民营经济是浙江的特色,这一特色造就了民营企业作为浙江工业企业的主体地位。2013 年,浙江省规模以上工业企业中,除国有及国有控股企业、集体企业、港澳台投资企业和外商投资企业外,民营企业实现产值 25792.12 亿元、出口交货值 4585.31 亿元,分别占全省规模以上工业的 40.95%和 40.86%;民营企业数、总资产、利税总额、从业人员数分别占全省规模以上工业的 66.3%、36.9%、34.2%和 50%。

2. 小微型企业居多

浙江的民营经济特色也意味着浙江是小微企业大省,截至 2013 年底,全省共有规模以上工业企业 39561 家,其中有小微型企业 34348 家,占 86.8%,大中型企业 5213 家,13.2%占 14.4%。

3. 外向型特征明显

作为我国的东部沿海地区,浙江工业的外向型特征明显。2013 年,浙江省规模以上工业出口交货值 1.12 万亿元,出口交货值占销售产值的 18.3%。就经济的外向型而言,浙江的外贸依存度 2000 年为 37.5%,最高的 2007 年为 71.7%。近几年受金融危机、国际贸易摩擦等多种因素影响,外贸依存度开始下降,2013 年仍达 55%,其中出口依存度 41%,出口总额中一般贸易占 79%,外向型特征是我省产业发展的重要特点。

4. 加工制造业占比较大

浙江作为一个资源小省,工业发展主要以加工制造型为主。2013 年,浙江省规模以上工业中,制造业实现产值 5.8 万亿元,总资产 5.5 万亿元,利润总额 3215 亿元,分别占全省规模以上工业的 92.3%、90.6%和 90.3%;采矿业的产值、总资产和利润总额分别仅占全省规模以上工业的 0.29%、0.255%和 0.39%;电力、热力、燃气及水的生产和供应业的产值、总资产和利润总额分别占全省规模以上工业的 7.41%、9.145%和 9.31%。同时,与原材料工业和装备制造业相比,浙江省轻工、纺织、食品、医药等消费品工业在全国工业中的地位更加突出。

二、浙江工业发展评价

(一)产值评价

2013年,浙江全部工业增加值16368亿元,其中规模以上的工业增加值为11700亿元。由表1可知,在规模以上工业产值中,轻工业比重逐年下降,重工业比重逐年上升,2013年轻工业产值比2004年降低了6.75个百分点。这显示了浙江以轻工业为传统产业的工业结构在逐渐向重工业化方向发展。在轻工业中以农产品为原料的工业部门相对占比较高,具有相对优势;在重工业中,加工工业占比较大,而加工工业则是以制造业为主。2013年,浙江主要工业行业的产值排序前十位分别为:(1)纺织业5855.93亿元;(2)电器机械和器材制造业5696.59亿元;(3)化学原料和化学制品制造业5635.31亿元;(4)电力、热力的生产和供应业4243.39亿元;(5)通用设备制造业4215.76亿元;(6)橡胶和塑料制品业2737.21亿元;(7)黑色金属冶炼和压延加工业2695.02亿元;(8)计算机、通信和其他电子设备制造业2522.34亿元;(9)化学纤维制造业2448.34亿元;(10)金属制品业2386.26亿元。从上述工业产值结构可以看出,工业结构已显现出高加工度的变化,以化学原料和化学制品制造业、橡胶和塑料制品业为主的原料工业从2010年的18.56%上升到22.9%,但比重仍相对偏小,低于以电器机械和器材制造业和通用设备制造业为主的加工工业的占比,此外,纺织业和化学纤维制造业的产值比重仍较高,依然具有支柱产业的性质。

由此可以看出,浙江工业行业具有劳动密集型特征,资本技术密集型行业产业占比较低。从产值结构来看,以纺织业为代表的劳动密集型产值比重最高,依然是支柱产业;高新技术产业的发展还处在较低阶段,2013年浙江研究与开发经费占GDP的比重为1.8%,按照国际惯例,研究与开发经费占GDP比重小于1%的国家或地区,基本处于技术引进与应用层次,这一指标在1.5%以上的国家或地区,具有较强的引进、消化和吸收能力,而自主创新能力较强的发达国家或地区在2%以上,由此可以看出浙江在许多尖端技术和重大核心技术方面的自主研发能力仍然有待提高,在成本和技术装备等方面还有一定的差距,也就是说,当前工业发展所面临的主要问题是产业结构的调整和转型升级,因此工业的发展可以利用浙江优势,发展石化、钢铁和船舶等一些条件成熟的产业,此外,积极迎合世界技术革命的浪潮,发展增长潜力大的新兴高科技产业,在积极培育新产业的同时,改造提升传统产业,引导传统工业产业向研发、设计与营销、品牌两端延伸。调整工业产业结构,最基本的原则是坚持传统产业与新兴产业的融合发展。

表1   浙江 2000—2013 规模以上工业产值构成情况①

产业	产值（亿元）					产值构成（%）				
	2004	2007	2010	2012	2013	2004	2007	2010	2012	2013
轻工业	8615	15519	20896	23228	24720	46	43	40.6	39.2	39.2
以农产品为原料	5776	9588	12799	13923	14982	30.8	26.5	24.9	23.5	23.7
以非农产品为原料	2839	5930	8097	9304	9737	15.1	16.4	15.7	15.7	15.4
重工业	10113	20554	30497	35895	38259	54	57	59.3	60.7	60.7
原料工业	2934	6223	9538	13060	13060	15.6	17.2	18.5	22.0	22.9
加工工业	7096	14197	20801	22659	22659	37.8	39.3	40.7	38.3	37.5
采掘业	82	133	156	176	176.29	0.44	0.37	0.31	0.3	0.29

（二）规模分析

截至 2013 年底,浙江省规模以上工业企业 39561 家,其中,轻工业企业数 19497 家,重工业企业数 20064 家。按规模划分的规模以上工业企业中,大型企业 601 家,中型企业 4612 家,小型企业 32685 家,微型企业 1663 家。从企业数目上来看,中小型以及微型企业占了企业总数的 98.5%,即浙江的工业是以中小企业为主。从同年产值结构来看,浙江中小微企业的产值总和为 46246.34 亿元(其中,中型企业 18941.26 亿元,小型企业 25863.58 亿元,微型企业 1441.5 亿元),占工业总总产值(规模以上)的 73.43%,接近浙江工业总产值的 3/4。

工业行业企业规模较小,限制了规模经济效益的发挥。中小企业丰富既是浙江产业发展的优势,也是一大弊端,工业发展的轨迹也意味着在企业做到一定规模、一定专业程度以后,其产品竞争能力、产品质量、品牌等各个方面都有所提升,而且工业的现代化实现也需要有一批大企业、大项目引领,企业规模小成为浙江工业进一步发展的软肋。因此,借助混合所有制的发展契机,为企业之间的相互合作打开通道,引导中小

---

①   说明:具体行业如下:(1)以农产品为原料的轻工业包括:①农副食品加工业;②食品制造业;③饮料制造业;④烟草制品业;⑤纺织业;⑥纺织服装、鞋、帽制造业;⑦皮革、毛皮、羽毛(绒)及其制品业;⑧木材加工及木、竹、藤、棕、草制品业;⑨家具制造业;⑩造纸及纸制品业印刷业和记录媒介的复制。(2)以非农产品为原料的轻工业包括:①文教体育用品制造业;②化学原料及化学制品制造业;③医药制造业;④化学纤维制造业。(3)原料工业的重工业包括:①石油加工、炼焦及核燃料加工业;②橡胶制品业;③塑料制品业;④非金属矿物制品业;⑤黑色金属冶炼及压延加工业;⑥有色金属冶炼及压延加工业;⑦金属制品业。(4)加工工业的重工业包括:①通用设备制造业;②专用设备制造业;③交通运输设备制造业;④电器机械及器材制造业;⑤通信设备、计算机及其他电子设备制造业;⑥仪器仪表及文化、办公用机械制造业;⑦工艺品及其他制造业;⑧废弃资源和废旧材料回收加工业;⑨电力、热力的生产和供应业;⑩燃气生产和供应业水的生产和供应业。(5)采掘业的重工业包括:①煤炭采选业;②黑色金属矿采选业;③有色金属矿采选业;④非金属矿采选业;⑤其他采矿业。

企业发展壮大,探索多种形式的工业企业合作途径,支持工业发展。

表2　浙江2000—2013年规模以上工业构成情况①

企业规模	企业个数(个)					企业产值(亿元)				
	2004	2007	2010	2012	2013	2004	2007	2010	2012	2013
大型企业	84	192	225	592	601	2230	6820.05	9483.63	15886	16733
中型企业	2959	4150	4678	4648	4612	7100	13546	18906.7	18522.5	18941.2
小型企业	38314	47262	59461	29892	32685	9398.	15707.4	23003.8	23532.6	25863.5
微型企业				1364	1663				1182.42	1441.5

资料来源:浙江统计年鉴。

(三)效益分析

从经济效益来看,浙江2013年规模以上工业企业主营业务收入61305.77亿元,占全国的5.96%;规模以上工业企业资产总计60436.24亿元,占全国的7.1%;全部工业增加值16368亿元,占全国的7.77%。从不同经济类型的工业企业的效益情况来看,产值利税率和销售利税率值最高的是集体企业,其次是港澳台商投资企业和外商投资企业,股份制企业的产值利税率和销售利税率都处于较低水平,即集体企业是贡献利税的重要力量;从资金利税率来看,集体企业的资金利税率最高,其次是国有企业,和产值利税率和销售利税率一样,股份制企业的资金利税率也处于较低水平;从百元固定资产实现利润和百元销售收入实现利润来看,外商投资企业实现利润最高,其次是港澳台商投资企业和股份制企业,国有企业的利润实现最低;从成本费用利润率指标来看,外商投资企业与港澳台投资企业的利润率较高,之后是股份制企业,国有企业垫底,这说明国有制企业在成本费用控制方面存在着较大的改进空间。

可见,浙江工业发展的工业企业经济效益较低,尤其是工业国有企业。因此,提高工业企业的经济效益,就是要深化国有企业改革,从优化工业布局、做强主业、改善管理等方面入手。一些国企从不具竞争优势的行业中退出,向重大基础设施、公共服务、核心战略等关键领域集中;鼓励企业间联合重组、上下游产业整合,清理国有企业非主业、不具竞争优势的资产,对于扭亏无望的低效无效资产,进行转让或清算,提高国有资产的配置效率;改善企业的内部管理,严格控制成本费用。

---

① 说明:从2012年开始有微型企业的统计数据。工业企业大中小微的划分标准如下:

行业名称	指标名称	计量单位	大型	中型	小型	微型
工业	从业人员(X)	人	X≥1000	300≤X<1000	20≤X<300	X<20
	营业收入(Y)	万元	Y≥40000	2000≤Y<40000	300≤Y<2000	Y<300

表3　2013年浙江规模以上不同经济类型工业企业效益情况

企业类型	产值利税率（%）	销售利税率（%）	资金利税率（%）	百元固定资产实现利润(元)	百元销售收入实现利润(元)	成本费用利润率（%）
国有企业	9.24	9.27	16.1	7.01	2.74	2.98
集体企业	10.24	10.34	16.58	35.06	5.88	6.86
股份制企业	7.925	8.2	10.83	44.43	8.2	9.46
港澳台商投资企业	9.77	10	11.21	46.47	10	11.74
外商投资企业	9.83	10	12.15	129.56	31.95	38.33

资料来源:浙江统计年鉴。

三、浙江工业化进程的综合评价

(一)工业化进程划分的理论基础

1. 霍夫曼定理

霍夫曼定理是由德国经济学家霍夫曼对18世纪以来20个国家工业化过程中的产业结构研究而得出的一种经验定理,即工业发展模式可以用"霍夫曼系数"来描述。霍夫曼系数被定义为消费资料工业部门净值与生产资料工业部门净产值之比,在他看来,产业可以分为三类,即消费资料产业、生产资料产业和其他产业,这种产业分类的原则是,产品用途75%以上用于资本投入的归入生产资料产业,75%以上用于消费的归入消费资料产业,介于两者之间的归入其他产业。在以后的研究中,消费资料和生产资料部门通常近似地当成轻工业和重工业部门。霍夫曼定理指的就是霍夫曼系数在工业化发展过程中呈现不断下降的趋势,这个过程可分为四个阶段(见表4),由此可以看出,工业化过程也就是资本资料工业比重不断上升的过程,由于资本资料工业主要是重工业部门生产的,霍夫曼定理显示了工业化过程呈现了工业结构的"重工业化"趋势。

表4　霍夫曼工业阶段划分法

工业化阶段	霍夫曼系数	工业结构特征
第一阶段	5(±1)	消费品工业占统治地位
第二阶段	2.5(±1)	消费品工业大于资本品工业
第三阶段	1(±)	消费品工业与资本品工业相当
第四阶段	1以下	资本品工业大于消费品工业

资料来源:杨怡:《产业经济学导论》,中国人民大学出版社1985年版

2. 钱纳里多国模型

美国经济经济学家钱纳里等人,通过对多国工业发展的研究后认为,经济增长是经济结构的全面转变,工业化水平可用人均GDP来度量,人均GDP越高,工业化水平也就越高,由此工业化过程可根据人均收入增长而发生的经济结构转化分为三个阶段六个时期[①]。

表5　钱纳里工业划分阶段标准

时期	人均国内生产总值变动范围(美元)						发展阶段	
	1964 年	1970 年	1982 年	1996 年	2008 年	2013 年		
1	100—200	140—280	364—728	620—1240	819—1638	881—1762	工业化准备时期	
2	200—400	280—560	728—1456	1240—2480	1638—3277	1762—3526	初级	工业化阶段
3	400—800	560—1120	1456—2912	2480—4960	3277—6553	3526—7051	中级	
4	800—1500	1120—2100	2912—5460	4960—9300	6553—12287	7051—113221	高级	
5	1500—2400	2100—3360	5460—8736	9300—14880	12287—19660	13221—21154	初级	发达阶段
6	2400—3600	3360—5040	8736—13104	14880—22320	19660—29490	21154—31731	高级	

资料来源:根据钱纳里、鲁滨逊、赛尔奎因(1986):《工业化和经济增长的比较研究》,上海三联书店1989版,第71页表3.3等整理改编

3. 配第—卡拉克定理

20世纪40年代,英国经济学家克拉克在威廉·配第的基础上,发现人均国民收入、劳动生产率、产业结构的变动之间存在明显的规律,由此他认为就业结构式经济发展阶段的重要标志,随着人均收入水平的提高,劳动力由第一产业向第二、三产业转移,工业化的过程也是劳动力由低生产率部门向高生产率部门转移的过程,这一转移过程体现为一种梯度演进的现象和过程。根据克拉克定理,工业化初期、中期、后期三个阶段,第一产业劳动力占全社会劳动力的比重大体为80%、50%和20%以下[②]。

---

① H.钱纳里:工业化和经济增长的比较研究,上海三联书店1989年版
② 陈秀山、张可云.区域经济理论,商务印书馆2003年版

表6 配第·克拉克定理工业化阶段划分

工业化阶时期	三次产业就业结构(%)			经济发展阶段
	一产就业比重	二产就业比重	三产就业比重	
工业化准备期	100－80.5	0－9.6	0－9.9	初级产品生产阶段
	80.5－63.3	9.6－17	9.9－19.7	
工业化初期	63.3－46.1	17－26.8	19.7－21.7	工业化阶段
工业化中期	46.1－31.4	26.8－36	27.1－32.6	
工业化成熟期	31.4－17	36－45.6	32.6－37.4	
工业化后期	17－0	45.6－100	37.4－100	经济稳定增长阶段

资料来源:苏东水:产业经济学,高等教育出版社2005年版

4.库兹涅兹工业化阶段理论

美国经济学家库兹涅茨通过对世界上59个国家总产值和劳动力资料研究后发现,产业结构变动是工业化的一个主要特征,工业化过程也可以通过产业结构的变动过程表现,在工业化初期和中期阶段,产业结构变动的核心是农业和工业之间"二元转化"。当第一产业比重下降到20%以下,并且第二产业的比重高于第一产业,则进入了工业化中期阶段;当第一产业比重降低到10%左右,二产比重上升到最高水平,此后三产比重逐步高于二产,工业化进入后期阶段。

表7 库兹涅茨工业化阶段划分

第一产业产值比重	第二产业产值比重	第三产业产值比重	工业化阶段
高于第二产业	低	低	工业化前期
20%以上	高于第一产业	低	工业化初期
20%以下	高于第三产业	低	工业化中期
10%以下	高于第三产业	低	工业化后期
10%以下	低于第三产业	高于第二产业	后工业化阶段

资料来源:库兹涅茨:各国的经济增长,商务印书馆1985年版

(二)工业化阶段的评价指标与标准

工业化的发展过程也是工业不断发展的过程,这一过程伴随着人均收入的提高,产业结构的变化以及相应的就业结构的变化,同时在空间上表现为人口向城市不断集中,根据经典的工业化理论,对于一个国家或地区工业化的评价,一般可以从经济发展水平、产业结构、工业结构、空间结构与就业结构等方面进行。

考虑到指标的可得性、可比性,本文采用以下指标来构造度量地区工业化发展阶

段的评价体系,在经济发展方面,选择人均GDP;在产业结构方面,选择一、二、三产业的产值比重;在工业结构方面,选择工业增加值占GDP的比重;在空间结构方面,选择人口城市化率;在就业结构方面,选择第一产业的就业比重为基本指标。参照钱纳里等(1989)的划分方法,将工业化过程大体分为工业化初期、中期和后期,结合相关理论研究和国际经验估计确定一下工业化不同阶段的标志值见表8。

表8　工业化不同阶段的标志值①

基本指标		前工业化阶段(1)	工业化实现阶段			后工业化阶段(5)
			工业化初期(2)	工业化中期(3)	工业化后期(4)	
1.人均GDP	1964年美元	100—200	200—400	400—800	800—1500	1500以上
	1996年美元	620—1240	1270—2480	2480—4960	4960—9300	9300以上
	2000年美元	660—1320	1320—2640	2640—5280	5280—9910	9910以上
	2004年美元	720—1440	1440—2880	2880—5760	5760—10810	10810以上
	2008年美元	819—1638	1638—3277	3277—6553	6553—12287	12287以上
	2012年美元	868—1736	1736—3474	3474—6946	6946—13024	13024以上
	2013年美元	881—1762	1762—3526	3526—7051	7051—13221	13221以上
2.产值结构(产业结构)		A>I	A>20%且A<I	A<20%,且I>S	A<10%,且I>S	A<10%,I<S
3.工业增加值占比(工业结构)		20%以下	20%—40%	40%—50%	50%—60%	60%以上
4.人口城市化率(空间结构)		30%以下	30%—50%	50%—60%	60%—75%	75%以上
5.第一产业就业人员占比(就业结构)		60%以上	45%—60%	30%—45%	10%—30%	10%以下

资料来源:作者根据钱纳里等(1989,pp.91-98)、库兹涅茨(1999,pp.347-360)、科迪等(1990,pp.17-18)、郭克莎(2004)、魏后凯等(2003,pp.2-8)、万阳辉等(2012)的有关资料整理。

(三)数据处理与权重设定

根据上述工业化的指标体系和阶段值,我们采用加权合成法来计算一国或地区的工业化综合指数。具体的数据处理过程如下:首先,搜集数据,即指标体系中各指标的具体数值,对其进行整理、统一口径;其次,对选定指标进行指标同向性和无量纲化处理;得出各指标的评价值;第三,用层次分析法计算各个指标的权重;第四,用加权合成

① 说明:1964年与1996年的换算因子为6.2,系郭克莎(2004)计算;1996年与2000年、2004年的换算因子为1.065、1.162,系作者根据美国经济研究局(BEA)提供的美国世纪GDP数据推算;2004年与2008年的换算因子为1.1375,系万阳辉(2012)的计算;2008与2012、2013的换算因子为1.06、1.076,系作者根据美国经济研究局提供的数据推算;A、I、S分别代表第一、第二、第三产业增加值在GDP中所占的比重。

法对各指标进行综合。最终的综合指数含义如表9：

表9　综合指数与工业化阶段

综合指数	工业化发展阶段
0—33	工业化初期
33—66	工业化中期
66—99	工业化后期
大于100	后工业化阶段

对于无量纲化的处理，本文选择阶段阈值法进行，具体实施过程如下：首先，确定某一地区（某一年份）某一指标所处的工业化阶段；第二，如果该指标实际值处于第(1)①阶段，则最后得分为0（表示该地区还未进入工业化阶段）；第三，如果该指标实际值处于第(2)阶段，则最后得分为100（表示该地区已经进入后工业化阶段）；第四，如果该指标处于第(2)、(3)、(4)阶段，则最后得分＝阶段基础值（分别为0、33、66）＋33×(实际值—该阶段最小值)/(该阶段最大值—该阶段最小值)②；第五，对某一地区某一年份的所有指标进行1~4的处理。

采用上述方法，我们分别对2000年以来浙江各指标以及2013年浙江各地市指标进行了处理，见表10、表11。

表10　浙江2000年以来浙江工业发展水平原始数据汇总表

指标	经济发展水平		产业结构			工业结构	空间结构	一、二、三产业就业占比		
	人均GDP（元）	人均GDP（美元）	第一产业增加值	第二产业增加值	第三产业增加值	工业增加值占比	人口城市化率	第一产业就业人员占比	第二产业就业占比	第三产业就业占比
2000	13415	1620.48	10.3	53.3	36.4	48	48.7	35.58	34.45	28.97
2001	14664	1771.65	9.6	51.8	38.6	46.1	50.9	33.44	36.1	30.46
2002	16841	2034.67	8.6	51.1	40.3	45.5	51.9	30.97	37.44	31.59
2003	20149	2434.33	7.4	52.5	40.1	46	53	28.3	41.2	30.5
2004	23817	2877.56	7	53.6	39.4	47.1	54	26.06	43.61	30.33
2005	27062	3303.58	6.7	53.4	39.9	47.3	56	24.5	45.07	30.43
2006	31241	3918.93	5.9	54.1	40	48.3	56.5	22.63	45.78	31.59
2007	36676	4823.25	5.3	54.1	40.6	48.5	57.2	20.07	46.78	33.15
2008	41405	5961.75	5.1	53.9	41	48.1	57.6	19.22	47.61	33.17

---

① 对于阶段的划分，参考表9。

② 各指标在不同阶段的最大/最小值，参考表9。

续表

指标	经济发展水平		产业结构			工业结构	空间结构	一、二、三产业就业占比		
	人均GDP（元）	人均GDP（美元）	第一产业增加值	第二产业增加值	第三产业增加值	工业增加值占比	人口城市化率	第一产业就业人员占比	第二产业就业占比	第三产业就业占比
2009	43842	6418.09	5.1	51.8	43.1	45.8	57.9	18.32	48.05	33.63
2010	51711	7638.82	4.9	51.6	43.5	45.7	61.6	16	49.79	34.21
2011	59249	9173.37	4.9	51.2	43.9	45.4	62.3	14.57	50.86	34.57
2012	63374	10039.4	4.8	50	45.2	44.2	63.2	14.14	50.96	34.9
2013	68462	11054.3	4.8	49.1	46.1	43.6	64	13.67	49.97	36.36

资料来源:浙江统计年鉴

表 11　浙江 2013 年各地市工业化发展水平原始数据汇总表

城市	经济发展水平		产业结构			工业结构	空间结构	一、二、三产业就业占比		
	人均GDP（元）	人均GDP（美元）	第一产业增加值	第二产业增加值	第三产业增加值	工业增加值占比	人口城市化率	第一产业就业人员占比	二产业就业占比	第三产业就业占比
杭州	118589	19148.26	3.18	43.89	52.93	38.91	74.90	10.77	44.81	44.42
宁波	123139	19882.94	3.88	52.49	43.64	47.38	69.80	5.73	54.45	39.82
嘉兴	91177	14722.11	4.94	54.86	40.20	49.59	67.00	9.67	59.26	31.07
湖州	65871	10636.02	6.96	52.86	40.17	47.76	57.10	13.79	51.09	35.11
绍兴	89911	14517.7	4.87	53.01	42.12	47.44	56.00	14.89	52.01	33.10
舟山	95726	15456.63	10.28	44.21	45.50	34.28	61.00	14.92	42.44	42.64
温州	49817	8043.822	2.88	50.34	46.78	44.16	62.20	11.65	43.13	45.22
金华	62688	10122.07	4.74	48.86	46.40	42.47	47.70	19.80	47.33	32.87
衢州	41676	6729.316	7.87	52.62	39.52	45.17	65.80	39.84	30.13	30.04
台州	53222	8593.619	6.76	48.06	45.17	43.05	58.10	18.84	44.11	37.05
丽水	37343	6029.678	8.61	50.64	40.75	43.76	53.80	38.25	25.67	36.08

资料来源:浙江统计年鉴

对于每一指标的权重,本文直接采用了陈佳贵(2006)研究成果,即人均 GDP 为 36%,产业结构为 22%,工业结构为 22%,人口城市化率为 12%,就业结构为 8%。

(四)评价结果

根据上述评价方法,我们计算了 2000 年、2004 年、2008 年、2013 年浙江的工业化综合指数、2013 年浙江各地市的工业化综合指数,见表12、表13。

表 12　浙江省工业化进程:指数与阶段

年份	经济发展	产业结构	工业结构	空间结构	就业结构	综合	工业化阶段
2000	2.7	11	13.07	3.7	3.62	34.09	工业化中期前半阶段
2004	11.86	19.6	12.41	5.54	7.39	56.8	工业化中期后半阶段
2008	21.6	18.22	13.14	6.97	6.5	66.43	工业化后期前半阶段
2013	31.47	18	9.87	8.98	5.76	74.08	工业化后期前半阶段

表 13　2013 年浙江省各地市工业化进程

地区	经济发展	产业结构	工业结构	空间结构	就业结构	综合	工业化阶段
杭州	36	22	3.23	11.85	5.38	78.46	工业化后期前半阶段
宁波	36	22	12.62	10.51	8	89.13	工业化后期后半阶段
嘉兴	36	22	14.22	9.77	8	89.99	工业化后期后半阶段
湖州	30.66	22	12.89	6.77	5.78	78.1	工业化后期前半阶段
绍兴	36	22	12.66	6.336	5.9	82.896	工业化后期后半阶段
舟山	36	10.99	5.18	8.18	5.87	66.22	工业化后期前半阶段
温州	25.67	22	10.28	8.5	5.5	71.95	工业化后期前半阶段
金华	29.67	22	9.05	3.5	6.57	70.79	工业化后期前半阶段
衢州	22.99	22	11	9.45	1.3	66.74	工业化期前半阶段
台州	26.73	22	9.47	7.17	6.45	71.82	工业化后期前半阶段
丽水	20.56	22	9.99	5.46	4.09	62.1	工业化中期后半阶段

　　表 12 显示了浙江 2000 年、2004 年、2008 年与 2013 年工业化水平的综合指数。可以看出,自 2000 年以来,浙江的工业化水平综合指数持续走高,每隔几年就进入一个工业化新阶段。2000 年浙江处于工业化中期的前半阶段,2004 年处于工业化中期的后半阶段,2008 年进入工业化后期,直至 2013 年,仍处于工业化后期的前半阶段,即自 2008 年跨入工业化后期,浙江目前仍处于工业化后期的前半阶段。从具体数值来看,2000 年至 2004 年,浙江工业水平综合指数上升迅速,4 年间提高 22.7 点,年均增长 5.68 点;2004 年至 2008 年,工业化综合指数提高 9.63 点,年均增长 2.4 点;2008 年至 2013 年,工业化综合指数提高 7.65 点,年均增长 1.53 点,即 2000 年以来,浙江工业化综合指数的提高速度在逐年降低,这一方面与经济的发展阶段有关,另一方面也显示了结构调整的重要性。

　　表 13 显示了 2013 年浙江 11 个地市的工业化综合评价指数,综合来看,除丽水市外,其余 10 个地市均处于工业化后期,其中宁波、嘉兴与绍兴的工业化综合指数显示处于工业化后期的后半阶段,其工业化综合指数均处于 80 以上,另外 7 个地市处于工

业化后期的前半阶段,杭州、湖州、温州、台州、金华属于第一梯队,综合指数在70分以上,舟山、衢州属于第二梯队,综合指数处于66～70之间。这一分地市的综合指数也客观说明了浙江各地市之间工业发展阶段的不同,同时也暗示了各地市工业发展水平的差异。

(五)东部沿海地区工业化进程的比较分析

由于2013年分省市的数据还未更新,我们利用2012年东部沿海地区的数据进行了比较分析。原始数据和结果见表14、表15。从结果来看,上海的工业化综合指数最高,为83.5,显示其处于工业化后期的后半阶段;除山东以外,北京、江苏、浙江、福建、广东的综合指数均处于70分以上,山东为66.22,显示其刚刚进入工业化后期。

表14 东部沿海地区2012年工业化原始数据汇总表

地区	经济发展水平		产业结构			工业结构	空间结构	一、二、三产业就业占比		
	人均GDP(元)	人均GDP(美元)	第一产业增加值	第二产业增加值	第三产业增加值	工业增加值占比	人口城市化率	第一产业就业人员占比	第二产业就业占比	第三产业就业占比
北京	87475	13857.43	0.840073	22.70361	76.45631	18.42523	86.225	5.2	19.2	75.6
上海	85373	13524.44	0.633246	38.92022	60.44653	35.16925	89.32774	4.096818	39.44061	56.46257
山东	51768	8200.871	8.561133	51.45783	39.98103	45.58459	52.43	33.1	34.2	32.7
江苏	68347	10827.25	6.323349	50.17174	43.50491	44.22726	63	20.8	42.7	36.5
浙江	63374	10039.45	4.811378	49.95285	45.23577	44.24599	64	14.14	50.96	34.9
福建	52763	8358.495	9.018018	51.71076	39.27122	43.35618	59.6	25	38.8	36.2
广东	54095	8569.505	4.989248	48.54035	46.4704	45.22693	67.4	23.77459	42.0669	34.15852

资料来源:各省市统计年鉴。

就长三角地区综合指数的结构来看,浙江在人均GDP、产业结构、就业结构方面稍逊,处于最末,上海的人均GDP是浙江的1.35倍,第一产业的增加值比重仅占0.6%,就业人员占比不足5%,城市化率高达89%,是沿海唯一一个进入工业化后期后半阶段的地区。在2012年沿海7地区工业化综合指数的排名中,浙江处于第5位,高于福建和山东,排名稍显偏后。

表15 东部沿海地区2012年工业化进程

地区	经济发展	产业结构	工业结构	空间结构	就业结构	综合	工业化阶段
北京	36	22	0	12	8	78	工业化后期前半阶段
上海	36	22	5.51	12	8	83.51	工业化后期后半阶段
山东	26.21	20.73	11.31	4.92	3.05	66.22	工业化后期前半阶段

续表

地区	经济发展	产业结构	工业结构	空间结构	就业结构	综合	工业化阶段
江苏	31.35	19.11	10.33	8.71	6.71	76.21	工业化后期前半阶段
浙江	29.8	18.01	10.34	8.98	5.83	72.96	工业化后期前半阶段
福建	26.52	21.05	9.7	7.76	7.26	72.29	工业化后期前半阶段
广东	26.93	18.14	11.05	9.87	7.1	73.09	工业化后期前半阶段

四、结论

1. 关于工业发展水平

本文基于 2000 年以来浙江规模以上的工业企业数据,对浙江工业发展水平进行了研究,研究发现,自新世纪以来,浙江工业发展迅速,产值在 2000 年至 2013 年间总量增加了 4.56 倍,但占国民经济的比重下降了 4.4 个百分点,轻重工业的比重自 2000 年的 1.18 下降到 2013 年的 0.65,这充分说明浙江的工业发展呈现重工业化趋势,通过对工业的产值、规模和效益分析,发现当前工业发展存在如下问题:(1)以劳动密集型为主,资本技术密集型产业所占比重较低;(2)工业企业规模较小,限制其进一步发展;(3)工业企业尤其是国有企业的经济效益较低。

2. 关于浙江的工业化进程

基于经典工业化阶段划分理论,从经济发展、产业结构、工业结构、空间结构和就业结构等多方面构建了工业化综合评价指标,对浙江及各地市的工业化进程进行了分析,结果显示,浙江当前处于工业化后期,各地市的工业化进程不尽相同,嘉兴、宁波、绍兴处于工业化进程较快,衢州、丽水的进程较慢,这也客观显示了浙江各地经济发展水平的差异,对平衡区域发展提出了要求。为客观反映浙江的工业化进程在全国中的位置,本文亦对当前东部沿海地区的工业化进程进行了比较分析,就浙江所占的位置而言,不容乐观,这也意味着浙江进入了一个进一步推动工业发展,加快工业发展方式的转变的关键时期。

(作者简介:刘春燕,浙江省公共政策研究院助理研究员;姜聪聪,浙江省公共政策研究院助理研究员)

社会政策专题

现代县级中等城市的城市管理体制研究　徐　林　韩佳佳

作者
徐 林
韩佳佳

现代县级中等城市的城市管理体制研究
——以慈溪市为研究对象

内容提要:近年来,发达国家纷纷在城市管理方面进行了相应的改革和调整,形成了适应现代化城市发展的城市管理体制机制,并呈现出多元化、信息化、法制化趋势。相比较,我国城市管理的机制和手段还比较落后,城市规划、建设与管理相互脱节,部门职能交叉,条块矛盾突出,公众参与缺乏,绩效考评机制落后。这些问题更加严重地体现在迅速发展的中等城市中。鉴于国内外城市管理发展的现实需求,政府部门应不断创新现代县级中等城市的管理体制机制,构建城市管理新格局。
关键词:现代中等城市;城市管理;体制机制

研究背景

城市是人类文明的重要载体,是社会生产力发展、社会分工细化和生产关系变革的产物,是人类文明发展的集中体现,也是政治、经济、文化、教育和科技中心。城市具有相互联系性、复杂性以及开放性特征,这些特质从本质上决定了城市需要被管理。

随着城市化水平的日益提高,城市作为经济、政治、信息、科技、教育、文化和服务等多功能中心的地位和作用日益突显,城市管理的重要性也越来越受到城市管理主体及学界的关注。我国台湾学者董树藩在论及城市管理的重要性时就强调:"城市是人类的重要生活环境,必须管理得当,人类才能过着幸福快乐的生活。城市为文化发源地和传播中心,必须妥善处理,人类文化才能不断发展滋长。城市为各种制度的发展地方,必须管理适当,才能使城市中存在的各种制度健全发展。城市乃国家兴衰所系,城市管理健全与否关系国运之昌隆与否"。城市化进程的深入,使城市管理无论从管理的量上,还是从管理的质上来看,其繁重程度和复杂性都大大增加了,城市管理中不断涌现出新的问题和新的挑战,然而,相应的城市管理研究相对于城市管理实践的发展却大大"滞后"了。

近年来,研究城市管理体制的论文日益丰富,这些论文不仅介绍了发达国家城市管理的经验,而且针对我国城市管理现行体制存在的问题、如何构建大城管体制以及数字城管建设等方面都进行了广泛的探讨,取得了一定的理论成果。然而这些研究主要集中在对大城市管理体制的研究,如北京东城区网格化管理模式、广州大城管模式、武汉"大管家"模式等等,对占中国城市总量 2/3 以上的中等城市管理研究较少,特别是对国内外城市管理体制机制的比较研究、城市管理发展的内在逻辑等深层次问题更是鲜有涉及。因此,本课题以慈溪市为例,通过梳理国内外城市管理的制度变迁路径、探讨城市管理体制演进的内在规律,诊断现行管理体制存在的问题,进而构建适合我国现代中等城市的管理体制机制,以期对处于相同或者相似发展阶段的国内其他城市起到借鉴和示范效应。

二、国外城市管理制度变迁及其启示

(一)发达国家城市管理体制变迁

国外发达国家的工业化进程要远远早于我国,在城市化初期到高度城市化这一发展过程中,西方各国在城市管理领域进行了长期的探索和实践,城市管理体制也随着城市社会的发展而历经了一系列的演变。

1. 美国的城市管理体制

美国是一个高度城市化的国家,全国大约有 80% 的人口居住在城镇、都市和市郊。在美国,市是自愿结成法人团体的自治单位,是为了向聚集的居民提供公共服务经州特许成立的,根据居民的意愿,享有很多自治权。[1] 随着城市化进程的推进,美国在历史上形成了三种主要的城市管理体制,即市长议会制、市委员会制和市经理制。

(1)市长议会制。市长议会制起源最早,是目前西方国家应用最广泛的城市管理体制,其特点是市议会和市长共同负责市政管理。从历史上看,美国市长议会制经历了"弱市长型"、"强市长型"及市行政长制的演变。在 19 世纪末以前,美国城市普遍采

---

① 高国栋.美国的城市管理体制[J].开放导报,2001,(9):40-41

用"弱市长型"市长议会制。民选产生的市议会是城市行政权力的中心,而市长没有实权,只是市名义上的代表。到了19世纪70年代,随着城市规模的扩大和城市问题的加剧,"强市长型"市长议会制逐渐取代了弱市长制。它的特点在于民选产生的市长权力比较大,统管城市内的一切行政事务,市议会一般不能予以干涉。与此同时,市长还有权否决议会的决议,而议会则需2/3或3/4的多数通过才能推翻市长的决定。强市长制对市长的专业能力要求较高,为了弥补市长可能缺乏专业行政能力的缺陷,美国一些城市如费城、波士顿、纽约等在后来的实践中又在强市长制的基础上演化出了市长议会制的亚型——CAO制,即在市长之下设行政次长(CAO)以协助市长处理日常的行政事务。

(2)市委员会制。城市委员会制又称加尔维斯顿制度,其特点是民选产生的委员会拥有立法和行政双重职能,全面负责市政事务。委员会的人数通常为5~7名,其成员兼具议员和行政官员双重身份,既承担立法职能,又是各行政部门的首长。委员会下设各个市政主要部门,每个委员领导和监督一个行政部门并对委员会负责。市长通常从委员中产生,一些城市则由在选举中得票最多的委员兼任。与其他委员相比,市长并没有多余的权力,只负责履行一些礼仪性的职责。随着城市的发展,委员会制渐渐显露出种种缺陷,已经逐步走向了衰落。截至目前,美国25万人以上的城市只有两个还在实行委员会制,即俄克拉荷马州的塔尔萨、俄勒冈州的波特兰。①

(3)市经理制。城市经理制是一种将企业的管理方式运用于城市管理的体制,在20世纪初通过效仿当时成功的大企业管理制度——董事会经理制而形成,其特征是,市民通过选举产生市议会,由议会负责决定市政方针,而行政性事务则由议会聘请的一位市政经理全权负责。市政经理作为城市的行政首脑,有权管理一切行政,并任免各部门行政官员。市经理任期不定,通常由市议会视其工作业绩而定,可以随时解雇也可以长期任用。当然,该体制下的城市也设有一名市长,一般从议员中选出,地位与其他议员相等,仅具礼仪上的功能。市经理制充分体现了企业化管理的原则,代表了美国市政体制改革的方向。

2. 法国的城市管理体制

法国是传统的中央集权制国家,市镇是其地方行政体制中的基本建制单位,早在18世纪末法国大革命时期就已确立。以前,法国市镇地方政府的行政权限很小,各地方的主要行政事务皆由中央政府直接负责。自1982年实施权力下放改革后,法国地方政府的行政权限得到了大大的扩展,城市政府在计划发展与领土整治、城市建设、参与经济、警察事务及其他一切与民众生活息息相关的事务方面拥有了相当大的治理自

---

① David C. Saffell. State and Local Government[J]. Politics and Public Policies,1987:117

由与空间。法国市镇由经民选产生的市议会和经议会选举产生的市长和若干市长助理共同管理,其城市管理体制也可称之为市长议会制。市镇议会通常由公民直接普选产生,负责制定城市管理政策、管理一切城市公务。市长由议会选举产生,是市镇政府的核心所在,全面领导市镇的行政管理工作。作为市镇的行政首脑,市长拥有双重身份:一方面,作为市镇地方的代表,市长主要负责组织市镇议会的讨论,执行市镇议会的决议,编制和执行市镇预算,任免市镇工作人员,负责市镇的治安等;[①]另一方面,作为国家在市镇领土上的代表,市长负责宣传法律法规,保证中央的政策与法律法令在市镇的公布与执行,并受到省长的指挥和监督,而市议会一般不会干预这些活动。此外,市长还负责一些中央政府移交的行政事务,如管理户籍(主要是主持婚礼)、在国家检察官的领导下管理司法警察事务、编制服兵役名单等。[②] 同时,为了提高行政效率,法国市镇还设有若干市长助理协助市长管理城市。与美国的市行政次长相比,法国的市长助理拥有更多权限,他们分工归口管理一个或数个局的工作并对市长负责。

3. 瑞典的城市管理体制

瑞典是一个单一制国家,它的所有权力最终都来源于国家立法机关。与其他单一制国家相比,瑞典更加分权化,自治市被赋予了更为广泛的权力。在瑞典,城市政府一般采用议会——市政(行政)委员会制。议会经选举产生,其成员也是众多委员会当中的一员。通常,市委员会包括专门委员会和执行委员会。专门委员会的数量依城市规模的大小而定,较小规模的城市有 10 个左右,而大城市可达 20 个。执行委员会是中央政府在城市中的对应机关,一般由包括少数党在内的议会代表构成,最少有 5 名成员以便形成一个微型议会。总体来说,瑞典城市议会委员会制的突出特点是许多委员会负责起草由议会制定的文件,执行议会的决定,处理某些行政事务。[③] 随着城市管理重心的不断下移,目前除部分大城市外,瑞典原有的市镇基层政府设置和管理模式正逐步向社区管理转变。不同于中国的社区,瑞典的社区是最基层的政府管理机构,直属国家管理,它由社区议会和社区管理委员会组成。社区管理委员会具体行使政府职权,其成员经选举产生,但一般不是专职人员,委员会根据社区情况,设置若干部门,雇用富有经验的专职管理人员(需要考取专业资格)以保障社区工作质量。[④]

4. 日本的城市管理体制

日本是一个高度城市化的国家,于 1889 年就设立了市制,主要实行议会市长制,它的特点是分别设立市的议决机构和行政机构,其中市议会由选民直接选举产生,拥

① 倪星.法国地方政府的职能与机构设置[J].地方政府管理,1997,(8):46-48
② 刘健.法国城市规划管理体制概况[J].国外城市规划,2004,(5):1-6
③ 李庆飞.国外城市管理模式比较[D].山东大学硕士学位论文,2006:11
④ 孟钧,李绍纯.北欧、西欧国家行政区划及政府运行机制[J].北京规划建设,2005,(6):129-131

有立法,讨论、审议和批准地方预算,决定地方税和缔结协议,监督市长和行政机构等权力。[①] 通常,议会的地位要高于市长,它可以通过不信任决议来罢免市长。市政府一般有三位负责人,即市长、助役(相当于副市长)、收入役(辅助市长,总管会计事务)。市长由居民选举产生,助役和收入役则由市长提名,经议会同意后再由市长任命。市长作为市政府的行政首长,负有管理公共财产、维护公共设施、制定规则与预算等责任。为了辅佐市长,市政府内还可设置各种行政委员会,如教育委员会、公安委员会、固定资产评价审查委员会等,这些委员会可经选举产生,也可经议会同意而由市长任命[②]。值得注意的是,当代日本在城市管理实践中正在出现"以社区为依托的趋势"。[③] 地方政府批准设立了町内会(居民自治组织),使社区组织、社区民居等得以有效参与城市管理,在居住环境综合整治、地区景观设计、环境保护与可持续发展等方面进行大量实践。

(二)国外城市管理的经验启示

1. 城市管理重心下移

发达国家城市管理的一大特点就是管理重心下移,强调依托社区来进行城市管理。在日本,社区町会在环卫管理、青少年工作、社会治安、办理社会福利、收取税款等方面承担了大量的工作;町会联合会则负责承担居民垃圾的收集清运、青少年的教育指导等工作。在新加坡,社区通过居民顾问委员会、社区中心管理委员会和居民委员会这三个组织承担了社区公共福利、培训、治安、环卫等一系列的任务。[④] 可以说,社区管理已经成为发达国家城市管理的一个重要领域,居民通过社区参与管理也已成为一种传统。

2. 管理主体多元化

西方城市管理更确切地说是一种城市治理,强调管理过程中社会力量的运用。20世纪80年代以来,发达国家在新公共管理理念的影响下,打破了政府垄断提供公共服务的局面,私人机构、非营利组织等社会主体开始进入城市管理领域,尤其在城市基础设施建设方面,市场化运作已经成为当前西方国家的普遍做法。如英国政府从1984年开始就相继对电信、煤气、自来水、铁路运输等主要基础设施产业进行了市场化的探索与实践。[⑤] 另一方面,发达国家也极其重视社区参与,"社区拥有的政府"正在成为

---

① 李庆飞.国外城市管理模式比较[D].山东大学硕士学位论文,2006:5
② 焦必方.以地方自治为特点的日本市町村政府程度行为方式研究[J].中国农村经济,2001,(11):71—77
③ 叶南客,李芸.战略与目标——城市管理系统与操作新论[M].南京:东南大学出版社,2000:134
④ 连玉明.城市管理的理论与实践[M].中国时代经济出版社,2009:67
⑤ 洪银兴,周诚君.城市经营和城市政府的改革[J].管理世界,2003,(8):57—62

西方国家城市追求的目标。① 以英国为例,城市政府把治安、防火、公立学校、家庭福利、消费者保护等公共服务通过改革直接承包给了社区,或者通过合同租给私人。② 在加拿大,其城市社区建设一开始就是由民间组织发起的,人们借由社区自组织这一平台广泛参与城市管理,在城市建设以及为穷人的福利方面发挥了很大的作用。③ 管理主体多元化已经成为当前西方城市管理工作的共识,并将在今后的实践中不断深化以社区为平台、以非营利组织以及非政府组织为代表的公众参与治理模式。

3. 城市管理信息化

随着计算机技术、信息技术、网络和通信技术的快速发展,西方国家在城市管理实践中日益凸显出信息化趋势,在公共服务、道路交通管理、警务管理等方面都有了较为成熟的数字化管理模式④。在瑞典,城市规划管理部门通过运用信息数据库查看建筑物地址和地名管理系统,迅速获取违规、违章建筑的信息并立时进行查处⑤,大大提高了城市管理的效率。美国凤凰城则在 20 世纪 90 年代初提出了实施电子政务的整套思路,并逐步探索、建立起一套科学的城市信息技术管理体系。美国巴尔的摩的 CitiStat 模式被誉为"可能代表了近十年来最具标志性的政府管理创新",CitiStat 由城市(City)与统计(Statistics)两个单词组合而成,它是指以公众服务为导向、以数据统计为手段、以问责制为核心的城市绩效评估和管理方式,包括专用会议场所、数据分析人员、各种统计数据、定期组织正式会议、持续追踪这五方面内容,⑥提高了不同管理层的沟通和协作,同时提供了跨部门的合作机会。

4. 城市管理法制化

基于对人性本恶的假设,现代西方国家很早就走上了"以恶治恶"的法治道路,主张用各种法律法规去管理社会,城市管理领域也不例外。在发达国家,城市政府始终坚持依法治市,通过严格、细密的法律法规实现对城市的有效管理,几乎不存在任何法律盲区,并且各项法律规章制度都具有很强的操作性。如新加坡城市管理的最大特点就是完全法制化的管理。在新加坡,政府对城市中建筑物、广告牌、园林绿化等城市管理的方方面面都作了全面的立法,做到了"无事不立法",使城市执法人员的每项工作都有法可依。⑦ 与此同时,国外城市管理在严密的法律法规之外也特别强调执法力

---

① 戴维·奥斯本,特德·盖布勒.改革政府:企业家精神如何改革着公共部门[M].上海译文出版社,2006
② 谢媛.当代西方国家城市治理研究[J].上海经济研究,2010,(4):82—89
③ 何彪,吴晓萍.西方城市社区建设历程及其启示[J].城市问题,2002,(3):72—79
④ 郑国.国内外数字化城市管理案例[M].中国人民大学出版社,2009
⑤ 孟惠琪,屠志勇.瑞典城市管理一瞥[J].城乡建设,2003,(9):57
⑥ 杨宏山.美国城市运行管理及其启示——以巴尔的摩市的 CitiStat 项目为例[J].城市管理前沿,2008,(6):40—42
⑦ 曲华林,翁桂兰,柴彦威.新加坡城市管理模式及其借鉴意义[J].地域研究与开发,2004,(6):61—64

度,做到违法必究。在国外,公民一旦违反了城市管理方面的有关规定,必将受到严惩,使其不敢再犯。

三、我国城市管理的历史演变

(一)改革开放以前城市管理的实践

新中国成立后,受计划经济体制所决定,我国在城市管理上逐渐形成了政府包办、一家独大的"全能政府"式的城市建设和管理体制。在该体制的运作下,这一时期的城市管理呈现出以下特点:

第一,这一时期的城市管理职能往往与建设职能混合交叉,集中配置于同一个政府职能部门(建设委员会),①并且职能部门的工作精力大多放在建设上,城市管理基本不受重视。

第二,城市政府是城市管理活动的唯一主体,全面负责城市的生产、生活。市级政府作为管理主体,掌握了主要的资源和权力,并且各职能部门自上而下设立了对应的机构。这种情况下,城市管理权限基本集中在市一级,其他基层管理组织毫无权力可言,唯上级命令是从。

第三,为了适应高度集权的计划经济体制,逐步建立了以单位制为主、街居制为辅的城市基层管理体制。在单位制下,几乎每个个体都被纳入国家行政权力的控制之下,实现了整个社会的高度整合。然而,另一方面,单位制也造成了整个社会自由流动空间的缺乏及城市建设与管理的无活力。所谓街居制,就是以街道办事处和居民委员会(简称"居委会")为社会管理主体的城市基层管理体制,作为补充单位制在基层社会管理的不足和空白而建立,它标志着我国以市、市辖区、街道办事处、居委会为主体的,国家行政力量与居民自治力量相结合的城市管理体制框架的初步形成。② 然而,从实际情况来看,街道办事处和居委会在运行过程中主要作为上级的"腿"做一些辅助性工作,简单被动地执行上级下达的任务,在城市管理中远未发挥该制度应有的自治作用。

(二)改革开放以来城市管理的变革

我国现行的城市管理体制最早可追溯至新中国城市建设初期,但真正开始形成则在改革开放之后。可以说,改革开放的三十多年是我国城市管理现代化进程最快的时期,也是城市管理体制向科学化、规范化、现代化转型的重要时期。具体地说,我国城

---

① 袁兴龙."建管分开"—城市管理体制初探[J].城市问题,1994,(6):48-50

② 周宇宏.北京城市社区管理体制改革研究[M].中国财政经济出版社,2010:14-18

市管理体制的改革发展大致可以分为前后两个阶段：

1. 改革探索阶段：70 年代末至 90 年代初期

20 世纪 70 年代末，我国开始改革原有的计划经济体制，实行了改革开放，大规模城市建设兴起，城市化进入一个稳定发展的时期，城镇人口平均每年递增 5.2%，城市化率从 1977 年的 17.6% 上升到 1986 年底的 24.5%。[1] 然而，与城市建设的快速发展相比，我国的城市管理水平明显滞后，处于初步的改革探索阶段。城市管理体制主要围绕以下几方面进行了改革[2][3]：

(1)城市管理职能的转变。在 1986 年提出转变职能的概念后，中央重新调整并强化了城市的建设职能，到了 90 年代，随着《城市规划法》的颁布与实施，城市规划的职能得到凸显和明确。但是，就城市管理的职能而言，此时依然没有引起重视，没有明显的变化。

(2)简政放权，赋予区级政府一定的权力。计划经济时代，我国主要实行以条为主的城市管理体制，城市管理的权力大都集中在市政府及其职能部门手中，区政府没有实权。随着改革开放的推进，原有市政府集权的管理体制得到了改善，不少市政府从教育、卫生、环保、人事等方面向区政府放权，在一定程度上扩大了区级政府的行政管理权限。同时为了便于领导，区一级还对口设立了相应机构，并界定了市、区两级的职责权限和任务分工。

(3)城市管理方式的改变。不同于传统的以行政命令、计划指令为主的管理方式，在这一时期，城市管理的方式与手段逐渐多样化。在运用行政手段的同时也开始依赖经济手段、法律手段进行城市管理，适应了城市社会发展的需要。

总体上看，这一时期的城市管理强化了政府主导的经济型，形成了条条为重点的管理模式。国家和各级城市政府的工作重点仍以经济建设为中心，街道开始发展集体工业，城市管理权限被削弱，主要的社会资源和权力逐步强化并集中于条条管理。可以说，这一阶段的城市管理改革奠定了现行城市管理体制的基础，城市建设和规划职能得以凸显，条块结合、以块为主思想初步得到强化，城市管理职能开始丰富、体制改革初步推进，但政企不分较为普遍、市区两级权责交叉等问题仍然突出。[4]

2. 体制转型阶段：90 年代中期至今

这一时期，随着市场经济体制的不断深入以及城市化的快速发展，我国的城市建

---

① 白南生.中国的城市化[J].管理世界，2003，(11)：78—97

② 耿红.潍坊市城市管理模式研究[D].中国海洋大学硕士论文，2008

③ 吴新叶.城市管理体制的历史、现行模式及发展趋势[J/OL].http://www.chinacity.org.cn/csfz/csgl/40500.html,2007

④ 李昌昊，忻丽丽.现代城市管理及其体制改革之省思[J].山东行政学院山东省经济管理干部学院学报，2006，(1)：4—7

设进入高潮阶段,城市管理也进入了发展和创新阶段。毫不夸张地说,这一时期,我国城市管理体制发展的步伐最大,成果也最为显著。具体来说,这一时期主要是从转变政府职能的角度来深化城市管理的机构改革的,包括以下几方面:

(1)优化城市管理的内部结构,建立起规划、建设、管理的职能框架,使城市管理的职能体系逐渐明确,试图逐步改变轻规划、重建设、轻管理的局面。[①]

(2)在市、区、街道体制上,逐渐形成并日益完善"两级政府、三级管理"的城市管理体制。随着经济体制改革的深入,各种社会性问题不断下移,条块矛盾日益凸显,在此背景下,1995年上海市首先试行"两级政府,三级管理"体制。体制的核心是管理重心下移,即把权力重心下移至街道,强化街道办事处的权限和职能,旨在充实、强化街道办事处的管理职能,减轻市、区级政府的城市管理任务。[②]

(3)城市管理日益法制化,颁布了大量的城市管理法规。如2000年《国务院办公厅关于继续做好相对集中行政处罚权试点工作的通知》和2002年《国务院关于进一步推进相对集中行政处罚权工作的决定》的贯彻实施等,使城市管理走上了有法可依的道路。[③]

四、慈溪市城市管理的现状

慈溪市地处东海之滨,东邻宁波,西近杭州,北与上海隔海相望,位于刚建成的杭州湾跨海大桥南岸,是长江三角洲经济圈南翼环杭州湾地区上海、杭州、宁波三大都市经济金三角的中心,是一个位于沪杭甬经济金三角中的新兴中等城市[④]。近年来,慈溪市围绕建设现代化中等城市这一宏伟蓝图,在积极推进城市建设的同时,日益重视城市管理。特别是随着慈溪经济、社会的快速发展,人民群众对城市管理的要求进一步提高,如何打造整洁、优美、舒适的城市环境已经成为当前慈溪市委市政府工作的重中之重。

(一)慈溪城市管理基本情况

1. 慈溪市城市管理范围

总体上看,慈溪市的城市发展还处于以建设为主的时期,城市内的诸多地区都在

---

① 连玉明. 城市管理的理论与实践[M]. 中国时代经济出版社,2009

② 魏迪,厉旭宏. 论城市管理体制的改革[OB/L]. 中国法学网 http://www.iolaw.org.cn/showNews.asp?id=15890,2011.

③ 连玉明. 城市管理的理论与实践[M]. 中国时代经济出版社,2009

④ 资料来源:慈溪市规划提供的调研资料

大拆大建,但这并不表示慈溪市政府只见建设不见管理。从城市管理的职能边界看,依据当前慈溪城市管理的实践,其城市管理是一种介于宏观和微观之间的一种城市管理形态,即对涉及市政基础设施、环卫基础设施、市容环境、公用事业、水务河道、城市管理综合执法等与城市发展密切相关的基础设施和城市市容秩序管理[①]。从城市管理的地域边界看,现阶段慈溪受人力、物力和财力的限制,主要在中心城市——浒山、白沙路和古塘三个街道开展相对集中的城市管理工作。等到条件成熟后再逐步扩展到宗汉、坎墩街道横河、龙山等镇,争取在3年内实现城区的全覆盖。

2. 慈溪市城市管理组织机构设置

慈溪市作为一个县级市,它的城市管理层级依次为市、街道、社区。目前,慈溪市主要在市和街道两级设置了城市管理机构。市级层面的城市管理机构主要是市城市管理行政执法局和市城市综合管理委员会及其下设办公室,统管全市的城市管理工作。城管执法局和城管办采取合署办公形式,前者履行执法职,后者履行管理职能。此外,涉及城市管理职能的市级职能单位还包括:市城管执法局下属的市政道路养护管理所、城市管理信息中心和环境卫生管理处;市建设局下属的市公用事业管理中心、市政工程管理处及市园林管理处。在街道一级,当前慈溪市主要在浒山、白沙路、古塘三街道组建了街道城市管理综合执法中队,挂靠街道城市管理办公室,并受市城管执法局和街道办事处双重领导。街道执法中队作为具体实施机构,是慈溪城市管理的责任主体单位,负责辖区城市管理各项任务的组织实施,包括环卫保洁、市容综合整治、城管执法、社区管理等工作。在社区,慈溪市仅在古塘街道试点实施了"城管进社区"活动。该活动是慈溪将城市管理向社区延伸的主要举措,以五项联系制度全方位监管社区的市容环境,查处社区内的违法违规行为。可见,现阶段慈溪城市管理机构的设置仍然较为简单,特别是在街道(镇)层面,还未在全市范围内建立统一的城市管理机构,也没有很好地发挥社区这一城市管理平台的作用。

(二)慈溪城市管理取得的成效

城市管理是一项复杂的系统工程,不同的城市有着不同的管理特点。近年来由于慈溪市委市政府的重视,慈溪市在城市管理体制机制上不断突破创新,取得了不俗的成绩,主要表现为:

1. 管理重心下移,确立了属地化城市管理体制

按照社会管理重心下移、公共服务重心前移的要求,慈溪市逐步把街道职能转到了社会管理和公共服务上。自2008年城区街道管理体制调整以来,当前慈溪已经在

---

① 孙柏瑛.我国政府城市治理结构与制度创新[J].中国行政管理,2007,(8):9—12

中心城区——浒山、白沙路、古塘三个街道初步确立了以属地管理为主的城市管理体制,将城市管理执法与环卫职能下放到街道进行管理。首先,就城管执法而言,慈溪市在浒山、白沙路、古塘三个街道分别组建了街道城市管理综合执法中队,并把原有市综合执法大队、拆违办、违章处理中心等全部临聘人员和部分在编人员就近分配至街道,调整充实了街道城管队伍。城管执法中队挂靠街道城市管理办公室,两块牌子一套班子合署办公。作为市城管办的派出机构,街道城管执法中队受市城管办和街道办事处的双重领导,可以直接行使相关部门委托给市城管办的行政处罚权,打破了街道在城管执法领域缺少法律权威的尴尬境地,减少了城管行政执法的管理层次,提高了执法效率。其次,就环卫管理而言,浒山、白沙路、古塘街道均下设了环卫所,原由市城管办负责的城区道路、河道、公厕等环境卫生专业管理工作,按属地管理原则,现已全部移交上述街道进行自主管理,车队、城区垃圾中转站等环卫装备和设施也一并移交,使环卫管理真正向基层倾斜,推动了城市管理向现场化、精细化转型。可以说,街道城市管理办公室的设立为城市管理重心下移提供了实质性载体,使城市综合管理工作得以在这一组织机构的协调框架内有效运行。

2. 强化部门联系,形成了城市管理横向协调机制

众所周知,城市管理是一项涉及各个部门的工作,往往需要各部门之间的沟通与联系。当前,慈溪市城市管理组织结构呈金字塔形,在城市管理实践中较多地运用了各种横向跨部门协调手段,为加强城市管理合力发挥了一定的积极作用。总体上看,慈溪的横向协调手段主要有正式和非正式两种,以非正式为主。首先,就正式的协调机制而言,慈溪设立了各种领导小组和办公室、专业委员会、联席会议制度等,如市城市综合管理委员会,统一领导市容、市政、绿化、卫生、道路、交通、市场、社会秩序等城市管理工作,一旦遇到单个部门无力解决或部门自身无法协调的问题,可以通过该委员会进行协调和解决;再如在行政执法方面建立了市城管执法局和市建设局两部门的联席会议制度,规定每季度一次,共同研究、协调和解决违法案件查处中的有关问题。其次,就非正式的协调来说,部门之间通常以个人接触进行沟通、联系,如通过双方领导的电话联系进行解决,或者说由某一部门牵头,邀请其他相关部门就该问题召开一次临时性的协调会议。由于二者都属于非制度化的协调方式,因此在实践中一般只用于解决较为简单、部门涉及很少的城市管理问题,对于那些复杂的、需要较多部门共同参与协调的问题则没有显著效果,依然需要正式的协调机制才能得以解决。

3. 重视社会协同,完善了城市管理公众参与机制

一直以来,慈溪市政府都在致力于推进城市管理领域的公众参与,在借鉴兄弟城市经验的基础上不断摸索建设适合自身的参与机制。在慈溪,公众参与城市管理的方式可以分为两种:一种是个人式参与,一种是组织化参与。就前者来说,目前,慈溪市社区居民主要通过以下几种途径参与城市管理:第一,通过参与诸如慈溪"最美的背街小巷"等评比活动对政府的城市管理工作进行评价和反馈;第二,通过拨打"96310"城市热线平台对城市管理方面的问题进行投诉、咨询和意见反馈。第三,通过各城市管理职能部门、街道办事处的网站查阅相关政策法规、政府工作动态等,同时还可通过网站中的意见征集、投诉咨询等栏目与政府进行互动交流。另一方面,组织化的公众参与形式是慈溪城市管理的一大特色。2010 年,在市城管执法局和志愿者协会的牵头组织下,慈溪市成立了城管义工协会。该协会是市民政局正式登记注册的非营利性社会团体组织,它通过建立义工注册登记制度、设立城管义工日(每年 4 月 18 日)、创建义工激励机制等种种方式来规范义工的招募和管理,从而实现城管义工服务的规模化、专业化和长效化。目前,该协会已在浒山、白沙路、古塘、坎墩和横河镇四个街道(镇)设立了服务点,共 72 个社区建立了联络站,发展会员单位 90 家,城管义工近2215 名。可以说,城管义工协会的设立对改善市容市貌和执法环境起到了很大的推动作用。成立以来,义工协会先后开展了人行道停车秩序专项整治、中央商务区步行街整治、临时杨梅市场管理、给环卫工人送清凉等大型义工服务活动,共有 6000 人次参与其中,各类服务活动共计 12000 余小时。此外,为了让公众更有效地参与生态环境的建设,慈溪全市还设有 297 个环保自治组织,1.9 万个志愿者,同时以各种制度和办法建立长效管理机制。

4. 优化资源配置,实现了市场化运作

慈溪市在转变政府职能的过程中,积极引入市场竞争机制,通过招投标等市场化运作方式实行服务外包,将部分公共服务交给有资质的企业承运,由政府向其付费购买。目前,慈溪市在绝大多数公共事业项目上实施了市场化运作,包括城市道路的日常养护、城区公交车站广告权拍租、公共场所保洁、大型公共设施的物业管理、公共服务项目招标、户外广告、数字城管建设等等,做到了"以费养事、养事不养人"。在这种模式的运作下,慈溪市政府主要负责落实城市管理及维护的资金;确定城市管理维护养护的市场化业务主体;制定城市管理维护养护的规范和标准;对城市维护养护业务运作实施考核监管,逐渐形成了"管干分离"的市场化管理方式,使城市管理部门从园林绿化、市容环卫等具体作业的桎梏中解脱出来,摆脱了城管部门即是裁判员又是运动员的双重身份,大大提高了城市管理的水平。

5. 创新城市管理,落实了数字城管

2009 年 1 月,慈溪市开始在浒山街道虞波社区 2 平方公里试点实施数字城管项目,按照"试点先行、分步推进"的建设原则,目前已实现中心城区 34.5 平方公里全覆盖,分别包括浒山、古塘、白沙及宗汉四个街道。从建设模式看,慈溪市数字城管采取BOO 模式,即由承建方进行先期投入,政府租赁服务每年支付租金的形式,通过招投标由 2 家物业公司,20 名采集员具体负责中心城区 3 个区域的信息采集工作。从运行效果看,自 2009 年 5 月数字城管终端系统接入各职能部门以来,数字化城市管理的

效果日益显著。2010 年度共上报信息 38207 件（其中信息采集员上报 35147 件，"96130"城管服务热线受理 2275 件，巡查发现 605 件），立案 31657 件，处理 29747 件，处理率从 2009 年的 65％提高到了 94％。此外，为了更好地发挥数字城管的作用，慈溪市不断完善部门联系制度、业务通报制度等相关配套制度的建设，建立了以副市长为组长，城管执法局局长为副组长，其他 9 个相关部门负责人为成员的完善城市管理综合执法机制和"数字城管"模式项目工作小组，使数字化城市管理逐步得到落实，不断推进以数字城管为平台的长效城市管理机制的建设。

（三）慈溪城市管理中存在的问题

纵观慈溪城市管理的现状，由于慈溪现阶段的改革还只是初步摸索的过程，城市管理领域仍然存在着不少问题。

1. 城市规划、建设与管理相互脱节

当前，我国计划经济条件下所形成的传统城市管理体制还没有根本转变，城市管理在很大程度上依然沿用传统管理方式，城市规划、建设与管理之间的脱节早已成为国内城市的通病。虽然慈溪近年来开始逐渐重视城市管理，但城市管理依然处于政府管理的末端，只能被动地接受城市规划、建设造成的既成事实，无法主动参与到城市的规划、建设中去，往往导致规划、建设和管理各行其是，造成一系列管理难点。如市容管理中乱停乱放、乱设乱摆、乱贴乱写等"顽症"形成的根本原因就在于市容"硬件"设施的严重不足。

2. 城市管理部门存在职能交叉现象

由于当前慈溪仍处在改革的初步探索阶段，因此城市管理的很多方面还未理顺、理清，很多职能划转的交接工作也未落实到位，部门职能交叉的现象还没有彻底改变。如市城管执法局虽然集中行使 503 项执法职能，但这些职能中的很多都是从相关职能部门的处罚职能中切出一部分划转，往往在职能上存在一定的交叉，不管对市民还是其他市政府部门来说，都很难真正了解职能的归属问题。以河道管理为例，市城管执法局负责城区三街道（浒山、古塘、白沙路）区域的二、三类河道的违章查处工作，水利局则负责行使相应区域范围内一类河道的处罚权。这就把河道管理这一整体职能人为地割裂了，虽然从表面看去分工明确，但实际造作过程中很难做到"铁路警察，各管一段"，更何况对于广大市民来说，根本就无法分清哪些是一类，哪些是二、三类，大大降低了城市管理的效率。

3. 城市管理和城管执法相分离

慈溪市在 2009 年成立了城市管理行政执法局，由该局在管理区内统一行使行政处罚权。而与城市管理工作有关的管理职能则分散在各个不同的部门。显然，当前慈溪城市管理走的是一条管理与执法相分离的路子。虽然管理与执法分离在很大程度上改善了过去多头执法、执法主体不明确的弊端，但也会使一项整体的城市管理工作变为若干个部门机构、多支队伍共同承担，如市政设施和园林绿化管理的建设审批、管理养护和行政处罚分设在不同的部门，缺乏统一的领导和协调机制，一旦出现了矛盾，各部门出于自身部门利益的考虑，往往会导致协调难、代价高、效率低的结果。

4. 街道责权利不匹配，属地管理名不符实

慈溪自 2008 年创新中心城区街道管理体制以来，随着城市管理重心的不断下移，很多原来由条条管理中的职能部门负责的任务如环卫保洁、市容市貌、城管执法等都被下放到了街道，大大增加了街道的管理负担。但是，与之对应的权力却没有同步下放，即使下放了，在实施过程中也大打折扣，不符属地管理之实。以城管执法为例，市政府虽在制度层面确立了以属地管理为主的城管执法体制，使浒山、白沙路、古塘三街道享有城管执法的自主管理权，但是在实际工作中，市城管执法局对街道城管往往越位管理，对街道城市管理工作进行直接管理，过多干预街道的日常工作，如统一规定夜班人数、夜班时间等。此外，由于市城管执法局下派到街道的执法人员的人事编制仍然在市城管执法局，对他们的考核、职务升迁都由市城管执法局组织实施，这就在事实上造成街道无法有效管理在编人员，很大程度上削弱了街道的人事管理权威。如此，街道纵使在法理上享有属地管理之权也难以真正实现。

5. 城市管理综合协调缺乏长效机制保障

目前慈溪市在城市管理综合协调方面主要以非正式手段为主，缺乏长效、专门的高位协调机制。即使建立了某些领导小组、联席会议制度，也多落实在理论层面，且这些协调机制的广度和深度也难以达到快速、有效解决问题的程度。根据调研，我们发现，从大的方面看，慈溪市的政府职能流程是一个单向的形式，就是规划→建设→城管，没有实现循环管理，当城市管理中出现的问题就只是城市管理的问题，规划、建设部门无法及时得到相应的反馈意见，更遑论三者之间的协调互动。从小的方面，目前市城管执法局与各相关部门之间也仅仅通过公文往来、信息抄送等形式，形成初步的协作机制。更多的情况是，在出现重大问题时往往通过领导的批示或要求进行临时协调，使部门间的协调缺少制度上的保障，从而影响了管理效能。

6. 公众参与缺乏广度和深度

慈溪主要通过告示、开通城管热线、开通政府门户网站、组织评比活动等方式引导公众参与到城市管理的工作中来，基本处于象征性参与阶段，缺乏广度和深度。一方面，当前大多数市民还抱着多一事不如少一事的观念，很难让他主动牺牲自己的时间去关注公众利益，参与的广度远远不够。另一方面，当前公众最多作为一种辅助力量来协助城管部门进行市容环卫领域的管理，公众参与几乎没有深度可言。虽然慈溪建立了城管义工协会，但该组织当前主要是作为一个媒介起到宣传的作用，协助城管部门进行日常市容环境的维护和整治，无法形成合力真正影响城市管理决策的制定与

实施。

7. 城市管理绩效考评机制落后

一方面,从市城管执法局对街道执法中队的绩效考核来说,当前市城管局在街道100分的考核指标体系中只占了2~5分的分值,如此少量的分值导致街道层面难以重视城市管理工作,很大程度上削弱了市城管执法局对各街道的统一指挥。另一方面,各职能部门之间也缺乏相互考评的制度。城市管理是一项系统的综合工程,管理的好坏取决于各个部门之间的协调配合,绝非城管执法局一家之事。当前,慈溪市还没有将数字城管反映出来的各部门问题纳入政府考核之中,仅限于通过数字城管简报进行通报了事。这样一来,其他部门基本没有任何必须配合市城管执法局搞好城市管理的压力,往往不会有力、快速的解决城市管理中出现的问题。如自2009年5月数字城管终端系统接入各职能部门以后,按照职能下派给各职能部门共5244件案件,但仅处理完毕2161件,处理率只有41.21%。可见,缺乏合理有效的绩效考评机制也在一定程度上阻碍了慈溪城市管理水平的提高。

8. 城管执法队伍建设滞后

首先,城管执法力量严重不足。当前,慈溪市城管执法局及各执法中队具有执法资格的总共38人,3个执法中队具备执法资格最多的浒山街道执法中队也只有6人,难以应付辖区内的日常执法工作。与此同时,街道执法中队除承担城管执法职责外,还要根据街道工作的需要兼顾开展其他临时性执法任务,这使本来就捉襟见肘的街道执法力量更是不堪重负。其次,城管执法队伍的稳定性较差,特别是协管人员流动性较大。究其原因,主要在于缺乏有效的人员激励机制和执法保障机制,从而导致城管执法队伍人员(主要是临聘人员)流动频繁。第一,就激励机制而言,目前慈溪市还没有任何形式的竞争和激励机制来提高执法人员的积极性,队员之间基本是干多干少、干好干坏一个样。第二,就执法保障机制而言,慈溪市也并不完备。在日常城管工作中,各执法中队往往需要经常性开展各类整治和执法活动,一旦遭遇暴力抗法,由于执法人员缺乏强制力,队员人身安全也就无法得到保障,使队员在执法过程中顾虑较多,影响了工作积极性。最后,城管执法人员素质不适应现代化城市管理。一方面,正式执法人员的年龄结构不合理,平均达44岁;另一方面,大量的临聘人员文化素质较低,有时甚至出现暴力执法的现象,加剧了公众对城市管理工作的不理解,不利于城市管理的顺利开展。

五、创新慈溪市城市管理体制的对策建议

城市管理是现代文明的重要标志,也是城市政府十分重要的职能。在当前慈溪市从"建设为主"向"建管并重"转移的大背景下,要提高慈溪城市综合管理水平,需要加

强城市管理的综合决策和协调管理,强调城市管理的整体性和相关要素之间的联系性、协调性,即按照"一级政府、两级管理、三级服务"的城市管理格局及城市管理高位组织、高位协调的总思路和总要求,着重在以下几方面进行改进和完善。

(一)慈溪市城市管理体制的总体改革思路

以社会管理创新综合试点的开展为契机,围绕增强合力、夯实基层,进一步创新体制,加强协调,整合资源,上下联动。在市级层面构建城市管理的协调机制,加强城市管理部门的职能建设;在街道一级加强平台建设,构建城管基层综合管理平台;在社区一级,加强基层组织建设,构建有效的公众参与机制。

(二)构建"一级政府、两级管理、三级服务"的城市管理体制

1. 市级层面建立长效综合协调机制,强化城市管理职能建设

在市级层面,建立城市管理联席会议制度,会议成员包括市府办、法制办、市法院、市财政局、规划局、建设局、公安局、民政局、国土资源局、交通局、水利局、环保局、卫生局、城管执法局、工商分局、供电局、劳动保障局等17个涉及城市管理的部门一把手。联席会议一季度召开一次,主要就城市综合管理的阶段性工作进行规划、决策,对城市长效管理的综合整治工作进行统筹协调。

做实城市管理委员会,使其成为实体机构,由分管副市长任委员会主任,委员包括市府办、法制办、市法院、市规划局、建设局、公安局、民政局、国土资源局、交通局、水利局、环保局、卫生局、城管执法局、工商分局、供电局、劳动保障局等相关职能部门分管领导。城管委是全市城市管理工作的最高组织机构,统筹协调相关职能部门及主城区内各街道(镇)开展城市管理与执法工作,并对主城区以外的街道(镇)的城市管理实行业务指导,实现城管的管理权和执行权的统一。

市城管委下设办公室(简称"城管办"),城管办以目前的城管执法局为主体,在职能上进一步充实,除原有的行政处罚职能和管理职能外,再重点增加下列职能:城市市容景观方面的管理职能;城市供水供气等公用事业的行业管理及市政基础设施的管养职能;城区园林绿化的建设养护职能;城区扫雪、防汛防台等方面的应急管理。

2. 推进城市管理重心下移,夯实街道基层综合管理平台的作用

街道是城市综合管理的具体实施主体,必须充分发挥街道在城市管理中的基础性作用,因此,首先要夯实街道基层城市管理平台的建设,具体包括:

(1)搭建街道城市管理服务平台,由街道党工委副书记担任组长,城管办主任担任副组长,成员包括城建办、综治办、派出所、执法中队、各社区以及物业管理公司等组织与机构的负责人。该平台作为街道城市管理工作的领导核心,统一负责协调街区内城管资源和执法力量,其下设综合办公室、路面综合管理中队。

(2)融合城市管理职能。在属地党委政府的领导下,扩大城市管理视角,将行政执法、保洁绿化、市政管养、卫生监督、工商管理、道路交通管理、物业管理等涉及街道城市管理的全部或部分职能纳入工作平台,由平台统一负责指挥处置辖区内的城市管理工作。

(3)整合城市管理资源,包括三方面:将分散在城管执法局、公安、交警、工商、卫生、环保、民政等部门的管理资源统一接入工作平台,进行综合运用;将分散在辖区各单位的监控资源统一整合进入工作平台,并按照网格式无缝漏的要求,进行完善补缺,加强城市管理现代化手段的运用;将街道城管、综治、城建、环卫、执法中队、派出所及辖区单位保安力量进行整合,组建路面综合管理中队,负责街区内主要道路和广场的城市管理工作。

(4)完善街道城市管理保障机制。按照权责利统一的原则,在向街道下放事权的同时落实相应的人权、财权,保证街道在开展城市管理各项工作时有足够的人力与财力支撑,真正实现属地管理。

3. 加强社区建设,推进公众参与

社区是城市的细胞,也是城市经济和社会发展的重要基础,在全面推动城市管理创建的过程中,始终要把加强社区建设摆在十分重要的位置,依托社区有力调动公众参与,形成三级服务网络。

(1)建立社区城市管理服务联络站,将社区治安、养绿护绿、环卫保洁等社会管理职能与资源一起下沉到社区,在社区干部兼任城管专职人员的同时,探索建立社区城市管理义务协助制度,按自愿申请、择优选拔的原则,居民代表作为城管兼职人员轮流参与小区的管理工作。

(2)创新社区居委会组织体系,建立社区居委会、楼宇居民自治会、单元居民自治管理小组三级居民自治网络,将社区居委会的组织体系覆盖到千家万户,推动小区共建共享、自治管理;创建社区居委会、业主委员会和物业公司三方协调机制,提升物业小区房屋建筑、设备设施、卫生绿化、环境容貌等综合治理水平。

(3)搭建公众参与平台,分阶段、分步骤地拓展参与渠道、扩大参与领域。第一,探索推行开放式决策模式。以社区为单位选择社区居民代表、社区组织代表等,就流动摊贩管理、环境整治、交通疏堵等事关市民切身利益的议题和政府直接对话,共商对策。特别是背街小巷改善、危旧房改善、庭院改善、物业管理改善等民生工程更要问需、问计于民。第二,整合城管协管员、社区保安、社区民警及社区居民(包括外来人员)的力量,组建社区环境治安管理小队,对小区的环境卫生、治安状况、矛盾纠纷等事务进行管理、监督与评价,实现社区协管与居民自我管理相结合。第三,充分发挥社区的作用,借助社区这一载体落实公众的知情权、参与权、表达权、监督权。

(三)建立健全城管执法保障机制

1. 加强城市执法的规章制度建设,构建"城管、公安、法院"多部门联动机制

尽快出台相应的规章制度,使城市管理有法可依。设立公安城管联络室,由公安民警对城管执法过程实施跟随式、紧密型保障。组建法院城管联络室,依靠法院、检察院等司法机关的协作联动,逐步建立城管执法申请强制执行的"绿色通道",对发生的暴力抗法事件予以快速处理,增强城管执法效力与威信。

2. 优化城管执法方式

城市管理既要管好市容市貌"大面子",也要顾及弱势群体"小肚子"。坚持以人文本,探索实践"软着陆"执法,即对初犯者以教育、劝导为主,对屡教不改者在调查取证的基础上依法处置,少用和慎用行政强制手段。坚持疏堵结合,在严格取缔占道经营的同时,划出一定区域允许摊贩定时定点经营。

3. 加强城管执法队伍建设

围绕"建队伍、打基础、强素质、塑形象",按常住人口的5‰确定城管执法公务员编制,并按1:4的原则确定公务员与协管员的比例;加强对执法人员特别是协管员的教育培训,提升城管队伍综合素质;建立城管执法队伍特别是协管员的综合考核机制,使其责权利相匹配。

(四)建立监管分离的双轴管理体制

目前慈溪市的城市管理体制中并没有单独的监管机构,监督在很大程度上依赖于各职能部门的内部监督,因而监督力量极其有限,建议采取监管分离机制,即建立城市管理监督中心和指挥中心,形成城市管理体制中的两个"轴心",将监督与管理职能分开,各司其职、各负其责、相互制约。

作为指挥轴,城市管理委员会是市政府主管城市市政基础设施、公用事业、市容卫生、城市环境综合整治的专门机构,由其统一调度原有分散在各个专业部门和街道的城市管理资源与执法力量,全面负责城市综合管理工作。作为监督轴,将原来的城市管理信息中心从城管执法局分离出来,成立城市管理监督中心,直接对市长负责,作为市政府统一负责城市管理监督与评价工作的专门机构。监督中心以数字化科技为技术平台支撑,以网格化管理为主要手段,通过城市管理信息平台对城市管理中出现的问题进行收集、分析、整理、反馈,实时生成评价结果,对城市管理委员会、专业城市管理部门、街道责任主体等进行全面的综合考评,作为部门业绩考核的重要内容予以公布。

(作者简介:徐林,浙江大学 MPA 教育中心主任、浙江省公共政策研究院成都分院院长;韩佳佳,浙江大学硕士研究生)

图书在版编目（CIP）数据

公共政策评论. 2014.2 / 姚先国，金雪军主编.
—杭州：浙江大学出版社，2014.12
ISBN 978-7-308-14089-8

Ⅰ. ①公⋯ Ⅱ. ①姚⋯ ②金⋯ Ⅲ. ①政策科学－研
究－中国 Ⅳ. ①O601

中国版本图书馆 CIP 数据核字（2014）第 273879 号

公共政策评论. 2014.2

主编　姚先国　金雪军

责任编辑　余健波
封面设计　续设计
出版发行　浙江大学出版社
　　　　　（杭州市天目山路 148 号　邮政编码 310007）
　　　　　（网址：http://www.zjupress.com）
排　　版　杭州好友排版工作室
印　　刷　富阳市育才印刷有限公司
开　　本　787mm×1092mm　1/16
印　　张　12.25
字　　数　266 千
版 印 次　2014 年 12 月第 1 版　2014 年 12 月第 1 次印刷
书　　号　ISBN 978-7-308-14089-8
定　　价　44.00 元

版权所有　翻印必究　印装差错　负责调换

浙江大学出版社发行部联系方式：(0571) 88925591；http://zjdxcbs.tmall.com